湖南省教育科学"十三五"规划 2019 年度一般资助课题"高中语文渗透生涯规划教育的实践研究"（XJK19BJC039）研究成果

点亮生命的灯盏

——高中语文渗透生涯教育课例设计与指导

◎邹志权　著

湖南师范大学出版社

 **序**

一本焕发生命活力的课堂教学研究之作

　　高中阶段是学生世界观、人生观和价值观形成的重要阶段，也是学生选择未来人生发展方向的关键时期。在高中阶段实施生涯教育，有助于学生认识和了解自我，培养其自主发展的意识和能力，为其终身发展奠定基础。例如，《普通高中课程方案》（2017 年版 2020 年修订）明确提出："普通高中教育的任务是促进学生全面而有个性的发展，为学生适应社会生活、高等教育和职业发展作准备，为学生的终身发展奠定基础。"

　　随着《普通中学职业指导教育实验纲要（草案）》《普通中学职业指导纲要（试行）》与《国家中长期教育改革和发展规划纲要（2010—2020 年）》等政策文件的颁布实施，我国普通高中对生涯教育进行了初步尝试与探索。2014 年 9月，国务院印发《关于深化考试招生制度改革的实施意见》，启动了新一轮高考改革。新高考改革增加了高中学生的自主选择权，赋予高中生更大的自主规划空间，已成为我国普通高中生涯教育发展的重要契机。在新高考背景下，如何开展生涯教育以提升学生的选择能力并进而促进其成长和发展，已成为高中教育面前的一道现实考题。

　　目前，高中阶段进行生涯规划教育主要有两种方式：专门开设生涯教育课程或在学科教学中渗透生涯教育。然而，高中实施专门生涯教育却面临着课时紧张、系统性差、师资缺乏等问题，因此，在学科教学之中渗透生涯教育成为普及高中生涯教育的最佳途径。作为传统教育的主体，学科教学的内容和教学过程蕴含着丰富的生涯教育资源和机会，学校、社会也都把注意力放在分科教学上，因此，若能在学科教学中很好地渗透生涯教育，势必能产生更大效果。这样的学科渗透，可有效缓解当前高中生涯教育师资不足、教育途径单一和课时量不足等问题，让生涯教育成为面向全体高中学生的课程。

语文课程的特点和普适性特征，决定了语文教学在高中生涯教育中具有举足轻重的作用。例如，《普通高中语文课程标准》明确指出："高中语文课程应当指导高中生认识自然、认识社会、认识自我、规划人生，实现本课程在促进人的全面发展方面的价值追求。"基于《普通高中语文课程标准》编写的高中语文教材，以人文主题为主编写学习单元，注重经典篇目的学习价值，文化思想与学习策略并重，强调学习内容的整合与关联，鼓励学生自主、多元与开放地学习。高中语文课程和教材的这些特点，无疑为生涯教育的渗透提供了可能。

在新高考改革背景下，对许多高中语文教师来说，在教学中落实以统编教材单元为基本结构单位的理念已属难事，若要在教学中渗透生涯教育则更是难上加难了。高中语文教师对于如何将生涯教育渗透到语文教学中存在许多困惑：语文学科中可渗透哪些生涯教育内容？如何找到渗透生涯教育的着力点？如何有机自然地实现生涯教育的渗透，等等。高中语文老师渴望有一些具体而富有创意的教学设计来作参照，进而启发自己的教学实践。

邹志权老师著的《点亮生命的灯盏——高中语文渗透生涯教育课例设计与指导》一书就是朝这个方向努力的一个有意的尝试。邹志权老师深耕中学语文教学三十多年，潜心课堂教学研究，积极探索高中语文教学中渗透生涯教育的可行路径，撰写了大量的探索性课例，对语文学科渗透生涯规划教育起到了积极的推动作用，也赢得了广大语文教师的好评。此书就是他前期探索的一个结晶。他匠心独运地设计了许多很有意义的探索性教学课例，这些教学课例立足统编教材，注重培养学生的核心素养，强化资源的整合意识，突出提升学生的生涯规划能力，彰显真实情境中生涯规划的价值。书中的课例设计不仅呈现了新教材单元教学或群文教学的主体样貌，而且为语文教师搭建了从学科教学通往生涯教育的桥梁。

我一直以为，课堂教学是一座丰富的宝藏，课堂教学研究是促进教师专业发展，促进学生成长的有效路径。由是观之，高中语文教学应建立起语文学习与学生未来发展之间的内在联系，让课堂教学焕发出生命的活力，让学生在获得知识的同时，认识自我、探索职业和拥抱未来。这才是我们语文教学追求的终极价值！

李炳煌

湖南科技大学　2022 年 5 月 18 日

前 言

　　生涯规划教育是学校教育的重要组成部分。将生涯规划教育理念渗透到学科教学中是广大教师面临的重要课题。这种跨学科的融合教育目前还只处于摸索阶段，没有形成固定的教学模式。对于高中语文教师而言，如何将高中生生涯规划教育融合到语文教学中仍存在许多困惑。诸如语文学科中可渗透哪些生涯规划教育内容？如何找到渗透生涯规划教育的着力点？如何有机自然地实现生涯规划教育的渗透？等等。三年来，课题组人员倾注心血，深入研究，提出了不少具有创新价值的理论，撰写了大量的探索性课例，对语文学科渗透生涯规划教育起到了积极的推动作用，也赢得了广大语文教师的好评。现将其结集整理成书，以期形成系统的生涯规划教育课程，真正将高中生涯规划教育落实到实处，惠及全体学生。

一、设计理念

　　在本书中，我们始终遵循"教育即生长"的教育规律，以学生个体发展和幸福成长为重心，以学生自我认识、探索外部职业世界和管理自己生涯为设计思路，帮助学生了解自己的性格、兴趣和价值观，探索职业并进而形成适切的人生规划，实现自我管理进而拥有平衡、向上、丰盈的高中生涯，学会做好人生选择进而获得精神成长，等等。

　　同时，本书还紧扣新课标精神和新教材特点，以大任务、大情境的方式来设计教学方案。教学案例以单元大任务统领语言实践活动，让学生在情境化的活动中建构自己的学习经验，认识真实的自己，挖掘自身的潜能，获得基本的学习能力、思考能力、审美能力和创新能力，为成就未来、服务社会、实现价值奠基。

二、主要内容

　　本书包括以下四部分内容：

　　第一部分，绪论。主要阐述生涯规划教育的一些基本概念和国内外高中学科教学渗透生涯规划教育的研究现状，帮助语文教师从宏观上理解高中语文渗透生涯规划教育的意义价值和主要理论依据，把握高中语文渗透生涯规划教育的实施策略和基本原则，不断完善语文教学评价方式。

第二部分，认识自我，唤醒生涯。通过精选的课例教学，让高中学生能寻找真实的自我，看到自己内心的真正需要，探寻自我生涯发展之路。

第三部分，探索职业，规划人生。通过精选的课例教学，引导高中学生探索职业世界，了解相关的职业素养，学会正确规划人生。

第四部分，管理生涯，拥抱未来。通过精选的课例教学，引导高中学生对自己学习、压力和人际交往等方面进行管理，发展自己的生涯能力，拥抱更美好的未来。

三、编写特色

1. **整合性强**。本书根据高中生涯规划教育的目标和高中语文教材的特点，致力于重构高中语文教学内容。整合更多与生涯规划内容相关，力求通过以生涯规划教育理念来整合高中语文教学内容，让学生在情境化的语言实践活动中自然提升核心素养，实现生命成长。

2. **系统性强**。本书紧扣高中语文教材，以听、说、读、写为渗透生涯规划教育的着力点，以引导学生认识自我、了解大学专业和社会职业、增强生涯管理能力等理念为渗透生涯规划教育的出发点和落脚点，初步形成了完整的生涯教育体系。

3. **操作性强**。本书从生涯规划教育的视角，提供示例性的教学设计思路和设计方案，如找到语文与生涯规划的最佳契合点，平衡语文教学内容与生涯规划教育内容的关系，如何打通学业、专业和职业之间的通道，等等，力求为教师备课提供有效的支持。

著名教育家于漪说过："教师的神圣职责是点亮生命灯火。"在新高考综合改革不断推向纵深的背景下，每一位语文教师要怀着对学生生命敬畏的虔诚，手持火种，点燃他们精神成长的灯火，使学生真正心明眼亮，生机蓬勃，明辨方向，最终实现梦想飞翔。

在本课题研究和本书出版过程中，湖南科技大学教育学院党委书记李炳煌教授、安化二中特级教师谭文淼老师作了全程指导，并给予我精神上的支持和鼓励；本校课题组全体同仁积极支持，特别是特级教师陈蔚文老师细致分析了案例并提出宝贵意见，刘正安、伍思斯、向光辉、曾叶利四位老师为本书的完善做了大量工作，在此一并表示衷心的谢意！

邹志权

2022 年 5 月

目　录

绪　论

随着社会和经济的发展，特别是新一轮高考改革的实施，学校教育越来越关注学生作为人的发展，越来越关注学生对生涯发展和规划的迫切需要。"生涯规划教育"也逐渐为教育界所接受，并成为教育改革中的一个热门且有意义的话题。精彩的人生需要明确的目标和切实的规划，有一个适合自己的人生规划可以让自己离成功越来越近。

（一）对生涯规划教育相关概念的阐述

1. 对生涯的认识

"生涯"的英文为 Career，从词源学上看，来自罗马字"via Carraria"以及拉丁字"Carrus"，原意指古代的双轮战车，后来引申为人生的发展道路，中文译为"生涯""职业生涯"。《庄子·内篇·养生主第三》中也提到："吾生也有涯，而知也无涯。以有涯随无涯，殆已！"而在《辞海》中将"生涯"定义为：一生的极限，生活，生计。人们普遍认为人的一生，除了吃、穿、住、用、行之外，还包括学习进取、职业发展、闲暇生活、社会位置、生存状态、家庭幸福、人际交往等内容。

对生涯内涵的解释，中外学者持有不同的观点，但学界广泛认可的是世界职业规划与生涯教育领域权威人物唐纳德·E. 舒伯提出的观点，即"生涯是生活中各种事件的演进方向和历程，它统合了人一生中的各种职业和生活角色，由此表现出个人独特的自我发展形态"。生涯的内容比较宽泛，具有丰富的内涵，是人一生发展的综合性目标。"生涯"至少包括以下三个方面的内容：一是个体在家庭、学校、社会与工作有关的活动经验；二是生涯的内涵要比个体的工作或职业更加广泛，是指个体终其一生所从事的职业与休闲活动的整体生活形态；三是生涯是一个人职业、社会与人际关系的总和，也就是说它包括了一个人终身学习与发展的历程。

2. 对生涯规划的认识

对生涯规划的内涵学界也有不同的理解，可谓见仁见智，各执一词。但普遍的说法是要在知己知彼的基础上，综合对两方面的分析判断，作出生涯发展的抉择与规划，把自己安置在适当的位置。"知己"指要充分了解自己，正确地评价自己的学习，善于发挥自我优势，确立正确的人生目标。"知彼"指了解职业、社会及家庭环境，了解目前的高中选科、大学招生、专业设置、就业趋势及职业发展等。总之，生涯规划是在考虑个人的兴趣、能力、性格、价值观、学业的前提下，结合时代特点、社会需求、机遇以及制约因素，为自己确立人生目标，并寻找各种生涯机会努力促进目标实现的过程。

按照舒伯（Super）的观点，高中生正处于生涯发展的探索阶段（15～24岁），这一阶段学生面临的主要发展任务有：形成自我概念与职业概念、检视自我、尝试角色；了解自己的兴趣、性格、能力与职业的关系；认清与自身能力、兴趣相一致的工作领域。高中生的生涯规划是一个持续不断的探索过程，个体在此过程中，从探索了解自己的兴趣、性格、动机、需要、能力、态度和价值观等出发，慢慢地形成与职业有关的自我概念，并综合考虑自己的兴趣、需求、能力、价值观与机会，对未来职业进行尝试性选择。高中生的生涯规划主要包括生涯规划认识、生涯规划探索和生涯规划行动三个维度。

高中生生涯规划是在一定的目标、价值观的指导下，学生在对自我和外在环境认识的基础上，经过自主探索、自主规划、自我制定具体可行的生涯发展的目标、策略和途径，采取一定的行动，并克服行动中所遇到的困难以实现目标的动态过程。在此动态过程中，学生的生涯规划必然会受到个体自身、家庭、学校、社会和教育状况等内外因素的影响。高中生生涯规划的作用并不仅仅是实现自身的科学选科、合理填报高考志愿，更重要的是要思考自己的未来：我想成为什么样的人？我想要过怎样的生活？我该如何去实现自己的人生目标？

3. 对生涯规划教育的认识

生涯规划教育的概念最初起源于20世纪初美国的职业指导，主要是职业指导师依据人职匹配理论，对职业选择有困难的人进行帮助的活动，以关注被帮助者个体的外在表现和提供职业信息为主。自从 1971 年美国联邦教育署署长马兰博士（Marland）首次提出了"生涯教育"理念后，生涯教育逐步取代了职业指导，在理论上和实践中都得到了极大的发展和推广。生涯规划教育注重个体的心理特质与心理发展，贯穿于人的终身发展过程，它以生命历程中的职业生涯发展为核心，关注个体一生中的教育、职业，并涉及与教育、职业有关的生涯角色选择与发展，其范围不仅仅局限于职业选择和职业活动，而是涉及个体生活的方方面面。

高中生的生涯规划教育是学校开展的服务于高中学生自我成长与人生发展的教育活动，是教师依托特色课程或活动，通过多种有效途径，将职业理想、职业意识、职业素质、职业探索、职业规划等教育引入学校课堂教学和实践活动，使学生逐步了解行业发展趋势，体会职业工作要求，发现自我个性特征，掌握职业规划知识；逐步理解学业学习与职业需要之间的关系，并学会依据社会发展、职业需求和个人特点进行学业规划，培养自己沟通合作、责任担当、自主学习等适应社会发展所需要的品格和能力，实现自我管理生涯、自我发展生涯的目标。核心目标是帮助学生为实现幸福人生奠基。

4. 对高中语文教学中渗透生涯规划教育的认识

高中语文教学中渗透生涯规划教育，这是一种跨学科的融合教育。在高中语文教学内容与教学过程中融入生涯教育理念，我们可以帮助学生获得以下几方面的生涯发展：第一，认识自我，包括了解自己的性格、兴趣、能力和价值观等，认识外部世界，包括了解国内外的经济发展状况；第二，了解与语文相关的社会职业，包括职业理念及技能需求等；第三，了解与语文密切相关的大学专业，包括相关专业的特点与主干课程、就业前景等；第四，学会规划生涯和管理生涯，包括理解生涯的重要意义，做好应对未来变化的心理准备，树立正确的职业观、人生观和世界观。

具体到高中语文教学活动，需要语文教师了解并扩展语文教学的现有教育目标和内容，在原有教学目标的基础之上设计与生涯发展有关的教学环节，通过创设情境或其他手段把蕴藏于高中语文学科中的生涯教育因素以润物无声的方式充盈整个课堂，或者利用教材中的相关栏目和背景知识，以拓展阅读、写作训练、实践活动等方式传递给学生。这样，学生在发展语文能力的同时，也能体会到知识的社会价值，在潜移默化之中逐渐建立起科学的职业观、人生观和世界观，进而提升生涯发展能力。

（二）国内外高中学科教学渗透生涯规划教育的研究

1. 国外高中学科教学渗透生涯规划教育的研究

正如职业生涯教育的理论来自于国外一样，在基础教育中渗透生涯规划教育最开始也是在美国、澳大利亚等国逐步实施和发展起来，后来日本、德国也积极效仿学习，逐渐开始重视学生的生涯规划教育。从方法上来看，国外在基础教育阶段进行生涯规划教育的主要方式有专门开设生涯规划教育课程和在学科课程中渗透生涯规划教育，从而把学科知识学习和生涯规划教育内容有机联系起来。其中学科课程中渗透生涯规划教育主要是通过在教材中渗透生涯规划教育来实现的。

（1）美国

美国的生涯规划教育（其前身是职业生涯教育）走在世界前列。20世纪70年代，美国政府实施"职业生涯教育"拨款计划，要求将普通教育与职业教育结合起来，将职业生涯教育内容有计划、有步骤地编入物理、化学、生物等教材中，在普通教育中设置职业预备课程，潜移默化地对学生进行职业生涯教育。职业生涯规划教育的实施途径，以课堂教学、实践活动、参观不同职业为主。

（2）澳大利亚

澳大利亚将职业和劳动力市场信息渗透进各学科中，使课程内容与日常生活密切相关，培养学生研究和思考的能力及正确的生活态度；在教材中，职业教育与学科知识也有着很好的融合。如中学物理教材 *Science Focus* 中的"career profile"——"职业介绍"栏目，涉及了不同领域的十四种专业：古生物学家、地质学者、环境科学家、温室工程师、气象学者、天文学家、宇航员、地理科学技术员、医学影像专家、医学从业者、遗传学家、医务化验员、科学教师以及科学实验室助理。该栏目用通俗易懂的语言对各种职业进行了简要描述，一般分为三部分：首先是简要概述该职业的主要任务，接着分条列举该职业的日常工作，最后罗列了做好该职业应该具备的素质。

（3）日本

日本在20世纪90年代初制定了"进路指导"（即"生涯辅导"）课程。在课程设计上有自己独到之处，比如在高中课程上开设职业教育必修课，扩大职业课程的选修数目；颁布学习指导要领，规定在学科教学上要开展与职业相关的各学科实习为主要方式的学习；丰富并突出与相关科目有关的职业指导功能。通过这些具体的方式和举措可以看出日本非常重视在普通高中学科教学中进行职业生涯教育。

（4）德国

德国强调职业规划，其教育课程涵盖于普通教育阶段的劳动技术教育专业中，内容包罗万象、丰富多彩，涉及经济、社会和人文等方面，教育方式主要有课堂教育、访问职业信息中心、参观工厂、到企业实习等，其宗旨在于给学生尽可能多的、实用的建议和帮助，使其最终能找到理想的职业，并在以后的职业生活中继续受益。德国人生规划教育的主要目的是"两个促进"：其一，促进学生自由选择职业的能力提高；其二，促进学生的个性全面发展。

2. 国内高中学科教学渗透生涯规划教育的研究

我国的生涯规划教育起步虽然比西方发达国家要晚，但是越来越受到国家重视，在高等教育阶段开展得比较充分，而在高中阶段的开设情况并不理想。笔者在中国知网"主题"输入"生涯规划"，搜寻结果为42035篇；输入"高中生涯规划"得到的搜寻结果为2720篇，再加上"学科渗透"，得到的搜寻结果仅仅为76篇，其中2017—2021年有72篇（截至2022年2月22日）。搜寻结果说明：第一，学科教学中渗透生涯规划教育的研究比较少，这是目前我国生涯规划教育研究的薄弱点；第二，学科教学中渗透生涯规划教育的研究以生物、化学、地理学科居多，其次是政治、历史、语文等学科，可见渗透程度也跟学科特点有关系，不同的学科可挖掘的教育材料也有所不同；第三，研究论文以近五年（2017—2021年）居多，这意味着随着新一轮高考改革（第一批在上海和浙江试点，从2014年启动）的实施，师生、家长的重视程度越来越高，此类研究在未来几年中的数量还将会继续增长。

二

（一）学科教学渗透生涯规划教育的价值研究

1. 可有效缓解生涯教育课时和课程资源相对不足的问题，拓宽生涯教育的途径

目前，两周一节的生涯规划教育课只能满足学生自我认识的初步学习，而对更深层次的人生观和价值观的确立、专业和职业的选择等问题，学生就会感

到很茫然，特别是随着学科知识的不断拓展和深化，学生的视野不断开阔，可供选择的专业和职业范围扩大时，学生更是无从下手。另外，新课改初期，生涯教育的师资力量严重不足，多数学校配备心理健康教育的教师也很少，难以实现生涯教育的任务。学科教学作为传统教育的主体，学科教学内容和教学过程都蕴含着丰富的生涯教育资源和机会，学校、社会也都把注意力放在分科教学上，若能很好利用，在学科教学中渗透学生生涯规划教育，势必能产生更大效果，并成为普及高中生涯教育的最佳途径。每门学科课程都是一个知识的窗口，向社会打开的窗口，学生可以通过具体学科了解各种知识领域，了解知识和社会的关联，寻找自己感兴趣的知识领域和将来感兴趣的工作方向。这样的学科渗透，可有效缓解当前高中生涯教育师资不足、教育途径单一和课时量不足等问题，让生涯规划教育成为面向全体高中学生的课程。

　　2. 有助于落实普通高中教育任务，更关注学生个体特点

　　《普通高中课程方案》（2017 年版 2020 年修订）在"前言"部分明确提出："普通高中教育的任务是促进学生全面而有个性的发展，为学生适应社会生活、高等教育和职业发展作准备，为学生的终身发展奠定基础。"在"课程实施与评价"部分也提出："学校应建立学生发展指导制度，采用专职教师与兼职教师相结合的方式，组建专门队伍，加强对学生的理想、心理、学业、生活、生涯规划等方面的指导，开展多种形式的指导活动，帮助学生树立坚定的社会主义理想信念，正确地认识自我，更好地适应高中阶段的学习与生活，处理好兴趣特长、潜能倾向与社会需要的关系，选择适合的发展方向，提高生涯规划能力和自主发展能力。"在《普通高中语文课程标准》（2017 年版 2020 年修订）中也强调："坚持加强语文课程内容与学生成长的联系，引导学生积极参与实践活动，学习认识自然、认识社会、认识自我、规划人生，在促进学生全面而有个性的发展方面发挥应有的功能。"在语文教学中渗透生涯规划教育的终极目标，就是尽力关注学生的个体特点，引导学生认识自我、认识自然、认识社会，促进人的全面发展和生命的成长，为未来的工作和生活做铺垫，达到人尽其才的效果。

　　统编版高中语文教材无论必修还是选择性必修，都蕴含了大量的生涯教育元素。在教材的编排上，以"理想信念""文化自信""责任担当"这三大精神为主线，以人文主题为依托，整合了选文内容、活动内容、练习内容，链接了丰富的课外课程资源，使语文教学不仅限于传授语文学科知识，还涵盖了作品研习、专题研讨、文化交流等语文的方方面面，不仅注重学生语文知识的学习，

还注重促进学生形成正确的价值观、必备品格和关键能力。以统编版必修上册为例，涉及的人文主题分别是：青春风采、劳动光荣、生命的诗意、我们的家园、乡土的中国、学习之道、自然情怀和语言家园。这些主题一方面体现了我们国家和民族的基本价值观，另一方面也与学生的个体关切、社会的重要发展相联系，丰富了学生对语文人文价值的理解，对学生自我的认识、情感的塑造、审美的培养、思想的提升起重要的积极作用，有助于学生选择合适的发展之路，实现人生价值。

3. 可激发学生的学习兴趣，促进学生的学业发展

高中每门学科都是一扇打开社会视野的窗口，都蕴含着学生未来人生发展或职业发展所需的素养和技能。学科教师如果能梳理学业、专业和职业之间的关系，打通它们之间的发展通道，让学生用更长远的视角来看待当前的学科学习，发现当前学科的长远价值，那么，这样的学科教学一定能激发学生良好的学科兴趣，主动去探索自我和外部环境，学生掌握的学科知识和习得的特定能力，必然会成为未来专业、职业发展的重要积淀。例如生物老师在讲"果酒和果醋制作"时，让学生结合发酵原理谈谈如何酿酒；政治老师在讲辩证法时，让学生思考怎样科学合理地做出职场决策；语文老师在分析文学作品中各种人物性格时，让学生认识不同性格特点与职业的关系，怎样合理地选择职业。在学科教学渗透生涯规划教育的过程中，学生在分析自我兴趣、能力特长、性格特点等与现实职业需求匹配情况的过程中，自主设计个人学习路径，科学制定学科学习目标，调整个人学习策略和情绪，不断实现一个又一个学习目标。

（二）学科教学渗透生涯规划教育的现状研究

目前我国很多地方在推动高中生涯规划教育方面出现了"两张皮"现象，高中生生涯规划教育与学科教学严重脱节。有的地方直接开设生涯规划课程，让学校有关任课教师或专任教师执教；有的借助外部资源，请一些高校科研机构的专家教授来给高中生开设讲座，或者组织学生参加各种职业体验活动。其实，学生的生涯规划意识与职业技能不是单靠几节辅导课或几堂讲座就能提高的。同时，在新高考改革初期，高中实施专门生涯规划教育面临着课时紧张、系统性差、师资缺乏等问题，这就决定了高中生涯规划教育必须全面渗透在学科教学之中。

笔者和课题组人员曾于 2019 年 5—7 月，选取了湖南省 3 所学校（未实行

新高考）、浙江省 2 所学校（已经于 2014 年启动 2017 年实施新高考）的学生进行了问卷调查，调查结果显示，在"对于学校开展生涯规划教育，你认为哪种方式最好"一项调查上，两省五校的高中学生的回答都集中在"开设专门的职业生涯规划课程""开展职业生涯规划辅导讲座""各科老师在教学过程中进行渗透""开展职业体验等实践类活动"等四种类型上，有 90% 以上的学生希望各科教师能在教学过程中渗透相关的生涯知识，这充分反映了学生对于学科教学渗透生涯规划教育的强烈期待。

（三）学科教学渗透生涯规划教育的主要理论依据

1. 人本主义心理学理论

①马斯洛的需求层次理论。美国著名心理学家亚伯拉罕·马斯洛（Abraham H. Maslow）提出需求层次理论。马斯洛的需要分为五个层次，可概括为基本需要和发展需要两个大部分。基本需要（因缺乏而产生的需要）有生理需要（空气、水、食物、住所、睡眠、性生活）、安全需要、社交需要；发展需要（存在的价值）分为尊重需要、自我实现需要（真善美、活跃、个人风格、完善、必要、完成、正义、秩序、单纯、丰富、乐观诙谐、轻松、自我满足和有意义的创造）。马斯洛认为人类行为的心理驱力不是性本能，而是人的需要，他将其分为两大类共七个层次，好像一座金字塔，由下而上依次是生理需要、安全需要、归属与爱的需要、尊重的需要、认知需要、审美需要、自我实现需要。人在满足高一层次的需要之前，必须先部分满足低一层次的需要。

②罗杰斯的人本主义理论。美国心理学家卡尔·罗杰斯（Carl Ransom Rogers）认为，个体是完整的有机体存在，是一切体验的发源地，且在自我实现倾向的驱使下成长与发展，其结果就是"自我""自我概念"的发展、扩充及实现。罗杰斯认为，健康的人是机能健全的人，也就是成为真实自我，能够充分发挥个人的机能。机能健全者形成的关键在于自我结构与经验的协调一致。因此，在走向实现的过程中，需要深入其背后，努力寻找个体身上更基本、更真实的东西；去体验情感，不回避各种模糊的让自己害怕的情感；在体验当下真实的情感中发现自我。

2. 埃里克森人生发展八阶段理论

美国著名精神病医师、新精神分析派的代表人物埃里克森（E. H.

Erikson，1902）认为，人的自我意识发展持续一生，他把自我意识的形成和发展过程划分为八个阶段，即：婴儿期（0～1.5岁）、儿童期（1.5～3岁）、学龄初期（3～6岁）、学龄期（6～12岁）、青春期（12～18岁）、成年早期（18～25岁）、成年期（25～65岁）、成熟期（65岁以上）等。这八个阶段的顺序是由遗传决定的，但是每一阶段能否顺利度过却是由环境决定的，每一个阶段都是不可忽视的。

3. 霍兰德职业兴趣理论

美国约翰·霍普金斯大学心理学教授、著名职业指导专家约翰·霍兰德(John Holland)，于1959年提出了具有广泛社会影响的职业兴趣理论。他认为每一个人都有其独特性，这种独特性反映在兴趣、能力、需要、价值和人格特质上，并且可以通过《霍兰德职业性向测验量表》测量出个人与职业的独特性。该理论认为人的人格类型、兴趣与职业密切相关，兴趣是人们活动的巨大动力，凡是具有职业兴趣的职业，都可以提高人们的积极性，促使人们积极地、愉快地从事该职业，且职业兴趣与人格之间存在很高的相关性。

4. 加德纳多元智能理论

美国哈佛大学心理学家霍华德·加德纳认为，智力是在某种社会和文化环境的价值标准下，个体以解决自己遇到真正难题或生产及创造有效产品所需要的能力。判断一个人的智力，要看这个人解决问题的能力以及自然合理环境下的创造力。他还强调智力并非像我们以往认为的那样是以语言能力和数学逻辑能力为核心、以整合方式存在的一种智力，而是彼此相互独立、以多元方式存在的一组智力。针对传统智能一元化理论，20世纪80年代，他提出了多元智能理论，认为人的智力是由言语—语言智力、逻辑—数理智力、视觉—空间智力、音乐—节奏智力、身体—运动智力、人际交往智力、自知—自省智力、自然—观察智力和存在智力等九种智力构成。

多元智力理论认为：每个人都同时拥有这九种智力，只是这九种智力在每个人身上以不同的方式、不同的程度组合存在，使得每个人的智力都各具特色。

5. 舒伯（Super）生涯发展理论和生涯彩虹理论

美国职业发展理论的代表人物舒伯在综合各家学说的基础上，以发展心理学、社会学的理论为基础，通过对各种职业行为的分析，提出了以发展自我概念为核心的生涯发展理论。该理论认为"生涯发展"是一个终生的过程，人的生涯发展可分为成长（0～14岁）、探索（15～24岁）、建立（25～44岁）、维持（45～64岁）、衰退（65岁及以上）五个阶段，每个阶段又有各自的生涯发展任务。

为了综合阐述生涯发展阶段与角色彼此间交互影响的状况，舒伯描绘出一个多重角色生涯发展的综合图形并将它命名为"一生生涯的彩虹图"（见下图），形象地展现了生涯发展的时空关系，更好地诠释了生涯的定义。

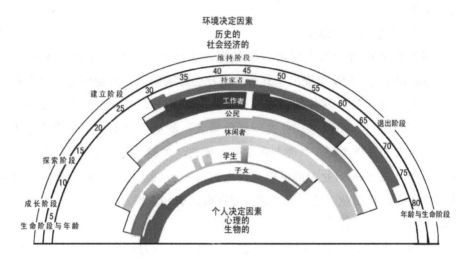

一生生涯的彩虹图

在生涯彩虹图中，纵向层面代表的是纵观上下的生活空间，是由一组职位和角色组成，分成子女、学生、休闲者、公民、工作者、持家者六个不同的角色，他们交互影响交织出个人独特的生涯类型。舒伯认为在个人发展历程中，随年龄增长而扮演不同的角色，图的最外圈为主要发展阶段，内圈阴暗部分的范围，长短不一，表示在该年龄阶段各种角色的比例；在同一年龄阶段可能同时扮演数种角色，因此彼此会有所重叠，但其所占比例则有所不同。

语文学科是人文性和工具性的高度统一，就其人文而言，内涵丰富多彩，不仅涉及文学、政治、历史、地理等人文学科，还涉及物理、生物、建筑学、医学等理工医学科，蕴含着丰富的职业规范、职业道德等生涯资源。而语文学科的工具性影响着听、说、读、写等职业技能的形成和提升。从这个意义上说，语文教学的目的之一就是为学生的生涯规划做准备。

（一）高中语文教学渗透生涯规划教育的实施策略

1. 比照作品中人物性格，正确认识自我，准确定位自己的生涯方向

生涯规划最基本的前提是要正确认识自我。一个孩子，如果在他的中学或者小学阶段就对自己的爱好以及兴趣等有所了解的话，有清晰的理想，可以制定清晰的目标，并且为之奋斗，且可以对比职业进行分析，这样的话，对于之后在他选择职业的时候肯定有一定的目标，可以少走很多弯路。美国心理学家霍兰德的"人职匹配"理论表明，不同类型的性格适合从事的职业不尽相同，甚至大相径庭。反过来，不同的职业对人有着不同的性格要求。

在语文教学中，我们完全可以借助职业素质的要求来帮助学生发展、完善其性格，从而准确定位自己的生涯方向。其基本的方法就是比照作品中人物的性格。作品中的人物所从事的职业往往与他的性格有着密切的关联。这样的例子在高中语文教材中比比皆是，语文老师要深入挖掘，善于借此培养学生性格里的职业意识：自己属于什么性格，大致适合做哪一类职业。因此，以课文中人物性格为比照，有意识地引导学生总结反思自己的性格类型，对其形成稳定的职业倾向具有重要意义。

2. 紧扣课本，突出生命教育，让学生们对生命价值有正确的认识

生涯规划教育关注人一生的发展历程，自然要强调个人发展的内在生命价值，重视对生命存在的尊重、生命意义的提升和生命幸福的追求。挖掘教材中生命教育的元素，引学生进行"为何而生"的思考，使学生树立正确的生命观，从而促使其健康成长。

中学语文教材中有大量直接阐释生命、呼唤热爱生命、敬畏生命的课文，如张晓风《敬畏生命》、鲍鹏山《庄子：在我们无路可走的时候》、冯友兰《人生的境界》等；也有大量表现亲情、友情的课文，如韩愈《祭十二郎文》、归有光《项脊轩志》、李密《陈情表》、林觉民《与妻书》、恩格斯《在马克思墓前的讲话》等；也有许多作者的事迹就直接体现了强烈的生命意识，如珍视生命、直面逆境的司马迁、史铁生，生性达观超脱的李白、苏轼……教师应在教学中引导学生阅读并理解作者的生命含义，领悟其人性光辉，学会尊重自己的生命，也善待他人生命。这样，学生的生命意识就可能会被唤醒，为一生的成长奠定

基础，从而更好地实现个体的生命价值。

3. 要求学生多阅读名人著作，引导学生树立正确的人生目标

树立一个正确的人生目标是非常重要的，如果一个人的一生没有目标，将会缺少前进的动力。而名人著作是一部部一定社会背景下高度凝练了思想情感的有价值的经典。一个人的精神发育史实质上就是他的阅读史，学生的生命成长需要经典名著的浸润。老师应该引导学生以名人为生涯榜样，追寻名人足迹，进而产生向上向善的力量，立下正确的人生理想。陶行知的教育理论为"生活即教育，教学做合一，行是知之始"。教育主要来源于生活，学校就是社会，主张教育不仅仅要依靠生活，还需要依靠社会，事情如何主张，学生就应该如何做；学生怎样学习，老师就应该怎样教。

4. 思考人生取舍，让学生们学会抉择

一个人的价值观，在无形生活中改变着人们的行为。在学生具备明确的价值观之前，老师和家长应该引导学生、帮助学生根据自己的实际情况做出正确的选择。

教师要引导学生关注作家生平。作家的生平，给学生最直接的生涯体验。为追求真理九死不悔的屈原、忍辱负重发愤著书的司马迁、繁华落尽终归清醒的曹雪芹、由私塾转学工科医科最后又弃医从文的鲁迅、身残志坚豁达乐观的史铁生……他们无一不给学生以生命本真的启示，让学生看到生命艰难、生命价值的卓越，看到战胜自我的精神力量，学生潜移默化地为自己树立起精神的标杆，学会如何在人生关键时候做出正确的抉择。

要引导学生体会作者在典型环境中的人生选择。在学习马克思《青年在选择职业时的考虑》时，引导学生在选择自己的专业时进行思考：首先，我们应该倾听父母给予的意见，因为我们还处在发展时期，心智和社会经验都不成熟，需要父母给予意见；其次，应该根据实际情况选择自己的专业，既要考虑自己的兴趣，也应该考虑自己的能力，只要接受就应该努力做到最好。

5. 依托各类媒体资源，营造生涯意识心理场

运用"互联网+"教育，构建开放的语文课堂，拓宽学生视野，丰富课堂内容。要让学生多关注时事政治，关注《环球人物》《经济导报》《企业家》等杂志，了解国内国际发展动态；收集行业精英传记，了解成功人士的成功之道，包括政治风云人物、经济领袖、各行业精英、感动中国的时代楷模、优秀毕业生或校友等，让这些生涯人物成为学生的生涯榜样。每班订阅一些报刊，并在午间定时阅读；不定期观看职业指导类节目和新闻类节目，如"职来职往""非你莫属""东方时空""面对面"等；积累一些行业的访谈微视频，在课堂上播放。可视化的生涯资源将会成为学校文化重要的组成部分，为学生的生涯成长营造浓烈的氛围。

6. 注重语文实践，发展学生的职业能力

语文教学不仅要为学生未来的职业提供必备的基础知识，也要为学生发展未来的职业能力提供机会。因此我们可借助语文实践活动，挖掘学生兴趣及特长，发展学生未来职业所需的能力。如举办课本剧表演，可以让擅长表演、表演欲望强的学生竞选演员，擅长统筹沟通、有导演特长的学生竞选导演，擅长舞台设计、在创意舞台方面有独特想法的同学竞选编剧等；还可组织学生写影评，对电影镜头、色彩安排、舞台布置、背景音乐、服饰安排、舞台衔接等方面进行赏析。在实践活动中，让学生掌握演员、导演、编剧、影评人等职业特点，发展学生相关职业能力。

其他如"课前三分钟演讲"，让每个学生登台演说，训练学生倾听能力，训练学生陈述、论证和辩论等语言表达能力和应变能力；朗诵比赛，训练学生普通话表达能力和朗诵水平；新闻采访，无形之中让学生深入认知了记者这一职业的专业知识和核心职业价值观，发展了学生的语言表达能力、快速写作能力和人际沟通能力。

（二）高中语文教学渗透生涯规划教育的原则

1. 针对性原则。生涯规划内容涵盖面很广，既要"知己""知彼"，又要"决策""行动"。渗透于高中语文教学之中的生涯规划，在内容的选择上自然是有针对性的。教学的关键是能否在语文与生涯规划两者之间找到最佳契合点，语文教学内容适合渗透生涯规划的哪一方面就渗透哪一方面。同时还要考虑学生的年龄和心理特征，根据学生的生涯规划需求对症下药，做到有的放矢。只有切入点找得准，才能让生涯规划真正为语文教学增添魅力。

2. 自然性原则。"亮点是课堂自然生成的。"为此，教师在课堂中，要尊重学生的知识经验和生活经验，使每一个学生能享受到探究的快乐，尊重学生的每一个结论的获得，找准时机灵活地将生涯规划与语文知识能力自然无痕地联系起来，不生拉硬扯，不乱贴标签。过于刻意的生涯渗透，只会增添语文课堂的别扭。

3. 两条线原则。高中语文教学中渗透生涯规划教育，要遵循两条线原则，一条是知识能力训练线，另一条是生涯渗透线。前者是明线，后者是暗线。很形象地说，在生涯规划教育背景下，语文课堂就是一部和谐优美的钢琴协奏曲，语文教学的知识能力训练是引领课堂主旋律的那架钢琴，而生涯规划渗透则是与之协调共进的小提琴手，两者目标最终都能得以实现。若课堂教学中过多追求生涯规划教育的教学效果而忽视了语文教学内容的学习，使语文知识能力训练过于浅显，那就犯了本末倒置的错误，语文课就失去了语文课的味道，更谈不上培育学生的语文核心素养。而把这两线割裂开来，也是一大忌讳。

4. 适度性原则。适度性原则强调的是渗透生涯教育时课堂的"收放"问题。课堂教学本身就是一个动态的过程，"放"与"收"是对立统一的矛盾体，相互依存。渗透生涯规划教育，要从学生的实际需求出发，以各种媒介为载体吸引广大学生参与其中，那必然是一个"放"的过程。但当学生的个性化思维偏离生涯规划方向，远离文本和教学目标时，需要教师点拨、纠偏，收束学生的思维，引导学生回归到语文教学的知识能力训练上来。课堂只有做到了"放"与"收"的和谐统一，才能保证语文课堂教学的本色。

5. 多元性原则。加德纳的多元智能理论对高中语文教学有很大帮助。生涯规划教育渗透实施的途径是多样的，既有"读写"教学，也有"听说"教学。成果呈现的方式也是多元的，比如作文、朗诵、演讲、辩论、采访和表演等。在课堂教学评价上也是多元的，评价内容既有知识能力评价，也有职业规范、职业道德和职业能力等综合素养评价；在评价方式上既有书面评价，也有口语评价，既有自我评价，也有师生相互评价，既有定量评价，也有定性评价。

（三）高中语文教学渗透生涯规划教育的评价方式

课堂教学评价是实现有效教学的重要手段。生涯规划教育背景下，高中语文教师要树立大语文观，改革传统的语文教学方法，加强教学和现实生活的联系，在课堂教学评价上做到"三个转变"。

1. 由重学习目标向重学习过程、重学习习惯转变

原有的语文课堂教学评价，几乎集中于学生能记忆多少知识、能解答出几

个题目。而新课标重视"从'解题'向'解决问题'的转变，从'做题'向'做人做事'转变"。立足于学生生涯发展，我们的课堂教学不仅要关注学生语文知识和自我认知、专业认知、职业认知等生涯素养，而且要更多关注学生在课堂上的情绪体验、行为表现、过程参与、知识的获得和学习的结果，应引导学生"学会自我监控和学习管理，探究个性化的学习方法"，以形成良好的习惯和健康成熟的人格。

2. 由知识本位向能力本位、素养本位转变

教育的本质是培养"活生生的人"。生涯教育视角下的语文课堂教学评价，自然不能再只关注于学生书本知识的获得，更应注重学生的综合素养和适应现代社会生活能力的培养；不能只关注书面语的表达能力，也要关注口头表达能力、思维创新能力和终身学习的能力；不能只关注学习目标的达成情况，也要关注学习过程中的情感态度和价值观。以"量"上的精准评价和"质"上的模糊评价相结合的方式，共同促进学生语文核心素养的提升，使之与社会生活"血脉相通"，成为具有"生活力"和"创造力"的人才。

3. 由封闭式向开放式、系统式转变

为适应新课改的要求，高中语文课堂教学必须由"封闭"走向"开放"，与生活、学校和社会密切联系。课堂追求开放式、系统化，课前鼓励学生查阅互联网或课外书籍以扩大学习视野，课中创设真实的学习情境以展现师生思维与智慧，课后打造开放式的活动时空以发展学生生涯能力。

综上所述，高中语文教学中渗透生涯规划教育已成为教学改革的常态和历史的必然选择，作为语文教师，我们不仅要明确生涯规划教育渗透的意义，更要把握语文学科渗透生涯规划教育的一些基本原则和实施策略，不断完善语文教学评价方式，以期进一步推动语文学科建设。

第一章　认识自我，唤醒生涯

相信大家都听过一个笑话，说中国对哲学问题探究得最执着的是各行政机关的看门大爷，因为他们每天都在就人类哲学的三个终极问题发问："你是谁？""你从哪来？""你到哪去？"虽说这是笑话，但千百年来人类对于"自我"的探究一直没有终止。跳出哲学的思辨，从教育的角度来讲，"自我认识"同样是一个非常重要的问题。

"我是谁？""我想成为怎样的人？"看似简单的问题，却蕴含着开启生命能量的初始密码。我们每个人都是这个世界上独一无二的个体，都应该认识到自己独特的禀赋和价值，给自己未来一个美好梦想。老子在《道德经》里说："知人者智，自知者明。"希腊哲学家苏格拉底说要"认识你自己"。不偏不倚的自我认识，原来是如此重要。

高中生进行生涯规划的前提，就是要全面了解自己。要正确客观地审视自己、认识自己、了解自己，做好自我评估，包括自己的兴趣、特长、气质、性格、学识、技能、智商、思维方式等，而其中最重要的是要认识自己的兴趣、性格、能力和价值观，即要弄清我喜欢干什么、我适合干什么、我能干什么、在众多职业面前我会选择什么等。这四个因素同样也决定了高中生的学业状况。

促进学生正确认识自我，应是语文生涯教育的题中应有之义。语文教师要有意识地利用语文学习的各种资源，从生涯教育的视角去探索语文课程，挖掘其中的生涯教育资源，创设生涯教育的机会，让学生了解语文学习与生涯发展的联系；引导学生认识自己的优势以增强自信，认识自己的价值从而重视自己、珍惜自己；引导学生认识自己的不足，从而不断塑造自己、完善自己；引导学生高屋建瓴地思考未来生涯方向和意义，确立生涯规划正确的价值导向，奠定自己生涯的基石。

成为自己，是一条长路，美国作家约瑟夫·坎贝尔把它称为"英雄之旅"。就让"认识自我，唤醒生涯"成为指导学生此次"英雄之旅"的起点。

第一节　开启高中生涯

　　初中升高中，是人生道路上一个重要的衔接点。高度重视初高中衔接，积极引导学生认识高中学习特点，对学生掌握基本的学习要求和学习方法，不断适应新的环境和新的角色，具有重要意义。帮助刚刚进入高中的学生认识自我是语文教学生涯指导的第一个话题。

课例1	给自己一个梦想

——高中语文开学第一课

　　高中是一个人心理成熟的关键时期，是充满了期待和梦想的花季，也是生涯发展的探索阶段。此时主要的生涯任务是综合认识和考虑自己的性格、兴趣、能力和价值观，探索学业和职业的道路，形成自己的人生规划，为下一阶段的生涯发展做好准备。高中开学第一课毫无疑问是非常重要的，从语文学科的角度来说，要让学生认识初中语文与高中语文的异同以及相应的学习要求和学习方法，进而合理规划高中语文学习；从生涯规划的角度来说，应立足于唤醒学生生涯意识，激发学生学习的原动力。

　　基于语文教学和生涯规划教育的双重教育目标，高中开学第一课围绕"我想成为怎样的人"这个核心问题，精心设计了"大话生涯绘蓝图—天生我材必有用—学好语文有诀窍"三个教学环节。"大话生涯绘蓝图"是生涯觉察环节，鼓励学生大胆地畅想自己三年、七年、十年甚至二十年的未来——大学时光、职业生涯、家庭生活、人际交往等，让生涯规划成为引领和激励学生自主选择、主动发展的强大动力；"天生我材必有用"是语文助力生涯环节，目的在于让学生认识高中语文学习的重要性，以表格的形式呈现高中语文、大学专业、社会职业之间的关系，打通它们之间的发展通道，让学生清晰地看到当下语文学科与自己未来发展之间的关系，帮助学生树立生涯目标；"学好语文有诀窍"是高中学业规划环节，让学生以生涯目标为牵引，以使命感为动力，有效规划基于未来的现在学业。三个环节环环相扣，层层深入，把高中语文学习与学生生涯规划教育自然无痕地融合在一起，实现两者的共同发展。

生涯渗透目标

认识语文学科、大学专业和社会职业三者之间的关系，合理确定生涯目标。

学科教学目标

1. 明确语文学习的重要性，掌握高中语文学习的基本要求与方法。

2. 立足当下高中语文学习，展望未来大学专业和职业发展，激发学习的兴趣与动力。

教学重难点

1. 认识高中语文、大学专业与社会职业三者之间的关系。

2. 介绍高中语文学习的方法与要求。

教学方法

小组合作探究法、讲授法。

教学时间

1课时。

教学过程

导入

言简意赅地介绍教师自己的姓名、工作经历、教学风格、教学业绩和联系方式等。

活动一：大话生涯绘蓝图

庄子曾言："吾生也有涯，而知也无涯。"生涯贯穿我们生命的始终，那么，我的生涯是否需要规划？我的高中生涯又该怎样规划？对于我的大学，对于我的职业生涯，我们有哪些困惑呢？请选择有感想的话题大胆地表达出来。

活动二：天生我材必有用

1. 学生分组讨论：高中，我们为什么还要学语文？

学生讨论，允许见仁见智。教师从以下三方面引导：

①从语文的人文性看，学好语文，可以提高个人素养，为生涯发展提供意识支持（认识自我，发展自我）。

②从语文的工具性看，学好语文可提高"听说读写"能力，为生涯发展提供能力支持。

③从高考地位看，学好语文，有利于学好高考其他科目，为未来成功奠定坚实的基础。

2. 高中语文学习、大学专业与社会职业之间的关系介绍（以统编版必修上、

下册为例）

序号	学习内容	体裁类别	相关大学专业	可从事的职业
1	《沁园春·长沙》《立在地球边上放号》《红烛》等	现代诗歌	中国语言文学类专业等	作家、编辑、文秘、教师等
	《百合花》《哦，香雪》《祝福》《林教头风雪山神庙》《装在套子里的人》	小说		
	《芣苢》《插秧歌》《短歌行》《归园田居（其一）》《登高》等	古代诗歌		
	《荷塘月色》《故都的秋》《我与地坛（节选）》《登泰山记》	抒情、叙事散文		
	《子路、曾皙、冉有、公西华侍坐》《齐桓晋文之事》《鸿门宴》	诸子／历史散文		
	《师说》《拿来主义》《劝学》	古代议论性散文、杂文		
	《说"木叶"》	文艺性随笔		
2	《喜看稻菽千重浪》《心有一团火，温暖众人心》《"探界者"钟扬》	新闻	新闻传播学专业等	记者等
3	《窦娥冤（节选）》《雷雨（节选）》《哈姆莱特（节选）》	戏剧文学	戏剧影视导演专业等	导演、编剧、演员、影评人等
4	《青蒿素：人类征服疾病的一小步》《一名物理学家的教育历程》《中国建筑的特征》	科学论文	医学、物理学、建筑设计等	医生、物理学家、建筑设计师等
5	《反对党八股（节选）》《在马克思墓前的讲话》	演讲词	播音主持专业等	播音主持等
6	《烛之武退秦师》《鸿门宴》	古代历史散文	历史学、考古学、古文学、戏剧影视表演等	社会活动家（外交家）、历史学家、小说家、作家、编剧、古装剧演员等

3. 与语文密切相关的专业和职业一览表

大学专业	主要课程	就业方向
汉语言文学	中国古代文学、现当代文学、外国文学、文学批评、美学、文艺理论、语言学纲要、现代汉语和古代汉语等	教师、编辑、文秘、记者、编剧、作家等
应用语言学	语言理论、应用语言学、对外汉语教学概论、语法理论、语义理论、词汇理论、实验语音学、汉语语用学、汉语方言与方言调查、语言与文化、跨文化交际等	科研、高校教师等
语文教育	古代汉语、现代汉语、文学概论、中国古代文学、中国现当代文学、外国文学、教育原理、教育心理学、中小学语文教材教法、中小学语文教学研究、现代教育技术、写作、音乐基础、舞蹈基础等	教师、事业单位人员、助理、秘书、文员、公务员等
播音主持	中国语言文学、新闻传播学、艺术学、播音发声、播音创作基础、广播播音主持、电视播音主持、文艺作品演播学概论、新闻学概论、新闻采编、广播电视节目制作等	节目主持、广告配音、电视电影配音、音频编辑、电视策划等
新闻与传播学	新闻学概论、中国新闻事业史、外国新闻事业史、新闻采访与写作、新闻编辑与评论、大众传播学、新闻法规与新闻职业道德、新闻摄影、广播电视学、新闻事业管理、广告学、公共关系学等	教师、记者、编辑、主持、作家等
网络新闻与传播	新闻理论、传播学、新闻采访与写作、新闻评论、新闻伦理与法规、新闻心理学、新闻编辑、舆论学新闻史等。其他的还有广播电视学概论、中国新闻传播史、外国新闻传播史、传媒管理概论、多媒体技术等	网站编辑、网站美工、新媒体编辑、采编记者、摄影摄像师、视频后期包装、新媒体运营专员等
编辑出版	编辑学概论、古代汉语、现代汉语、出版发行学基础、中国编辑出版史、图书学、出版美学（含装帧设计）、书业法律基础、报刊编辑学、出版现代技术等	出版社、报社的记者、编辑、策划、发行等
广告学	传播学、广告学概论、广告策划与创意、广告史、广告文案写作、广告法规与管理、广告媒体研究、广告摄像与摄影、实用美术与广告设计、电脑图文设计、广告调查、公共关系学、广告效果评估等	文案策划、市场策划、平面设计师、品牌经理、公关活动策划等

活动三：学好语文有诀窍

1. 树立目标（做好"五一居士"）。一笔好字、一张铁嘴、一肚子名篇佳作、一手好文章、一颗年轻的心。

2. 培养兴趣。知之者不如好之者，好之者不如乐之者。

3. 博览群书。操千曲而后晓声，观千剑而后识器。

教材名著推荐：《论语》《大卫·科波菲尔》《家》《巴黎圣母院》《红楼梦》《高老头》《谈美》等。

课后杂志推荐：《意林》《读者》《青年文摘》《思维与智慧》《杂文选刊》《作文成功之路》《读写月刊》等。

课后报纸推荐：《人民日报》《工人日报》《光明日报》《中国青年报》等。

4. 写作积累。随笔本＋阅读积累本，取一个新颖、别致、切合的名字，每两周一交（可适当分些栏目）。

5. 必备工具书。《现代汉语词典》《古汉语字典》《中华成语词典》《唐诗宋词鉴赏词典》等。

6. 落实常规要求。听课要求：课前预习、圈点批注、踊跃发言；早自习要求：重视诵读、积累素材；作业要求：规范、工整、清楚、及时；阅读要求：广阅博览、勤做笔记。

小结

语文是一门滋养生命的学科，学好语文将使你终身受益。让我们在以后的高中旅程中，相互探讨，共同努力，一起追寻语文的那道亮丽风景。

课外活动

以个人兴趣分组，课后进行相关的考察，就高中语文学习方法、某一专业或某一职业写一篇介绍性的文字。比如，联系某位学长，了解高中语文学习方法；联系相关职业人士，了解工作状况等。

课例2

赤子丹心铸青春

——必修上册第一单元"青春激扬"教学设计

十六七岁是一个特殊的生命驿站，是人的生涯意识逐渐觉醒、理性追问生命旅程方向的美好季节。引导学生体验青春的激情，明确青春的使命，感受生命的多彩，帮助学生扣好人生的"第一粒扣子"则是语文教师义不容辞的责任。本单元在"青春激扬"的人文主题下，汇集了古今中外不同时期、不同体式的诗词名作以及两篇具有诗化特点的小说。这些作品所表现的不同青春情怀，带有强烈的时代色彩和作者的个人印记，其学习落脚点在学生对标各时代不同的青春情怀后，产生对当下青春文化的理解，对自己青春人生的认识，自觉地树立远大的人生理想和承担时代赋予的社会责任。

基于新课标"文学阅读与写作"学习任务群的要求、单元人文主题和生涯教育理念，本教学设计围绕"我是谁"的灵魂拷问，以读写结合的大任务来统领单元教学，按板块分组来安排学习任务，通过诵读、赏析、表达等语文活动，促进学生对青春之"我"的理性思考，对生涯发展之路的主动探寻，为生涯发展注入原动力，并进一步提升学生的语文素养。教学情境和大任务为：班级或年级将举办"唱响青春之歌"诗歌朗诵比赛。根据文体特点，再把大任务分解为两个小任务：①创作抒发个人情怀的青春之歌，并将原创诗歌编辑整理成班级诗集；②为激发当代青年的担当与使命，青年电影制片厂决定在忠于原著的基础上重拍《百合花》《哦，香雪》两部同名电影，现在要做相关的拍摄和宣传工作。在完成前面两个小任务的基础上，以小组为单位推荐代表参加班级诗歌朗诵会，角逐出班级最佳朗诵选手。

教学安排

学习任务	教学内容	学科教学目标	生涯渗透目标	课时
编写诗集	第1、2课	探讨诗歌中的意象、语言、情感，并尝试创作现代诗	感悟青春形象，体会作品蕴含的青春价值	6
电影重拍与宣传	第3课	体会诗化小说中的诗意元素，把握人物形象的典型意义	思考青春价值	3
诗歌朗诵展演	诗歌朗诵	有感情地朗诵诗歌	加深对"青春价值"的理解与思考，激发学生对未来的使命感	1

学习任务一：编写诗集

这一学习任务主要是在对五首诗歌整体感知的基础上，点燃学生澎湃的青春激情，学习诗歌赏析的知识和方法。通过阅读补充资料，了解诗歌创作背景；通过诵读、分析、理解，从意象、语言、韵律等角度品读诗歌及其内在意蕴，体会诗歌独特的艺术魅力；深入探讨青春之"我"，感悟作品在特定时代表现出来的青春情怀，激发学生对青春与生命、人生与责任的深入思考；借鉴本单元诗歌在意象选择、语言锤炼等方面的手法，以"致青春"为主题，尝试现代诗歌创作，最后把班级原创诗歌编辑整理成诗集。

时间安排：6课时

第1课时

核心任务

整体把握五首诗歌，点燃青春激情。

学习资源

第1、2课五首诗歌。

生涯渗透目标

激发青春热情，敞开心扉，追寻理想，拥抱未来。

学科教学目标

1. 有感情地诵读五首诗歌，吟出诗韵，把握诗歌奋发向上的情感基调。

2. 了解诗歌写作背景，交流阅读心得，把握诗人精彩纷呈的青春风采。

教学重难点

引导学生感悟青春情怀，把握不同诗人的青春风采。

课前准备

1. 查阅作者生平事迹，把握写作背景。

2. 读准字音，把握诗歌节奏和思想情感。

教学过程

导入

青春者，如四季之春，犹一日之晨。充满生机，溢满活力。青春时期是人生最具梦想的时期。在这阶段，我们激情四射，有着火一样的热情；在这阶段，我们雄心壮志，铁骨凌云冲九霄；在这阶段，我们勇敢无畏，用年轻的心去拥抱创造力。那么，我们该拥有怎样的青春？或者怎样去创造青春的价值？今天我们一起学习高中语文第一单元。

活动一：纲举目张，整体把握

浏览"单元目录""单元导语"和"单元学习任务"，思考、讨论：

1. 课文构成有什么特点？

提示：尝试从文体的角度去思考分析。几组不同文体混编的作品，全都统一在"青春"主题之下，这一组文章不仅是作家的青春情怀，同时也是在启迪着我们今天的青年对青春该有怎样的思考和认识。

2. "单元导语"提醒我们要采用什么样的学习方法和策略呢？

提示：一要知人论世，把握诗人的创作意图；二要理解诗歌用意象抒情的手法或把握小说叙事和抒情的艺术特点；三要从语言、形象、情感等角度去欣赏作品；四要读写结合，真正做到心悟、口诵、手写一体。

3. "单元学习任务"与"单元导语"有什么关系？

提示："单元学习任务"不是课后练习，而是"任务驱动"，是对"单元导语"的进一步细化，是老师设计这个单元教学的依据，是学生用以整合单元课文阅读与写作的抓手。

活动二：诵读诗词，吟咏诗韵

1. 试读。跟着名家范读轻声朗读《沁园春·长沙》。

2. 指名朗读《立在地球边上放号》《红烛》等。

活动三：合作学习，初悟诗情

1. 寻找五首诗歌的创作时间，探究时代特点。

2. 请阅读这些作品，填写下面的表格。

作品	作者	写作时间	作者年龄	时代背景	青春情怀
《沁园春·长沙》	毛泽东	1925 年	32 岁	中国 20 世纪 20 年代，革命运动蓬勃发展，反动势力疯狂镇压革命力量	以天下为己任的豪情壮志
《立在地球边上放号》	郭沫若	1919 年 9、10 月间	27 岁	五四运动后，狂飙突进的风暴还没完全止息。其鲜明标志是毁坏一切旧势力	摧毁旧世界，创造新世界

续表

作品	作者	写作时间	作者年龄	时代背景	青春情怀
《红烛》	闻一多	1923 年	24 岁	中国 20 世纪 20 年代初期军阀混战，诗人在美国遭受歧视，在国内饱受国难家愁和事业的挫折	爱国奉献与赤诚
《峨日朵雪峰之侧》	昌耀	1962 年初稿，1983 年定稿	26 岁	"文化大革命"前夕，"反右"扩大化，诗人遭受不公待遇，生活艰苦，命运坎坷	对生活的热爱，对生命力的赞颂
《致云雀》	雪莱	1820 年夏	28 岁	英国 19 世纪资本主义发展，人民生活苦不堪言，诗人为底层社会发声，为人民争取权益	对自由的向往，对幸福生活的渴望

3. 这五首诗歌作者的青春特点与时代有怎样的关系？

讨论，明确：他们的青春特点都带有典型的时代烙印。毛泽东、郭沫若和闻一多所处的时代，社会动荡，国家积贫积弱，他们为中国的崛起而奋斗，所以他们以天下为己任，以自己的赤子之情为美好的明天而奋斗。昌耀在"文化大革命"前夕遭受了不公正的待遇，但他没有消沉，所以他去表达自己对生命的热爱。资本主义的发展造成人民的流离失所，因此雪莱才发出对幸福的呼唤。

4. 他们青春的共同特点是什么？他们青春的价值怎么体现出来？

讨论，明确：他们虽然生活在不同的历史时期，甚至不同的国度，青春特点各不相同，但他们的青春都与时代息息相关，与国家命运和人民幸福紧密相连，或打破旧世界建立新世界，或为国献身，向往光明和自由。他们青春的价值就体现在责任、担当、奋进、追梦。

课外活动

1. 请给自己写一首 3 ～ 5 行的小诗，表达对青春价值的思考。

2. 课外阅读五位诗人的其他诗作，选一首你最喜欢的作品，写一段不少于 100 字的推荐语，发到你的朋友圈和大家分享。

○ 第2课时

核心任务

探究诗歌意象特点及诗歌中青春之"我"形象。

学习资源

《沁园春·长沙》及与"悲秋"相关的古典诗词。

生涯渗透目标

感受诗人的豪情壮志，学习诗人以天下为己任的博大胸怀。

学科教学目标

1. 品味富有表现力的诗歌语言，把握诗歌意象特点。

2. 知人论世，理解作品蕴含的青春价值。

教学重难点

品味语言，分析意象，理解诗歌蕴含的青春价值。

教学过程

导入

青春如歌，歌唱生活的传奇；青春如画，描绘人生的多姿；青春如舞，舞动生活的魅力。第一单元中的几位青年诗人，在青春时期对国家民族有着怎样的思考？对理想未来又是怎样的吟唱？这节课，我们着重通过分析诗歌意象探讨毛泽东的青春情怀。

活动一：朗读全词，初识青春之"我"

1. 把握诗歌节奏，读出诗歌韵律。

2. 勾画出描写"我"的相关词句，并初步概括青春之"我"的形象。

提示：关键动词有：立、看、怅、问、忆。上阕中的"我"，并不是简单地伫立在湘江河畔的观景者，而是一个无惧白色恐怖、关怀天下的哲人。

活动二：分析开篇，浸入诗境

1. 诗意概述：开头三句点明了时间、地点、特定的环境。

2. 思考，交流：

请将诗词开篇语句恢复成现代汉语正常语序，比较诗歌的表述与现代汉语表述有什么不同，哪一个更好？

提示：诗歌有时讲究语句倒装，其作用有二：一是为了押韵，本词开篇押"ou"韵，把"独立寒秋"调整语序，也把"橘子洲头"后置，这样前后音韵和谐；二是为了突出强调"独立"二字，"独立"不仅是写"我"独自一人站立在橘子洲头，更可让读者想象"我"面对白色恐怖时表现出的卓然超逸的高大英雄形象。

活动三：品味语言，分析意象

思考，交流：

1．作者站在橘子洲头，看到了哪些自然景物？对这些景物，诗人又是从什么角度去观察的？请圈点勾画相关词语。

提示："看"字为领字，以下七句为统领的内容。

2．作者用哪些词语来形容景物的特点？请在相关词语下画出波浪线。

3．这些形容词是否可以更换？请品味这些词语的表达效果。

教师点拨，用表格呈现讨论结果：

景物	观察视角	修饰词	表达效果
山	远、色彩	万、红遍	山多，红的范围广
林	远、色彩	层、尽染	树林层层叠叠，被染的程度深
江	近、色彩	漫、碧透	江水满溢、碧绿、清澈
舸	近	百、争	千帆竞发、争先恐后，昂扬奋进
鹰	仰视	击	迅捷、矫健、有力
鱼	俯视	翔	轻盈畅快、欢愉自在
总结句	万类霜天竞自由		

链接知识——诗歌意象

诗歌创作十分讲究含蓄、凝练。诗人的抒情往往不是情感的直接流露，说理也不是思想的直接灌输，而是言在此意在彼，写景则借景抒情，咏物则托物言志。这里的所写之"景"、所咏之"物"，即为客观之"象"；借景所抒之"情"，咏物所言之"志"，即为主观之"意"；"象"与"意"的完美结合，就是"意象"。简单一点说，"意象"就是融入了作者主观情意的客观物象，或者是借助客观物象表现出来的主观情意。它是我们理解诗人情感的重要密码。

4．品读想象

借助联想和想象，这些意象在你脑海中形成了一幅怎样的画面？你获得了怎样的情感体验？

学生自由发言。

活动四：知人论世，探究青春之"我"

1. 比较阅读，领悟意象的意蕴

①传统诗歌

悲哉！秋之为气也，萧瑟兮草木摇落而变衰。——《楚辞》

秋风萧瑟天气凉，草木摇落露为霜。——曹丕《燕歌行》

万里悲秋常作客，百年多病独登台。——杜甫《登高》

已觉秋窗秋不尽，那堪风雨助凄凉！——曹雪芹《红楼梦》

古代文人骚客笔下的秋往往是肃杀、感伤的景象：黄花、枯草、寒蝉、暮鸦等，总之"自古逢秋悲寂寥"。

②毛泽东诗词（补充）

一年一度秋风劲，不似春光，胜似春光，寥廓江天万里霜。——《采桑子·重阳》

天高云淡，望断南飞雁。不到长城非好汉，屈指行程二万。——《清平乐·六盘山》

在"我"的眼里，这片天地里的万物竞相向上，昂扬奋进，焕发勃勃生机。它们的命运似乎都掌握在自己手中，它们敢于同外在的压迫抗争，呈现了"万类霜天竞自由"的局面，就这样形成了诗歌开阔豪迈的意境。宏大的物理空间，反映的是诗人博大的心理空间，表现了词人博大的心胸。

┌─ **链接知识——创作背景** ·

这首诗写于1925年。1925年，当时革命形势高涨，群众运动风起云涌，反帝反封建的斗争如火如荼。这时，一方面工农革命运动蓬勃发展，另一方面反动势力为维护其反动统治，对革命力量进行疯狂镇压。

2. 理解"怅寥廓，问苍茫大地，谁主沉浮"的深层含义

提示：32岁的"我""独立寒秋"，不是想着自己被军阀追捕的处境，而是放眼宇宙，胸怀祖国，关注着国家的前途，忧思着民族的命运，这是一种多么博大高远的心境啊！

3. 探究"我"与我

"我"是诗歌中塑造的抒情主人公，但因诗歌是诗人主观情感的产物，其必然带有诗人个体的痕迹，因此，这两者往往是相通的，即"我"即是作者自己。

词人借"我"的形象，抒写了自己对国家命运的深切关注和以天下为己任的博大胸怀和豪情壮志。

齐读上阕。要求把握诗词节奏，读出豪迈乐观之情。

小结

围绕"意象"欣赏理解诗歌情感的方法：

课外活动

1．诵读《沁园春·长沙》。

2．抓住诗中自己喜欢的意象，结合诗人创作背景，写一则不少于 200 字的阅读札记。

3．请以"军训青春"为主题，尝试写一首短诗，不少于 5 行。注意抓住青春的特质，选取恰当的意象，抒发自己的青春情怀和理想，为自己的军训生活以及美好的青春留下一笔宝贵的财富，感情自然。

🕐 第 3 课时

核心任务

探究诗歌中青春之"我们"形象。

学习资源

《沁园春·长沙》。

生涯渗透目标

学习诗人以天下为己任、敢于改造旧世界的战斗精神。

学科教学目标

1．分析诗歌中革命青年形象，感悟诗人青春情怀。

2．鼓励学生联系实际，大胆发表自己的看法，树立人生远大理想。

教学重难点

分析革命青年形象，感悟诗人青春情怀。

教学过程

导入

1．学生个人读、集体读。教师要强调：把握朗读的重点、情感的变化。

2．导入：通过对上阕的学习，我们已经初步感受到了伫立在湘江边的"我"，已经不再是普通的观景者，而是一个卓然超逸、高瞻远瞩、关怀天下的哲人。深沉的思索自然唤起了"我"对年轻时的革命同志和革命活动的思念和追忆，那是怎样的人和事呢？

活动一：分析形象，领悟情怀

1. 朗读下阕。

2. 思考，交流：

①"携来百侣曾游，忆往昔峥嵘岁月稠"中的"忆"在结构上有什么作用？

提示："忆"总领下阕，点明下阕写的都是往昔的事。

②下阕中哪句诗直接描写了上次游览橘子洲头的情景？请圈点勾画。

③"到中流击水，浪遏飞舟"具有怎样的象征意味？

【教师点拨】词人当年曾和同学旧侣，在激流中奋臂划水，掀起浪花甚至阻挡了飞速前进的船舶。象征了在新时代的浪潮里，一代革命青年也会像当年中流击水那样，勇敢地投身于革命风浪中，乘风破浪，急流勇进，担负起主宰国家命运前途的大任。这是对一代革命青年凌云壮志的形象表达，充满了浪漫主义色彩，这也是对"谁主沉浮"问题的含蓄巧妙回答。

④这是一群怎样的年轻人？请找出相关语句朗读并讨论。

链接背景：1911 年，年仅 18 岁的毛泽东来到湖南长沙学习，从此在长沙开始了长达 13 年的革命活动。毛泽东同志与蔡和森、何叔衡等立志救国的知识青年一道，在长沙组织了湖南学生联合会、新民学会，开办了平民夜校、文化书社，创办了《湘江评论》，成立马克思主义研究会；1915 年 5 月，袁世凯接受了日本企图灭亡中国的《二十一条》，毛泽东印发了反袁文章；1919 年至 1920 年，毛泽东和何叔衡领导了湖南人民驱逐反动军阀张敬尧的斗争，接着又向湖南军阀谭延闿、赵恒惕展开英勇斗争。

【教师点拨】作者选用典型事例，将这些往事化为触手可及的形象，如：用"风华正茂"写同学们的青春年少；用"书生意气，挥斥方遒"来写同学们的热情奔放，敢想敢做，以天下为己任；用"指点江山，激扬文字"来写同学们的慷慨激昂、奋笔疾书，关心国家命运，同军阀、帝国主义的英勇斗争；用"粪土当年万户侯"来写同学们蔑视权贵、救国救民、坚持斗争。

总之，这七句话形象地概括了早年革命者雄姿英发的青春风貌和豪迈气概，表现了青春时期的毛泽东及战友们以天下为己任、蔑视反动派、改造旧世界的战斗精神。下阕追忆往事，借事抒情，巧妙地回答了上阕的问题。

⑤思考：下阕中有没有"我"的形象？

点拨：词的下阕，主要通过再现"同学少年"的群体形象来表现的。这里虽无一处写"我"，但"我"的身影又无处不在，表现了词人早年的革命气魄和精神。这样，词人的自我形象在写景和叙事中都得到了充分体现。

活动二：讨论交流，传递心声

讨论材料：

1957 年，毛泽东在莫斯科大学接见中国留学生代表时说："世界是你们的，当然也是我们的，但归根结底是你们的。你们青年人朝气蓬勃，好像是早晨八九点钟的太阳。希望寄托在你们身上。"

2014 年 5 月，习近平总书记在与北大师生座谈时强调，青年的价值取向决定了未来整个社会的价值取向，这就像穿衣服扣扣子一样，如果第一粒扣子扣错了，剩余的扣子都会扣错。人生的扣子从一开始就要扣好。

2019 年 4 月 30 日，习近平总书记在纪念五四运动 100 周年大会上强调，新时代中国青年要增强学习紧迫感，如饥似渴、孜孜不倦地学习，努力学习马克思主义立场观点方法，努力掌握科学文化知识和专业技能，努力提高人文素养，在学习中增长知识、锤炼品格，在工作中增长才干、练就本领，以真才实学服务人民，以创新创造贡献国家！

从"太阳说"到"扣子论"再到"成才论"，体现了国家领导人对青年发展的重视，请同学们思考，作为当代青年，我们该如何让自己的青春更为绚丽？

学生自由发言。

教师小结

青年时代的毛泽东，面对积贫积弱、多灾多害的国家，深沉思索着民族命运和国家未来，表达了以天下为己任、为国献身的炽热情怀。而身处新时代的我们，在规划自己的生涯时，更应主动担当起历史责任。不管未来是继续深造，还是投身军营，或献身科研，或扎根基层，抑或是其他职业，只要尽心做好本职工作，始终保持奋发进取的姿态，又何尝不是在为国为家添砖加瓦？把个人梦想汇入时代洪流，让蓬勃青春与家国情怀同频共振，我们一定能肩负起"砥柱中流"之责任，人生的色彩一定会更加绚烂。

活动三：心悟口诵，再悟诗情

请同学们带着对诗歌的理解，带着对革命领袖伟大抱负和博大胸襟的感悟，心悟口诵，用青春的声音朗诵伟人青春的诗篇。

诵读指导：总基调为乐观豪迈。"看""恰"都是领字，读时两字后要稍作停顿，以突出它们的作用。"看"字所控七句要读得抑扬顿挫，充满兴奋喜悦之情；"恰"字所控七句要读得激昂慷慨，充满自信，语速稍快。

课外活动

1. 有感情地背诵全词。

2. 课外阅读毛泽东《水调歌头·游泳》、周恩来《赤光的宣言》、朱德《太行春感》、陈毅《赣南游击词》等诗词，感受他们的情怀。

🕐 第 4 课时

核心任务

继续探究诗歌中青春之"我"的形象。

学习资源

第 2 课《立在地球边放号》《红烛》《峨日朵雪峰之侧》《致云雀》。

生涯渗透目标

感悟诗人青春情怀，树立奋发向上的人生态度。

学科教学目标

1. 赏析诗歌中意象及其特点，把握诗歌的形象美。

2. 诵读诗歌，注意诵读技巧。

教学重难点

赏析诗歌中的意象及其特点，把握作品情感基调。

教学过程

导入

青春是美丽的，但一个人的青春可以因虚度而懊悔，也可以因奋斗而走向成功。第 2 课的四首诗是不同时代的作品，四位青年诗人通过不同形式、不同风格的吟唱，从不同侧面抒写了"青春"这一主题，诗作中涌动着青春的韵律与活力。今天，我们将实践在《沁园春·长沙》中学到的欣赏诗歌意象的方法，感受四位青年诗人火热的青春情怀。

活动一：初读诗歌，寻找青春之"我"

1. 默读诗歌，结合文下注释，整体感知诗歌内容，然后尝试放声朗读。

2. 初步概括出诗中青春之"我"形象。

作　品	青春之"我"
《立在地球边上放号》	呼号者、歌唱者
《红烛》	奉献者、甘愿牺牲者
《峨日朵雪峰之侧》	攀缘者、渺小者
《致云雀》	礼赞者、歌唱者

活动二：小组合作，探究青春之"我"

探究方法：运用《沁园春·长沙》围绕"意象"欣赏诗歌的方法，展开小组讨论：如何通过分析意象理解作品表达的情感？然后在班内交流汇报。

1．温故知新：

分析路径：意象—画面—我的体验—作者情感。

辅助手段：联想和想象，知人论世。

2．小组合作探究，教师提供必要的帮助。

问题支架：

①诗中运用了哪个（些）意象？如是意象群，多个意象之间的关系是什么？

②这个（些）意象有怎样的特点？主要意象在传统文化中有何特点？

③这个（些）意象激发了你怎样的情思？（借助联想和想象，在脑海中形成图画）

④结合创作背景，想想作者选取这个（些）意象表达了什么情感。

作品	主要意象	意象特点	作品情感基调
《立在地球边上放号》	白云、北冰洋、太平洋	雄伟壮丽、气势磅礴	勇敢昂扬、奋发进取的精神，热切向往、执着追求的勇气
《红烛》	红烛	赤诚、不惜牺牲、无私奉献	赞美自我、牺牲精神，热爱祖国、热爱光明
《峨日朵雪峰之侧》	雪峰、落日、山海、石砾、巨石的罅隙、雄鹰、雪豹、蜘蛛	苍劲、雄浑、凝重、壮美	面对艰难坎坷，坚强不屈，保持对生活的信心和热情
《致云雀》	云雀	自由的化身、欢乐的精灵，超载痛苦和逆境，坦荡泰然，勇于追求自由和真理	对自由的赞美，对幸福生活的强烈追求，为伟大理想甘愿牺牲

可能存在的问题：对诗歌意象特点把握不准，难以结合具体诗句和作品创作的背景进行分析。这时教师不妨示范和点拨。

《立在地球边上放号》：这首诗是郭沫若于1919年五四运动后写的，狂飙突进的风暴还没完全止息。五四运动一个鲜明的标志就是要摧毁一个旧世界，打破一切旧制度、旧传统。描写太平洋将地球推倒，就是对五四运动毁坏一切旧势力的一个强有力的呼应。诗中云的怒涌、海的洪涛、诗中反复吟咏的"力"就是五四运动时期时代精神的象征，既体现了青年郭沫若激扬的青春风采，也体现了青春的时代气息。

《红烛》中的"红烛"象征着为了拯救世人而主动牺牲自我的理想人格。闻一多是中国现代史上著名的革命斗士，为民主和自由献出了生命。1922年，诗人怀着报效祖国的志向去美国留学，因不堪忍受身为中国人受到的歧视，于1923年写下本诗。而此时国内正在北洋军阀的统治下，政治腐败、经济凋敝，民不聊生，于是他心中的梦骤然破灭。诗人的感情由失望、痛苦转至极度的愤怒。诗人借红烛形象激励自己，他要如红烛一样照亮沉睡的中国，使民众觉悟、奋起，从帝国主义、封建主义的精神枷锁中获得解放。

《峨日朵雪峰之侧》：这首诗初稿写于1962年，作者正身处于一段苦难岁月之中（被错划为"右派"，颠沛于青海垦区），作者歌颂的是英雄形象。雪峰、落日、山海等意象表现了诗人早年生活艰苦、命运坎坷但依然保持对生活的信心，而石砾、巨石的罅隙等意象则是诗人当时身处困境的现实生活的象征，"雄鹰""雪豹"的形象则是作者理想中的精神、意志和心灵的象征，代表着一种真正强大、雄壮和坚韧。20多年后（1983年）改革开放到来，作者恢复了正常的写作生活状态，重新删定了作品，这时作者关注的则是人性的复苏，要礼赞的则是普通人的精神。与雪峰、落日、石砾等雄浑壮美意象形成鲜明对比的弱小、可怜、默享的蜘蛛，则象征了生命的谦卑与坚毅，表达了诗人对生命的热爱，对生命力的赞颂。

《致云雀》中的"云雀"并不纯然是自然界中的云雀，而是象征了一种理想形象：自由的化身，欢乐的精灵，以不断飞升的积极情绪去超越痛苦和感伤。1820年，黑暗与恐怖正笼罩着整个英国社会，圈地运动和经济危机使得人民处在水深火热之中，百姓流离失所，生活完全得不到保障。雪莱借这首诗来歌颂自由，表达了广大人民对自由的极度向往，对幸福生活的渴望，也借赞颂云雀，传达了自己的精神境界、美学理想和艺术追求。

3. 这些诗歌各自塑造了一个怎样的青春之"我"形象？

提示：《立在地球边上放号》《峨日朵雪峰之侧》两首诗歌中"我"的形象比较鲜明，教师可引导学生抓住描写"我"的关键词句点拨。而《红烛》《致云雀》两首诗歌都运用了托物言志的写法，则要分析意象的象征意义。

《立在地球边上放号》：一个呼唤"力"的巨人形象。"我"渴望用"我"那火热赤诚的心，澎湃激扬的热情，彻底推翻旧世界，创造一个新世界。

《峨日朵雪峰之侧》：一个征服大自然、勇敢抗争的攀登者，也是一个孤独的英雄。诗人借"我"的形象表达了青年人在追求青春理想时，虽然遭遇不公正的待遇，虽然流血痛苦，但仍然保持对生活的信心和热情。

《红烛》：一个赤胆忠心的爱国者形象。红烛在诗人眼里，是理想人格的化身，象征了诗人的赤诚、自我牺牲精神、奉献精神。

《致云雀》：一个追求自由的礼赞者形象。云雀这个意象是诗人理想中自我形象的化身：追求光明，追求崇高，向往理想的世界。对自由和真善美的追求以及以创作点亮人精神世界的理想。

共同点：四首诗歌的作者都处于青春年少时期，又都处在社会动荡或黑暗时期，他们彷徨，对现实不满，但又十分关注国家的命运前途，也不想放弃自己的豪情壮志，更希望能点燃澎湃的青春激情，去追寻理想，拥抱未来。

活动三：吟咏诵读，体会诗情

1. 吟咏诵读：要进一步理解诗歌的感情和主旨，就要寻找准确表达作品情感和自己阅读感受的声音形式。

2. 吟咏提示：注意情感的表达、节奏停顿、重音轻音、抑扬顿挫、语气语调等，比如：

红烛啊！（语调深沉，饱满，上扬）

不误，不误！（两个相同的句式读出区别，后一个要更强调）

原是要 /"烧"出 / 你的光来——（断在"要"字后面，"烧"与"光"为重音）

这正是 / 自然的方法。（"正是"后断开，重音强调）

红烛啊！（字韵饱满，充满激情）

既制了，便烧着！（坚定而有力，"烧"字重音）

烧吧！烧吧！（渐高，第二个"烧"字加强重读）

烧破 / 世人的梦（排比句式，接续紧凑）

烧沸 / 世人的血——（"血"字拉长音）

也救出 / 他们的灵魂（语气坚定而有力）

也捣破 / 他们的监狱！（读出决绝果敢的语气）

3．吟诵比拼

①小组讨论，在书上标记，互相听读。

②各小组派代表上台朗读，其他同学互相评议。

课外活动

以"青春·梦想"为主题，尝试创作一首诗歌（不少于 10 行），抒发自己的青春情怀，要注意意象的选择和情感的表达。

学生作品

青春的我们

（杨睿磊）

青春是一首略带忧愁的诗 / 纷纷扬扬播撒着梦的种子 / 青春是一幅甜美亮丽的画 / 点点滴滴描绘着梦的色彩

我们的一言一行 / 都是青春诗行的美丽韵脚 / 我们的一颦一笑 / 都是青春曲调的美妙歌谣

青春的故事 / 展现出我们的无限活力 / 我们的言行 / 书写出青春的精彩华章！

🕐 第 5 课时

核心任务

品味诗歌的语言。

学习资源

《立在地球边上放号》《红烛》《峨日朵雪峰之侧》《致云雀》。

生涯渗透目标

通过朗读，激发学生对青春与生命、人生与责任的深入思考。

学科教学目标

1．品味诗歌语言的精妙之处，把握诗歌传达的思想情感。

2．强化诗歌的朗读指导，进一步领悟诗歌语言与情感表达的关系。

教学重难点

赏析诗歌语言，领悟作品传达的诗情。

教学过程

导入

同学们，诗歌意蕴丰富，往往靠的就是语言的表现力。不同的诗人，有不同的风格。郭沫若以雄浑豪迈的自由体诗传达了"五四"狂飙突进的时代精神，闻一多以诗歌美的形式表现炽热的爱国思乡之情，昌耀则以深沉冷峻的语言表达了在人生困境时的独特感悟，雪莱则以欢快明丽的语言表达他奔放浪漫的激情。今天这节课我们就认真品味这些诗歌，感悟精妙的语言外壳之下的内在情感。

这节诗歌语言品味课，我们将采用小组讨论并诵读展示的方式进行。参考要点如下：

活动一：品味《立在地球边上放号》《红烛》语言

1. 《立在地球边上放号》

雄浑豪放的"惠特曼"式语言，传达了"五四"时期狂飙突进的时代精神。

①气势磅礴的排比句式。"不断的毁坏，不断的创造，不断的努力哟""力的绘画，力的舞蹈，力的音乐，力的诗歌，力的律吕哟"，从不同角度热烈歌颂了"力"，具有奔涌喷薄的磅礴气势，反映了"五四"时期人民那种奋起直追高扬个性、改变国家现状的强烈愿望，具有振聋发聩的艺术力量。

②直抒胸臆的叠词。四个"啊啊"，两个"力哟"，构成反复修辞，直抒胸臆，抒写对"力"的赞叹，表达了对新思想、新文化、新事物的呼唤，增强艺术感染力。

③富有力量的动词。"怒涌""推倒"，充分表现出大自然的雄奇、壮阔、瑰丽、博大，震撼人心。

2. 《红烛》

诗人炽热的爱国思乡之情是克制蓄积的，他对情感表达有精心的设计，诗人借用诗歌格律，将诗歌抑扬顿挫的音节变化和高低起伏的情感变化联系起来，形成一波三折、层层推进的抒情效果。

①反复呼告的修辞。以"红烛啊！"贯穿全诗，局部复沓吟咏，形成诗节的排比，营造了浓郁的抒情氛围，使红烛成为诗人抒情的依托。反复的呼告伴随着诗人对红烛的两个追问，传达出情感的起伏：从赞扬到困惑、明白、伤感、再困惑、再明白以及明白后的欣喜与颂扬，形成诗歌内在的情感线索，展现出诗人执着追求的心路历程。

②陌生化的词语搭配。"烧破世人的梦，烧沸世人的血"中"烧破"与"梦"、"烧

沸"与"血"的搭配，显得新奇而又巧妙，表现了诗人希望红烛能够燃烧生命之火，照亮黑暗的中国，唤醒世人的灵魂。

活动二：品味《峨日朵雪峰之侧》《致云雀》语言

1. 《峨日朵雪峰之侧》

语言深沉冷静，便于表达诗歌营造的谦卑忧郁而又坚韧的特点。

①新颖的比喻修辞。"一派嚣鸣"，像军旅远去的喊杀声，形象地表现了征服过程中的凶险；"指关节铆钉一样"，则彰显作者作为征服者的力量以及坚强、不屈服的意志。

②含义丰富的限制性词语。"此刻"和"仅"两个词暗示了多重意思：这高度并非"一览众山小"的"绝顶"，却是"我"尽了自己的全部努力所达到的；这并不意味着将来（或"下一刻"）"我"不能达到新的高度，也不意味着此刻的高度微不足道，这毕竟已是一次历尽艰辛的征服。

③陌生化的词语搭配。"锈蚀的岩壁"中以"锈蚀"来修饰"岩壁"，打破了惯常思维，新颖别致，表明了攀缘者所处环境的艰苦，更折射出了诗人敢于抗争凶险、不畏困苦的精神气度。

2. 《致云雀》

整体语言风格欢快明丽，大量丰富的比喻利于表达其奔放浪漫的激情和坚定理想的情怀。

大量的比喻。"像一片烈火的轻云""像昼空里的星星""像一位诗人""像一位高贵的少女""像一只金色的萤火虫""像一朵让自己的绿叶荫蔽着的玫瑰"等，从多个角度创造了欢乐无处不在、爱无处不在、和平满宇宙的意境，给读者带来了强烈的审美感受。

特别提醒："整个大地和大气，响彻你婉转的歌喉，仿佛在荒凉的黑夜，从一片孤云背后，明月放射出光芒，清辉洋溢遍宇宙。"这里运用的是一种特殊的比喻，即通感，将云雀嘹亮的歌声想象为划破夜空的月光，强调云雀夜晚高飞欢唱，歌声清亮动人，透露出云雀向往自由、冲破黑暗时的欢乐与果决。

课外活动

1. 请从本课中选择自己喜欢的诗歌，并将你对诗歌的理解通过朗读表现出来，把它发到班级微信交流群，同学们相互点评。

2. 请以"青春的底色"为主题，尝试创作一首新诗，要求以恰当的艺术形式表达对"青春"的思考体悟，不少于 14 行。

🕐 **第 6 课时**

核心任务

学写诗歌。

学习资源

本单元所有诗歌、学生作品。

生涯渗透目标

借助诗歌创作，初步呈现对"青春价值"的具体思考。

学科教学目标

1. 借鉴课文，按照要求写出一首诗歌。

2. 在写作中进一步领悟诗歌的特点，提高学生的诗歌鉴赏水平。

教学重难点

选择恰当的意象，精心锤炼语言，完整地写出一首诗歌。

教学过程

导入

诗是隶属于青春的。每位青年心中时刻涌动着澎湃的激情，总想让诗歌为青春点缀添彩。于是乎，我们看到了毛泽东伫立湘江河畔，思索国家的前途；郭沫若立在地球边上，呼号伟"力"摧毁旧世界，创造新世界；昌耀登峨日朵雪峰之侧，思考生命的价值……青春需要诗歌，写诗对于一个人的成长有着重要的意义。现在请你执青春之笔，抒青春情怀。

活动一：如何创作现代诗歌

1. 创作灵感，点亮思想光芒

写诗歌，是为了抒发作者的情感。这里的情感是作者的真情流露，如果是虚情假意，是写不好诗歌的。所以我们要用审美的态度去感受客观事物，获得新颖、独特的感受，这是写诗的第一步。

【示例 1】

小花的信念

（顾城）

在山石组成的小路上

浮起一片小花

它们用金黄的微笑

来回报石块的冷遇

它们相信

最后，石块也会发芽

也会粗糙地微笑

在阳光和树影间

露出善良的牙齿

【点评】这首诗就是诗人一个人走山路的时候，看到了一片黄色的小花，心灵有所触动而写下的。诗人通过石头的变化巧妙地写出了小花的信念：乐观地面对生活，豁达地宽待他人，任何奇迹都会发生。其实生活中的一个真诚的微笑，一个细微的动作，一棵茂盛生长的小草，一片飘零的秋叶……都可能触发你的生活感悟，这样你就有了诗歌创作的灵感和冲动。

2. 多变诗形，彰显灵动诗情

现代新诗，作用于人们的两个主要的审美感官：眼睛与耳朵。因此，新诗的形式美一是诗行的视觉美感，二是诗句的听觉美感。

(1) 现代诗歌要分行分节

与古典诗歌相比，现代诗歌一般不拘泥于格式和韵律，形式更加奔放自由，内容也更加丰富跳跃。分行分节是现代诗最表象的东西，是由诗歌的抒情性、音乐性所决定的。

【示例2】

鸟笼

（非马）

打开

鸟笼的

门

让鸟飞

走

把自由

还给

鸟

笼

【点评】诗人采用断行、跨行和空行的办法，使诗句产生了极大的想象空间。"打开鸟笼的门"原是一句，却拆成三行，使得动作（"打开"）、打开的对象（"门"）及对象的属性（"鸟笼的"）各自得以突出。又如"把自由还给鸟笼"原本也是一句，诗人将其分割成四行，其中"鸟"与"笼"各占一行，这就很容易触发读者的想象：究竟要把自由还给谁？是"鸟"，是"鸟笼"，还是"鸟"和"鸟笼"？诗歌的理趣之美正是经由这种别具匠心的文字"建筑"而呈现出来。

"让鸟飞走"本是一句，诗人将其断成两行，使这个"走"字上下都"空行"，具有强烈的象形意味。联系上一节的诗意，它使人仿佛看到一只脱却牢笼羁绊的囚鸟，不期而得自由、得以凌空自在翱翔的潇洒姿态。联系下节的诗意看，这一"走"字，分明表达了"鸟笼"还自由给鸟而使自身也获得解放的那种欣喜与兴奋之情。

(2) 注重押韵（也可不押），讲究节奏，韵律自然和谐。

请先找出韵脚，然后轻声吟唱，体会音乐之美。

【示例3】

再别康桥

（徐志摩）

轻轻的我走了，

正如我轻轻的来；

我轻轻的招手，

作别西天的云彩。

那河畔的金柳，

是夕阳中的新娘；

波光里的艳影，

在我的心头荡漾。

软泥上的青荇，

油油的在水底招摇：

在康河的柔波里，

我甘心做一条水草！

那榆荫下的一潭，
不是清泉，是天上虹
揉碎在浮藻间，
沉淀着彩虹似的梦。

寻梦？撑一支长篙，
向青草更青处漫溯，
满载一船星辉，
在星辉斑斓里放歌。

但我不能放歌，
悄悄是别离的笙箫；
夏虫也为我沉默，
沉默是今晚的康桥！

悄悄的我走了，
正如我悄悄的来；
我挥一挥衣袖，
不带走一片云彩。

【点评】这首诗共七节，每节四行，每行两顿或三顿，不拘一格而又法度严谨；韵式上严守二、四押韵，每两行押一韵，每节换新韵（韵脚为：来，彩；娘，漾；摇，草；虹，梦；溯，歌；箫，桥；来，彩），追求音节的波动和旋律感，读来抑扬顿挫，朗朗上口。七节诗错落有致地排列，韵律在其中徐行缓步地铺展，达到音乐美的艺术境界。

初步写新诗，首先请从诗歌的形式开始，学会分行分节，讲求押韵和节奏。虽然现代诗歌不必有严格的韵律和节奏，但把音乐美当作一种艺术追求，让诗歌展现其独特的魅力，也应是诗歌写作努力的方向。

3. 缤纷意象，营造深远境界

(1) 用缤纷的意象承载丰富的诗情

诗歌里的抒情，是需要借助意象来完成的，不能单纯地靠直抒胸臆来完成。

比如写秋天的诗，那么诗歌里必须有秋天的意象，不能单纯地喊口号："秋天，真美！""我爱你，秋天！"这不能称其为诗，只能算作散文中的抒情。

【示例4】

筑梦青春

（孙勇）

夜色中

在南国巍峨的群山中

除了潺潺的江水声

似乎只剩下淡淡的山风和满天的繁星

突然，远处好像有灯光在动

像黑夜里的明珠，像夜航中的灯塔

渐渐地清晰了

听见了爽朗的笑声

听见了青春的气息

哦，原来是一帮风华正茂的水电人

没有亲人做伴，只有大山相依

没有霓虹灯下，只有满天繁星

没有车水马龙，只有江水不息

没有花前月下，只有机器轰鸣

但他们并不孤单

因为他们在筑梦

一个关于青春的梦

一个万家灯火的梦

一个美丽中国的梦

一个脚踏实地的梦

【点评】诗歌围绕"筑梦青春"这一主题，选取群山、江水、山风、繁星、灯光等意象，生动地描绘出水电青年在大山中坚守的场景，画面感很强。这些景象最初只是一些物象，但诗人通过想象融入了自身对水电青年的礼赞，自然也就成为了意象。同理，"红烛"映出了诗人不惜牺牲、无私奉献的品格，"云雀"唱出了诗人对光明和自由的向往。

(2) 用新奇精美的语言传达诗歌意象

①添加适当的修饰词

【练习】在下列物象前添加适当的形容词，以表达两种画面：一是明朗绚丽的秋天，一是萧瑟荒凉的秋天，然后比较两种画面传达的情感。

《秋》

（　）村（　）日（　）霞，

（　）烟（　）树（　）鸦，

一点飞鸿影下。

（　）山（　）水，

（　）草（　）叶（　）花。

【示例 5】

天净沙·秋

（白朴）

（孤）村（落）日（残）霞，

（轻）烟（老）树（寒）鸦，

一点飞鸿影下。

（青）山（绿）水，

（白）草（红）叶（黄）花。

【点评】白朴的小令，以神来之笔描绘出了一幅绝妙的秋景图。前三句着力渲染出一派深秋凄凉之景，而后两句却将笔锋一转，写出了秋天明丽的色彩，为这萧杀的气氛平添了许多生机活力。

通过练习，我们明白了修饰词对构成意象的重要作用。但我们要注意的是，同一意象在不同语境中的意蕴是不同的。例如："月"这一意象在"举头望明月，低头望故乡"中表达的是思乡怀人之感，而在"今人不见古时月，今月曾经照古人"中传达的则是宇宙的永恒。所以"意象"中的"象"是具体而又确定的，而"意"则是朦胧和多义的。

②精心锤炼动词

【练习】请在下面两句诗中，填上恰当的动词。

雪落在中国的土地上，寒冷在_____着中国呀。（节选自艾青的《雪落在中

国的土地上》）

层层绿树重重雾，重重高山云_____路。（节选自阮章竞的《漳河水》）

【点评】艾青用一个"封锁"，阮章竞用一个"断"字，使诗歌意象呼之欲出，非常生动。

③陌生化组合

陌生化组合是诗人故意违反一般的语言常规，利用汉语词语多变的词性和组合关系，机智超常地把一些互不相关的词语嵌连成一个诗句。

如：臧克家《春鸟》里写的"歌声／像煞黑天上的星星／越听越灿烂"。诗人用不同感官的感觉词语交错，以陌生化的变形的诗句使诗歌意象传达出诗人微妙的情感体验。

传达诗歌意象语言的方法还有很多，大家可多在以后的读诗作诗实践中去感悟，提高诗歌语言的能力。

(3) 借助神奇想象把意象组合成艺术境界

诗歌作者在把意象词语化的同时，还要借助丰富神奇的想象把一个一个的意象组合为整体的诗歌意境，传达出特定的诗美体验。所以，诗人对一首诗的意象的组合形式，是很讲究的。主要形式有：

①并列式。多个意象在诗中处于平行的地位，共同组成一个意象群，表达相同、相近的内容。如《沁园春·长沙》"看万山红遍／层林尽染／漫江碧透／百舸争流／鹰击长空／鱼翔浅底"这几句中的"山""林""江""舸""鹰""鱼"等，就是一个并列式的意象群，共同构建了一幅生机盎然、绚丽多姿的秋景图。

②对比式。诗歌作者有意把完全相反、互相矛盾的意象组合在一起，构成一正一反、一平一奇的意象系统，造成一种出人意料、发人深省的审美效果。如《峨日朵雪峰之侧》"啊，真渴望有一只雄鹰或雪豹与我为伍／在锈蚀的岩壁／但有一只小得可怜的蜘蛛／与我一同默享着这大自然赐予的／快慰"中高大的"雄鹰""雪豹"与"小得可怜的蜘蛛"形成强烈的反差，表达了诗人对生命的独特感悟，使诗意陡转，产生升华。

③总分式。先总写一个意象，然后分写这个总体意象的各个细部意象，或以某一个意象为核心，生发出去各种意象。总分式的意象组合既可以运用于一首诗的局部，也可以运用于一首诗的整体。如《致云雀》作者以自然界的云雀为基础意象，将之比作云之雨滴、诗人、高贵少女、金色萤火虫、玫瑰花等，让人感知了云雀如梦般清灵的美好，创造了欢乐无处不在、爱无处不在、和平

满宇宙的意境。

④递进式。以时间、事情或情感为纽带串联起多个意象，意象间构成层层递进的关系。

【示例6】

乡 愁

（余光中）

小时候

乡愁是一枚小小的邮票

我在这头

母亲在那头

长大后

乡愁是一张窄窄的船票

我在这头

新娘在那头

后来啊

乡愁是一方矮矮的坟墓

我在外头

母亲在里头

而现在

乡愁是一湾浅浅的海峡

我在这头

大陆在那头

【点评】诗中通过"小时候""长大后""后来啊""而现在"这几个时序词语贯串全诗，借邮票、船票、坟墓、海峡这四个意象，把抽象的乡愁具体化，层层深入地概括了诗人漫长的生活历程和对祖国的绵绵怀念，流露出深沉的历史感。

意象组合的方式也是多种多样、不拘一格的，大家以后可多探讨。

4. 艺术手法，丰富深邃意境

诗歌借助意象表达情感，也要善于运用各种艺术手法（如比喻、拟人、象征、排比、通感等）刻画诗歌形象，丰富诗歌意境，达到增强诗歌艺术感染力的目的。在第一单元的学习中，我们对此有了较深的领悟。

【练习】

请根据提供的艺术手法，补充诗句，句数不限。

（比喻） 野花，星星，点点，像遗失的纽扣，撒在路边。（顾城）

（排比） 故乡，在黑夜里为火写诗，在草原上为羊写诗，在北风中为南风写诗，在思念中为你写诗。（海子）

（拟人） 冬日阳光，它们翻过墙壁、防盗网，翻过紧闭的玻璃、纱窗，轻轻跳下来，游荡在房间里。（戚寰）

（通感） 消失的钟声，结成蛛网，在裂缝的柱子里，扩散成一圈圈年轮。（北岛）

（假设法） 如果我变成风，就到妈妈工作的地方，替妈妈，把脸上的汗珠，一颗一颗吹干。（汪莹）

【点拨】多种多样的艺术手法，犹如一支出神入化的画笔，为诗歌增添了无穷的艺术魅力。诗歌和其他文学体裁一样，也是讲求"文无定法"的，在具体的创作实践中，用不用艺术手法，用什么样的艺术手法，都取决于作者诗情表达的需要，因为形式最终是为内容服务的。

活动二：沉潜思考，创作诗歌

【文题展现】阅读下面的文字，按要求作文。

青春是一首最美的歌。在青春路上，有的人因时尚而美丽，有的人因奉献而光彩，有的人因知识而动人，有的人因自信而进步……

请以"致青春"为主题，写一首现代诗歌，立意自定；不少于14行，可以4节一行，也可自由；可以押韵，也可不押，题目自拟。

写作提示："致青春"只是本次写作的大主题，可化大为小，如生命、理想、信仰、奉献、进取、担当、成才等，侧重于体现青春的价值；可以从景、物等角度选材，也可从人、事等方面选材；可根据选材特点拟题，也可根据主题内容拟题。

活动三：朗读修改，提升诗味

修改之前要先试着朗读几遍，只有有了感觉，才能找到诗的不足。修改没有模式，简单的可修改字词，复杂的可修改整个句子，或者整首诗的诗情或哲理，甚至可推倒重新写作。

课外活动

1. 挑选满意的诗作。每位同学要从入高中以来创作的诗歌中，至少要挑选一首诗。可小组合作，不满意的则可再修改。

2. 分组合作，完成诗集的编辑与印刷任务。要介绍一些常识性的东西，如入选诗歌分类及命名、编排顺序、整理目录、撰写卷首语和序言（跋）、设计封面、排版、印制成册、宣传海报设计及印刷等。

学生作品

致青春

（黄晶）

青春似火／在漆黑的夜里／放出闪耀而又炽热的光芒

青春似水／在清亮的山溪里／流出活泼而又欢快的旋律

青春似马／在无际的田野上／奔向远方／努力地寻找它的梦想

致青春

（周文杰）

你好啊，青春／你似乎从不甘于平凡／从深渊到云巅／从来没有让恐惧／以精美的画卷来雕饰

你无时无刻在追逐／在追逐人格的力量／在不断自我挑战着／在追逐着时光／无时无刻

学习任务二：电影重拍与宣传

《百合花》同名电影上映于 1981 年，《哦，香雪》同名电影上映于 1990 年，两片在当时都产生了很大影响。基于电影与小说的渊源关系，为充分调动学生的学习积极性，把这两篇小说的教学和电影的拍摄与宣传结合起来。设置如下情境：为激发当代青年的担当与使命，青年电影制片厂决定在忠于原著的基础上重拍《百合花》《哦，香雪》两部同名电影，现在要做相关的拍摄和宣传工作。

这一学习任务主要是第 3 课的两篇诗化小说，了解小说故事情节，结合作者的创作背景，赏析小说人物形象，了解、感受特定时代的青春风貌；品味诗化语言，赏析小说严肃主题宏大叙事下的诗化表达及效果，理解小说文学表达的个性化与多样性；尝试运用诗歌的形式表达两篇小说的内容、主题或人物形象。

时间安排：3 课时

⏱ 第7课时

核心任务

　　把握小说的故事情节。

学习资源

　　小说《百合花》《哦，香雪》。

生涯渗透目标

　　感受别样的青春风采，树立正确的青春价值观。

学科教学目标

　　1. 了解两位作者的生涯事迹和两篇小说的创作背景。

　　2. 梳理小说的故事情节，理清小说思路，感受小说中传达的青春风采。

教学重难点

　　把握小说的故事情节，感受小说中清新、柔和的青春美。

教学过程

导入

　　1. 前后勾连：前几课时我们已学习了本单元的五首诗歌，已经感受到了革命前辈火热的青春情怀和昂扬向上的青春风貌。青春除了雄浑遒劲的阳刚之美，还有清新美好的阴柔之美。接下来要学习的《百合花》《哦，香雪》两篇小说将会带领我们去感受别样的青春风采。

　　2. 设置情境：这两篇小说在三四十年前被拍摄成同名电影，取得了很大的社会反响。为激发当代青年的担当与使命，青年电影制片厂决定在忠于原著的基础上重拍这两部同名电影，现在要做相关拍摄和宣传工作。任务有三：一是为电影上映剪辑几分钟的预告片（把握故事情节），二是设计一份海报标语（感受青春形象），三是为电影片头写旁白和为抒情性长镜头写电影脚本（理解小说诗化特点）。假如由你来担任导演，你将如何拍摄这两部电影？

活动一：知人论世，把握创作意图

　　1. 茹志鹃及创作背景

　　茹志鹃（1925—1998），浙江杭州人，当代著名女作家。她的创作以短篇小说见长，笔调清新、俊逸，情节单纯明快，细节丰富传神，善于从较小的角度去反映时代本质。她写这篇小说时，正是反右斗争后不久，她的家庭成员是这场扩大化运动的受害者，冷峻的现实生活使她"不无悲凉地思念起战时的生活和那时的同志关系"。她说："战争使人不能有长谈的机会，但战争却能使人深交，有时仅几十分钟，甚至只来得及瞥一眼，便一闪而过，然而人与人之间，就在这一刹那里，便能肝胆相照，生死与共。"所以，《百合花》是她"在匝匝忧虑之中，缅怀追念时得来的产物"。

2. 铁凝及创作背景

铁凝，1957年生，当代著名作家，中国作家协会主席。她以一个女作家的敏锐、细腻的艺术感受力，真挚美好的情致，对生活素材独到的发掘和精巧提取，语言清朗睿智，作品蕴涵深挚，质朴优美。"文革"时期，政治性、阶级性成了人的唯一属性和文艺批评的唯一标准，人道主义完全被驱逐出文艺创作领域。"文革"结束后，人道主义才又在中国兴盛起来。《哦，香雪》正是产生于这个时候。

活动二：初读印象，概括情节

分别用简洁的语言概述两篇小说的主要情节，理清小说情节脉络。讨论明确：

1. 《百合花》

概括情节：1946年中秋节，通讯员送文工团女战士"我"到前沿包扎所，"我"们到包扎所后向一个刚过门三天的新媳妇借被子，后来通讯员牺牲，新媳妇用自己的新婚被子送他最后一程。

情节脉络：

2. 《哦，香雪》

概括情节：每天只停留一分钟的火车给宁静的山村台儿沟带来了波澜，香雪用积攒的40个鸡蛋换了向往已久的塑料铅笔盒。

情节脉络：

活动三：关注场景，分割镜头

分割原则：地点统一，情节变化不大，利于镜头转换。

学生小组讨论，然后推荐代表发言。

【参考】

《百合花》：

（1～3）分派任务——（4～7）一路"竞走"——（8～23）对面闲聊

（24～25）主动请缨——（26～29）劝说返回——（30～33）借到被子

（34～39）想还被子——（40～41）通讯员告别——（42）新媳妇到来

（43～45）思念家乡——（46～48）发起总攻——（49～50）照顾伤员

（51～57）通讯员牺牲

《哦，香雪》：

（1）偏僻台儿沟——（2～4）火车来了——（5～14）姑娘们看火车

（15～23）初识"北京话"——（24～42）姑娘们争论——（43～56）缤纷一分钟

（57～62）渴望铅笔盒——（63～66）求换铅笔盒——（67～71）交换铅笔盒

（72～75）夜回台儿沟——（76）香雪的家——（77～82）凤娇们迎回香雪

（＊数字代表课文段落数）

活动四：自由畅谈，品味青春

讨论：这两篇小说都入选为青春片电影的拍摄原作，你认为理由是什么？

提示：这两篇小说均讴歌了作为普通人的青年那种善良、淳朴和美好的心灵，使青春呈现出清新、柔和、美好的别样风采。《百合花》着重表现革命战争年代中青年人圣洁、美好、纯真的人情美和人性美，歌颂他们心系国家前途、为国捐躯奉献的精神。《哦，香雪》则以一个改革开放初期的山村为背景，表现山里姑娘们摆脱封闭、愚昧和落后，走向开放、文明与进步的痛苦与喜悦。

课外活动

为了更好地指导同学们阅读小说，请结合小说的内容和主题，为《百合花》或《哦，香雪》写一段不少于200字的阅读导语。

🕐 第8课时

核心任务

赏析小说中青春之"我"。

学习资源

小说《百合花》《哦，香雪》。

生涯渗透目标

感悟不同时代背景下青年人的青春情怀，思考青春价值。

学科教学目标

1．赏析小说人物形象，了解、感受特定时代的青春风貌。

2．理解两篇小说对人情美和人性美的讴歌。

教学重难点

结合具体内容，分析两篇小说中的人物形象，感悟青春情怀。

教学过程

导入

一代人有一代人的青春，一代人有一代人的担当。今日之中国，已不再需要我们浴血奋战，不再需要人人上前线，但是却比任何一个时代都更需要英雄，需要催人奋进的时代担当精神，需要榜样的力量来指引我们前行！现在，就让我们走进《百合花》和《哦，香雪》两篇精美的小说，通过触摸有温度的文字，感受字里行间涌动的青春活力和他们对时代的引领，寻找打动我们心扉的榜样。这节课的核心任务是"推荐一个（组）人物镜头（细节），设计两份电影宣传海报"。

活动一：快速阅读，圈画批注

赏析两篇小说中五个主要的人物形象："我"、通讯员、新媳妇、香雪、凤娇。

要求：

1．学生边读边勾画出描写人物的语句和关键词，批注描写人物的方法。

2．以小组为单位交流，结合具体的故事情节，从肖像描写、动作描写、语言描写、心理描写等角度分析人物形象。

活动二：推选一个"人物镜头"

1．设置情境：如果要你从《百合花》和《哦，香雪》两篇原作中各推荐一个（组）人物镜头（细节）给导演，你会推选谁？请阐述推选理由。各小组推荐一名代表上台发言。（设计意图：理解细节描写在推动小说情节发展和刻画人物性格等方面的作用，分析概括小说人物形象。）

2．制定活动评价量表：

维度	评分标准	权值	得分
推选依据	依据小说文本汇报，内容充分	5分	
形象分析	人物分析合乎情理，概括准确	5分	
内容逻辑	理由真挚打动人心，逻辑性强	5分	
语言表达	汇报语言清晰流畅，表达大方	5分	
仪表形象	着装整洁，仪态大方，精神饱满	5分	

维度	评分标准	权值	得分
团队精神	小组团队合作参与程度	5分	
合计		30分	

评价规则：去掉一个最高分和一个最低分，最终得分取平均分。

3．小组交流、讨论，推荐代表发言。

（1）《百合花》

①通讯员：

细节：两次描写在枪筒上插上几根树枝和野菊花；带路时的沉默，"张皇"，走走停停；借被失败时的不善言辞；两次描写给"我"开饭的两个馒头等。

形象概括：憨厚朴实，拘谨腼腆而又善解人意，关爱他人；身处战争而又热爱生活，充满朝气；理想信念纯粹，不畏英勇牺牲。

②新媳妇：

细节：两次写为伤员和小通讯员擦拭身体；三次写印有百合花的被子；四次写缝补衣服上被门钩撕破的衣洞等。

形象概括：俊俏娴静，纯真善良，深明大义，关切他人。

③"我"：

细节：接受支援前线包扎所的任务；借被子；在包扎所护理伤员；知道被子来历后，跟通讯员开玩笑等。

形象概括：勇敢大方，感情细腻，善解人意，开朗乐观，略带俏皮。

（2）《哦，香雪》

①香雪：

细节：有着"洁白的肤色""洁如水晶的眼睛""洁净得仿佛一分钟前才诞生的面孔""柔软得宛若红缎子似的嘴唇"；不会和旅客讨价还价；面对学校里女孩们的嘲笑，始终保持善意的沉默；用40个鸡蛋和女学生交换回一个铅笔盒。

形象概括：淳朴善良，自尊自信，追求上进，渴望离开乡土、融入城市生活，为改变人生状态而努力坚守。

②凤娇：

细节：关注金圈圈、手表、发卡、纱巾等装饰品；和"北京话"交谈、做生意等。

形象概括：淳朴善良，勇敢泼辣，追求新生活。

生动的细节描写，造就了形象鲜明、各具特色的一群美好的青年形象，这样的镜头才能吸引观众的眼球，攥住观众的心灵。

活动三：海报"C位"之争

导演组还要为两部电影各设计一张电影海报，但是谁应该占据海报的"C位"呢？请你来发表意见。（设计意图：理解小说人物的共生共长性，探究人物对小说主题的作用。）

提示：

①关于《百合花》的主人公：

通讯员：淳朴善良、青春美好，在血与火的战斗中，为挽救战友而献出了宝贵的生命，是作者着重塑造和歌颂的普通而又不普通的青年英雄。

新媳妇：与通讯员一样，淳朴善良、青春美好，深明大义，关爱他人，表现了作品主题，生动体现了"军民鱼水深情"。

"我"："我"是小说中一个贯串全文的线索人物，更是主要人物，着墨最多；"我"不仅是故事的叙述者、见证者，也是故事的参与者。"我"勇敢大方，感情细腻，善解人意，开朗乐观，具有青春的一切特质。从去包扎所路上、借被子、包扎所处理伤员等情节来看，"我"与通讯员、新媳妇之间互相影响，互相温暖，共生美好，是小说主题的共生者。三个充满青春朝气的青年，共同展示战争的残酷与和平的珍贵，表现了战争年代人与人之间圣洁的情感以及普通人的淳朴、善良的人性之美、人情之美。

所以，三个青年都应是作品的主人公，没有主次之分。

②关于《哦，香雪》主人公：

对这篇小说的主人公争议性应该不大。作品塑造了"香雪"这一至纯、至真、至善、至美而又自尊、上进的乡村女孩形象，作者把主要笔墨放在描写她的美好心灵上，香雪的理想代表了穷乡僻壤的山民对摆脱穷困和封闭的渴望，香雪的性格代表了那个时期进步青年的纯真、善良、追求上进的性格。凤娇是一个淳朴、善良、泼辣的女孩，也有一颗渴望了解外界的心，对新生活充满了向往和追求，她有力地衬托了香雪的形象，突出了作品的主题。

【小结】《百合花》是革命战争年代年青人追求民族解放和自由进步的青春，《哦，香雪》是在社会转型时期山村青年对现代新生活的强烈向往和追求，是另一种青春。无论哪一种青春形象，都能唤醒我们当今青年一代改变生活、改造社会的强烈责任感。

课外活动

请为《百合花》《哦，香雪》电影预告片和海报写一句宣传标语，然后分享至班级微信群。

要求：要体现作品内容、主题和人物形象特点，语言要凝练、简洁，不得多于20字。

示例：

《百合花》：一首飘扬在战地的青春协奏曲

《哦，香雪》：现代文明快车旁的纯与美

🕐 第9课时

核心任务

宏大叙事的诗化表达。

学习资源

《百合花》《哦，香雪》原声电影开头片段。

生涯渗透目标

感受清新柔和的青春美，培养学生对时代精神的追求。

学科教学目标

1．体会小说不同叙述视角的选择对表达主旨的作用。

2．赏析小说严肃主题宏大叙事下的诗化表达及效果，理解小说文学表达的个性化与多样性。

教学重难点

品味小说诗化的语言，理解诗化效果。

教学过程

导入

经典电影《百合花》《哦，香雪》的重拍工作正在紧张进行中，为让观众迅速地了解两部电影的故事背景，导演决定在电影片头拟写一段旁白；同时为取得煽情效果，也请选取适合做抒情性长镜头的语言片段拟写一段电影脚本。

活动一：为片头写旁白

（设计意图：引导学生体会小说不同叙述视角的选择对表达主旨的作用。）

1．观看《百合花》原声电影开头片段，并讨论：

（1）电影旁白有什么作用？

提示：①交代背景，浓缩事件和时间，突出主题；②叙述事件的发展，有时作为谋篇布局的手段；③表达人物内心的思想感情。

（2）电影旁白拟写的标准

提示：与原著切合程度；语言有表现力。

（3）比较优劣：以作者的第三人称叙述和剧中人物的第一人称叙述，哪种叙述视角更好？

明确：第三人称属于"全知视角"，站在上帝的角度俯瞰整个故事，以第三人称叙述，客观灵活，有利于展现故事全貌，表现群体形象，如《哦，香雪》；而第一人称属于有限视角，只能叙述自己的所见所闻所感，"我"之外的故事就无从知晓，以第一人称叙述，显得亲切真实，有利于塑造人物形象，如《百合花》。

（4）你觉得《百合花》更适合哪种叙述视角的旁白？《哦，香雪》呢？

讨论，点拨：

观点1：《百合花》更适合第三人称；更有利于对故事背景的讲述，更加客观，具有整体性。

观点2：《百合花》更适合第一人称；更有利于对人物形象的描绘，原作文本就是第一人称。

2. 学生尝试撰写电影旁白。

提示：无论原文是何种人称，都可以用第三人称叙述；而第一人称叙述具有局限性，只能用于原文是第一人称的作品。

参考示例：

《百合花》（1）：1946年的中秋，为了粉碎国民党对解放区的进犯，人民解放军决定发起总攻，我们文工团的同志全部被派到各个战斗连去帮助工作，我呢，被分配到前沿包扎所。故事就从这里开始了……

《百合花》（2）：1946年的中秋，打海岸的部队决定晚上发起对敌人的总攻。文工团创作室的几个同志都由主攻团的团长分派到了各个战斗连。其中有一个女同志，则由一个通讯员护送到了前沿包扎所。影片讲述的就是在这一个中秋之夜发生在前沿包扎所的故事……

《哦，香雪》：1978年，改革开放的一声春雷，震响了古老的东方，将沉睡的中国唤醒。北方一个名叫台儿沟的偏僻小山村，是一个闭塞、孤独、贫穷的角落，那儿的人们过着几乎是封闭式的生活，他们对山外的世界无从知晓。然而有一天，火车开进了深山，并在台儿沟停留一分钟。这短暂的一分钟，使一向宁静的山村生活掀起了波澜……

3. 学生展示写作，并点评。

活动二：为抒情镜头写拍摄脚本

（设计意图：赏析小说严肃主题宏大叙事下的诗化表达及效果，进而理解小说文学表达的个性化与多样性。）

1. 名家评价：

作家茅盾评论《百合花》："这是我最近读过的几十个短篇中最使我满意，也最使我感动的一篇。它是结构谨严，没有闲笔的短篇小说，但同时它又富于抒情诗的风味。"

作家孙犁评论《哦，香雪》："一口气读完你的小说，心里有说不出的愉快。这篇小说，从头到尾都是诗，它是一泻千里的，始终一致的。这是一首纯净的诗，即是清泉。它所经过的地方，也都是纯净的境界……"

2. 选景：浏览两篇小说，圈点勾画，寻找适合拍摄抒情性特写镜头的片段。

明确：

《百合花》：

①第4、11段清新细腻的景物描写（第12、13页）；

②枪筒上的野菊花（第13页和16页）；

③中秋节夜晚的回忆（第16页）；

④新媳妇捧着被子眼睛晶莹的情景（第18页）。

《哦，香雪》：

①第1～4段的景物描写（第19页）；

②第5～10段姑娘们盼望火车到来的急切情景（第20页）；

③香雪夜归的清新景物描写（从"列车很快就从西山口车站消失了"至文末）。

3. 有感情地朗读，读出细腻，读出优美，教师点评。

4. 选一个适合拍摄的片段，仿照示例撰写拍摄脚本：

镜号	景别	镜头运用	画面内容	时长	画外音	备注	音效
1（示例）	特写	固定镜头	新媳妇捧着被子，眼里晶莹发亮	5s	见文本	镜头始终拍着百合花被子	回忆类钢琴曲
2	远景推至全景	推镜头	偏僻小山村，香雪和伙伴们又说又笑地走在铁轨上，相约傍晚看火车	10s	见文本	先用长焦距镜头，再用短焦距镜头	火车的哐当声、鸣笛声，少女欢笑声

提示：景别有远景、全景、中景、近景、特写、显微等。镜头运用既指推、拉、摇、移、跟等技巧，也指平拍、俯拍、仰拍、微仰等拍摄角度。

5. 分享交流：

①为什么要选拍这个镜头？

示例1：百合花，色泽文雅，香气清幽，白净纯洁。本文题目以借代的手法指印有百合花的被子。更重要的是，百合花，作者赋予了它丰富的象征意义，即小通讯员和新媳妇他们都有百合花一样高尚纯洁美好的心灵，军民之间的感情也像百合花一样纯洁高尚美好，战士和战士之间的情感也像百合花一样纯洁高尚美好。百合花，象征着人性美、性格美、人情美。

示例2：一方面以台儿沟位置的偏僻和交通的不便，突出台儿沟的闭塞与孤独；另一方面，以姑娘们看火车来体现火车对山村村民的吸引力和姑娘盼火车的急切心情，为下文讲述香雪等山村青年的故事埋下伏笔。

②互评拍摄脚本

评议标准：与原著语言和人物的贴合程度，特写镜头的抒情性和感染力程度。

③辩论：小说诗化的写法是否破坏了《百合花》所表现的革命战争、军民关系这类严肃主题？

点拨：战争固然有正面交战、残酷血腥的一面，但不管怎样，有人，就有人性，就有情感，美好依然存在，正义战争的目的，恰恰是为了保护人的生命，保护美好和平的生活，保护人类美好纯洁的情感。作者突破了当时的主流写作，显现出清新俊逸的风格，令人耳目一新，对后来的小说产生了不小的影响。

6. 探讨：从叙事角度看，《百合花》与《哦，香雪》宏大主题背景下的诗化表达有何差异？

点拨：《百合花》弱化战争背景，更注重表现诗情画意的情绪氛围以及感人心魄的情感力量；从女性角度关注战争背景下的普通群众，注重细腻化的细节描写，弘扬人性之美。而《哦，香雪》描写山村日常生活和事物，充满诗情画意；切入青年女性的情感世界，注重逼真、细腻的心理描写，表现青春之美。

课外活动

请从《百合花》《哦，香雪》中选择自己感兴趣的一篇，用诗歌的形式表现作品的内容、主题或人物形象。要求：运用意象，抒发真情实感，不少于10行。

学习任务三：诗歌朗诵展演

这一阶段的主要任务，是举办一次班级诗歌朗诵比赛，这既是对学习成果的检验，也是对学生组织协调能力的考验。教师需要对前期准备工作做细致的指导，活动主题要鲜明、突出，活动方案要周全，主持人串词要始终围绕青春主题和朗诵的作品内容，主持人要予以适当培训，以保证展演活动流畅、有序。

时间安排：1课时

🕐 第10课时

核心任务

"唱响青春之歌"主题诗歌朗诵比赛。

生涯渗透目标

进一步加深对"青春价值"的理解与思考，激发学生对未来的使命感。

学科教学目标

1. 学生能有感情地朗诵作品，合作完成诗歌朗诵比赛。

2. 依据评价量表，评选出班级最佳朗诵者。

教学重难点

诗歌朗诵会的组织工作；能有感情地朗诵作品。

课前准备

1. 小组推荐代表参加班级朗诵会，小组内有预演。

2. 比赛准备事宜：撰写活动方案、确定主持人、选拔评委，制定评价量表、参赛学生准备好配乐和PPT、比赛抽签、奖品准备等。

教学过程

导入

青春如歌，时而慷慨激昂，时而清幽恬静；它是纯洁的百合花，它又是质朴的香雪……陈独秀说："青春如初春，如朝日，如百卉之萌动，如利刃之新发于硎，人生最宝贵之时期也。青年之于社会，犹新鲜活泼细胞之在身。"冰心奶奶也曾说："青春活泼的心，决不作悲哀的留滞。"今天我们集古今中外的诗歌于一堂，让不同年代、不同国度、不同风格的诗歌尽情飞扬在我们美丽的校园，本次举办朗诵活动的目的，一是为了展示同学们的学习成果，二是进一步激发大家对诗歌的热情，唱响青春之歌。

展演流程

1. 学生主持班级朗诵展示活动。先介绍举行本次活动的目的，然后介绍到会的评委和奖项设置，最后解读评价量表。

2. 各组代表上台展示，评委评分。每组代表各朗诵一首本人原创的诗歌，其他同学认真倾听，注意思考诗歌体现的"青春价值"。

3. 宣布比赛结果，颁发奖品，教师总结点评。

活动评价量表

评价项目	评价内容	分值	得分
朗诵内容	内容健康向上，主题鲜明、突出	30	
	属于原创，表达出个人的情感与思考（加分项）	15	
朗诵技巧	普通话标准，吐字清晰	10	
	语速适中，表达流利连贯	10	
	朗诵富有感染力，辅助性动作表达合理	10	
	脱稿朗诵，能熟练表达朗诵内容	10	
台风印象	服饰大方得体，仪态自然庄重	5	
	时间控制在5分钟之内	5	
团队合作	能够通过协作完成朗诵的准备工作	5	

朗诵评价说明

1. 诗歌朗诵的内容，提倡采用班级诗集中本人的原创作品，原创作品实在不尽如人意的，可为课内、课外作品。对原创作品，采用加分项；非原创作品，加分项不能得分。

2. 为使朗诵达到最佳效果，可酌情配辅助性PPT和背景音乐。

3. 最佳朗诵者，在经适当培训后进入年级展演。

第二节　兴趣成就职业

　　一个人如果能根据自己的兴趣爱好去选择事业的目标，那么他的潜能将会得到充分发挥，工作效率将会得到很大提高。即使十分疲倦、辛劳，也总是兴致勃勃、心情愉快；即使困难重重，也决不会灰心丧气。正如孔子所言："知之者不如好之者，好之者不如乐之者。"

课例3　　写作指导：职业生涯规划主题教育

写作目标

　　1. 学会正确审题立意，掌握发言稿的写法。

　　2. 认识个人兴趣与未来专业、职业之间的关系，树立正确的职业价值观。

文题展示

　　阅读下面的材料，按要求完成作文。(60分)

　　材料一：1906年，25岁的鲁迅课间观"日俄战争教育片"，深受刺激，决定弃医从文，以唤醒国人、"揭出病苦"为己任。

　　材料二：黄文秀，2019感动中国人物之一。2016年从北京师范大学研究生毕业后毅然回乡工作，2018年担任百色市乐业县新化镇百坭村驻村第一书记。任职期间，一心为民，使得百坭村103户贫困户顺利脱贫88户，村集体经济项目收入翻倍。2019年6月17日凌晨，黄文秀遭遇突发山洪不幸遇难，年仅30岁。

　　材料三：近日，湖南耒阳留守女孩钟同学冲上了热搜，她高考文科成绩676分，在填报志愿时，选择了北大考古系这个冷门专业。

　　我校"职业生涯规划"主题教育活动正在进行中，作为活动的一项重要内容，校团委拟邀请钟同学在高三年级学生大会上做一个发言。请你结合上述材料，以钟同学的名义写一篇发言稿。

　　要求：自选角度，自定立意，自拟标题；不可套作，不得抄袭；不少于800字。

写作指导

一、审题

　　根据材料，本文的立意应将个人"职业生涯规划"与兴趣爱好、家国利益、人民需要、时代呼唤、现实担当等联系起来。三则材料所涉及的三个人物均有年龄呈现，加上"高三年级学生大会""钟同学的名义"这些表述，我们应该看到：命题者想要考生结合自身体悟，探讨"青年一代"对"职业生涯规划"的认知。另外要注意应用文体的格式。

二、拟题参考

1. 择我所爱，兴趣为先　　　　2. 择业，与兴趣一路同行

3. 人生规划，听从内心的召唤　4. 兴趣让生命更精彩

5. 兴趣溢满生涯路　　　　　　6. 让责任之花绽放在择业枝头

7. 时代呼唤，现实担当　　　　8. 做有责任、有担当的青年一代

9. 把"小我"融入"大我"　　　10. 顺时代大潮，扬人生风帆

学生作品

择心之所属，立利国之业

谢佳丽

尊敬的老师们，亲爱的同学们：

大家好！

我是选择了北大考古系的钟同学，很荣幸能在此次"职业生涯规划"主题活动上发言，与在座的各位高三同学一起探讨交流职业生涯规划。

职业是人的第二生命。因此，拥有正确择业观的重要意义不言而喻。无论你要选择哪种职业，都需要有奋斗泪泉的浇灌和奉献底色的渲染，然后目不窥园，扎实做精，同时反哺社会国家。在此，我的观点是：择心之所属，立利国之业。

选择职业，当认真聆听内心的声音。我从小就喜欢历史和文物，受到樊锦诗先生的影响，所以报考了考古专业。爱因斯坦曾说："我认为对于一切情况，只有热爱才是最好的老师。"当在未来的道路上遇到了艰难险阻甚至遍地荆棘，如若你听从内心，坚定不移地选择了热爱，你的热爱便将变成那轰鸣的马达，给予你勇往直前的不竭动力，助你乘风破浪，成就精彩人生。相反，如若你没有听从内心，"毅然决然"地选择了非热爱，你的职业便如那被枷锁囚住的凤凰，纵有涅槃重生之能，也无法助你直上云霄，到那时你大概会就坡下驴、打退堂鼓。毕竟，爱为学问之始，力量之源；爱为架梁之椽，启航之帆。

可试想，如果不是对物理奥秘的炽烈热爱，杨振宁先生怎会献身物理事业而一次次攀上物理学高峰？可试想，如果不是对戏剧的忘我痴迷，莎士比亚怎能扎根文学事业而成为一代文坛巨匠？"知之者不如乐之者"，同学们，你们的爱好

是不会说谎的，选择职业，当听从你内心的声音。心之所向，素履以往。

选择职业，亦当用心倾听时代呼唤。马克思在《青年在选择职业时的考虑》中写道，"职业选择应遵循的指针是人类的幸福和我们自身的完美。人们只有为同时代人的完美、为他人幸福而工作，才能使自己也过得完美。"我由衷觉得，对于当代青年，这点尤为重要。忆往昔，鲁迅25岁弃医从文，用苍劲的笔触唤醒一众麻木的灵魂；看今朝，樊锦诗前辈以身许国，将美好的光阴献给敦煌，献给中国；望未来，又有多少铁血男儿将献身边疆，多少性情女子将投身医行。樊锦诗先生强调，无论从事何种行业的年轻人都应树立坚定的信念为国家做有意义的事情。我们的奋斗与收获，也必将为祖国的建设添砖加瓦，为时代的幸福增添色彩。

近年来，有不少人沉醉于成功学、走捷径等，拼命打磨自己以求适应这个社会，在追名逐利中迷失自我，甚至为了利益把良知和道德抛在脑后，忘记初心。我选择自己从小热爱的考古学，将来从事自己喜欢的领域，我相信能将自己的才能发挥到极致，在考古学中探索出别样的天地，为国家的文物保护和建设做出应有的贡献，这些都是无法用任何金钱和物质去衡量的。愿我们摆脱精致利己主义的思想，带着热爱，选择理想的职业并为之奋斗，成为时代中的一颗星，点缀时代的天空。

听从我心，无问东西，不惧黑夜踽踽独行；心里有火，肩上有国，绽放人生的生命之花。将热爱与责任结合，做有理想的新时代青年。

我的发言完毕，谢谢大家！

第三节　性格决定命运

德国哲学家莱布尼茨曾说："世界上没有两片完全相同的树叶。"而比树叶更为复杂的人，则有更多的不同之处。正因为不同性格的人，才构成了这个丰富多彩的世界。性格对一个人的事业能否成功有着很大的影响，我们应全面、客观认识自己的性格，完善自我，选择更适合自己的生涯发展方向。

课例4　　性格迥然，命运殊途
——必修下册《鸿门宴》教学设计

《鸿门宴》是必修下册第一单元的第3课，单元人文主题是"中华文明之光"。这篇文章是《史记》中极其精彩的一篇，倾注了"史圣"司马迁的极大热情。文章记叙了秦末"西楚霸王"项羽和"农民领袖"刘邦争夺天下的一个场面，展现了易代之际的刀光剑影、风云人物的历史选择，故事性强，情节跌宕起伏，叙事流畅，人物形象栩栩如生。《鸿门宴》运用对照法刻画人物形象，项羽骄矜自负、寡谋轻信的性格与刘邦坚韧克己、能屈能伸的性格形成了鲜明对比，并产生了各自不同的人生结局。文章是引导学生正确阅读古典名著，并从中汲取营养、增强自我认知和生涯规划能力的很好素材。

基于"思辨性阅读与表达"学习任务群要求和单元人文主题，本课以"从文化经典中汲取智慧"为学习大情境，以分析人物形象为主要学习任务，以渗透"自我认知"和"生涯规划"教育理念为落脚点来整体构思教学。在教学流程上，主要开展两个教学活动：一是观照文本，探究形象。以座位安排和人物典型语言为切入点，剖析项羽的悲剧性格，并兼顾辐射其他主要角色。充分发挥学生的自主性，鼓励学生结合文本对人物进行多元解读，并结合生涯现实，做出合理的分析和判断。二是比较阅读，拓展思维。教学内容从课内延伸到课外，创设一个跨越时空的情境，师生共同探究项羽和刘邦两人立足不同生涯目标而采取截然不同的生涯管理策略，从而产生不同的人生结局。学生经此探讨，更加认识到团队领导者胸怀格局的重要意义。本课教学提倡师生对话，古今对照，课内外结合，让学生多角度体验生涯教育，形成奋发向上的人生态度。

核心任务

分析人物形象，探讨悲剧原因。

学习资源

1. 《鸿门宴》、《垓下歌》、司马迁评价语。

2. 《史记·项羽本纪》《史记·高祖本纪》《史记·刘敬叔孙通传》等相关语段。

生涯渗透目标

正确认识性格对未来事业的重要作用，引导学生扬长避短，努力完善性格弱点，正确进行自我管理和团队管理。

学科教学目标

1. 通过对座位安排和人物典型语言的分析，准确把握项羽的个性特征。认识鸿门宴这场斗争中刘项胜败的根本原因，吸取"骄兵必败"的历史教训。

2. 正确理解司马迁的历史观，发展学生的思辨能力。

教学重难点

分析人物形象，并作出合理评价。

课前准备

1. 梳理重要的文言实词、虚词，了解历史背景和故事情节。

2. 学生搜集一些前人对项羽、刘邦的评价资料，以便合理评价历史英雄。

教学过程

导入

垓下歌

力拔山兮气盖世，

时不利兮骓不逝。

骓不逝兮可奈何！

虞兮虞兮奈若何！

思考：《垓下歌》是项羽深陷四面楚歌的境地时所作，在穷途末路之时，项羽将自己失败的原因归为什么？

项羽的失败，究竟是"天命"，还是"人事"？今天，就让我们从他在鸿门宴上的表现去一探究竟吧！

活动一：观照文本，探究形象

1. 问题：

①鸿门宴之前，项羽拥兵 40 万占有军事上的绝对优势，也曾扬言要"击破沛

公军"，可最终却败给了一度弱小的刘邦。项羽失败的原因是多方面的，其中他的性格很关键，请从宴会座位安排、典型语言等角度分析。

②司马迁善用对比映衬手法来塑造主要人物形象。本文从哪几方面来衬托项羽这个形象？

2. 学生小组讨论，要求结合相关情节分析，最后推选代表发言。教师点拨：

问题一：

（1）座位安排分析

①宴会座位示意图：

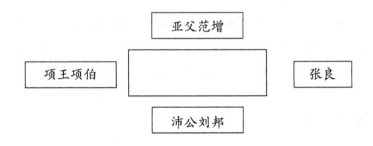

②古人座次相关常识

帝王与臣下相对时，帝王面南，臣下面北；

宾主之间相对时，则宾东向，主西向；长幼之间相对，则长者东向，幼者西向；

宴席的四面座位，以东向最尊，次为南向，再次为北向，西向侍座。

③项羽"东向坐"及其意蕴

项羽出身名门、名将之后，身份高贵；特别是巨鹿一役后成为反秦主力，诸侯皆臣服之；而此时项羽实力最强，刘邦根本不是他的对手。

居尊不让的心理意蕴表现出他"自矜功伐""欲以力征经营天下"善斗勇的性格特点。

（2）典型语言赏析

"旦日飨士卒，为击破沛公军！"（胸无城府，政治谋略幼稚，逞匹夫之勇，骄傲自大，目中无人，刚愎自用）

"此沛公左司马曹无伤言之。不然，籍何以至此？"（胸无谋略，面对敌人也不藏任何心机）

"壮士！赐之卮酒""赐之彘肩""壮士！能复饮乎？""坐"（英雄相惜，毫无防范意识和政治洞察力，一介武夫形象）

（3）司马迁评价

太史公曰：吾闻之周生曰"舜目盖重瞳子"，又闻项羽亦重瞳子。羽岂其苗裔邪？何兴之暴也！夫秦失其政，陈涉首难，豪杰蜂起，相与并争，不可胜数。然羽非有尺寸，乘势起陇亩之中，三年，遂将五诸侯灭秦，分裂天下而封王侯，政由羽出，号为"霸王"，位虽不终，近古以来未尝有也。及羽背关怀楚，放逐义帝而自立，怨王侯叛己，难矣。自矜功伐，奋其私智而不师古，谓霸王之业，欲以力征经营天下，五年卒亡其国，身死东城，尚不觉寤而不自责，过矣。乃引"天亡我，非用兵之罪"，岂不谬哉！

（解说：作者是把项羽当作悲剧英雄来写的，他一方面号称"西楚霸王"，另一方面由于自矜功伐而致"乌江自刎"的悲剧。既有赞叹，又有惋惜。）

（4）教师归纳小结

从历史角度去评价，作为政治家，他很幼稚，有很多缺点；从道德的角度、人性的角度评价，作为普通人，他是个有"君子之度"的人，光明磊落，不乏可爱之处。对于历史人物，我们首先应该对其做出客观的评价，但这并不意味着我们不能有自己的情感倾向，不能有自己的个性解读。但我们的人性、道德评价要服从于历史评价。

问题二：

（1）讨论分析

①对刘邦的三次语言描写：

沛公大惊，曰："为之奈何？"

沛公默然，曰："固不如也。且为之奈何？"

沛公曰："今者出，未辞也，为之奈何？"

三次发问虽心态不同，但体现了刘邦善于笼络人才，善于听取意见的一面，也使属下甘愿为之卖命而毫无怨言。看似毫无主心骨，其实是大智若愚、大巧若拙。

②对张良、项伯、项羽的称谓不同：

称张良：三次称"君"，两次称"公"。（"君"用于平辈之间的敬辞，"公"用于对长者的敬称，刘邦为求良计，为求活命而尊称张良，可见其能屈能伸，圆滑狡诈。）

称项伯：尊称为"伯"，再加上"奉卮酒为寿，约为婚姻"。（为了利益，不惜降低身份，可谓用心之苦，心机之深。）

称项羽：尊称为"将军"。（虽不是君臣之礼，但态度毕恭毕敬，为野心而不惜向对手甜言蜜语、卑躬屈膝。)

③讨论分析后填写下表:

结果 \ 人物		项羽	刘邦
言辞径庭		虚荣自大、刚愎自用、自矜功伐	能屈能伸、从谏如流、虚心求教
性格迥然	对谋士:用人唯亲、不善用人		对谋士:知人善用,用人唯贤
	对内奸:寡谋轻信、姑息养奸		对内奸:有奸必肃、内部团结
	处事:犹豫不决、沽名钓誉		处事:谋划周全、相机而动
命运殊途		缺乏政治远见、做事没原则	深有心机、狡诈多端、不择手段

（2）教师小结

刘邦坚韧克己、能屈能伸的性格恰好和项羽骄矜自负、寡谋轻信的性格形成鲜明对比,并由此导致了两人截然不同的人生结局。

项羽的悲剧是历史的悲剧,更是性格的悲剧。他的失败在于他不是一个成熟的政治家,是性格决定了他的命运。性格对一个人的事业能否成功有着很大的影响。如果一个人从事的职业与他的性格相适应,工作起来就会得心应手,比较容易成功;反之,就会阻碍事业的顺利进展,甚至会导致事业的失败。

活动二:比较阅读,拓展思维

1. 联系课文,讨论分析项羽、刘邦两人在生涯管理上有什么异同?

比较阅读一:

①秦始皇游会稽,渡浙江,梁与籍俱观。籍曰:"彼可取而代也。"梁掩其口,曰:"毋妄言,族矣!"梁以此奇籍。

——《史记·项羽本纪》

②高祖常徭咸阳,纵观秦皇帝,喟然太息曰:"嗟乎!大丈夫当如此也!"

——《史记·高祖本纪》

比较阅读二:

①居数日,项羽引兵西屠咸阳,杀秦降王子婴,烧秦宫室,火三月不灭;收其货宝妇女而东。人或说项王曰:"关中阻山河四塞,地肥饶,可都以霸。"项王见秦宫皆以烧残破,又心怀思欲东归,曰:"富贵不归故乡,如衣绣夜行,谁知之者!"说者曰:"人言楚人沐猴而冠耳,果然。"项王闻之,烹说者。

——《史记·项羽本纪》

②且夫秦地被山带河,四塞以为固,卒然有急,百万之众可具也。因秦之故,

资甚美膏腴之地，此所谓天府者也。陛下入关而都之，山东虽乱，秦之故地可全而有也。夫与人斗，不搤其亢，拊其背，未能全其胜也。今陛下入关而都，案秦之故地，此亦搤天下之亢而拊其背也……赐姓刘氏，拜为郎中，号为奉春君。

——《史记·刘敬叔孙通传》

2. 教师点拨

①从比较阅读一看，项刘两人年轻时都有生涯目标，项羽是"彼可取而代也"，刘邦是"大丈夫当如此也"。

从比较阅读二看，项刘两人目标有高下之分。《项羽本纪》中他人劝项羽定都关中，其理由是进可一统天下，退可保其身家，应是最佳方案，但项羽光宗耀祖、衣锦还乡的心态驱使他要还乡建都，而非立足关中。定都关中，明显具有大局观念。刘敬的理由相同，但两位建议者的命运结局却大相径庭，一遭项羽烹杀，一得刘邦赐姓，何也？这是因为项羽并无天下之志，而刘邦却相反。

可见，领导者理想抱负的高低决定了他们的成败。由此，我们在规划生涯时，格局要阔大，胸怀高远之志。

②项羽不会生涯管理。虽有生涯目标，但不善于自我管理和团队管理，不审时、不度势、不随机、不应变，失去了一种安身立命的方式，最终垓下被围自刎乌江。

刘邦善于生涯管理。为了实现自己的生涯目标，善于自我管理和团队管理，他审时、度势、随机、应变，选择一种可以安身立命的生活方式，最终登上了皇帝的宝座。

综上所述，在历史发展重要关头，领袖人物的理想、信念、个性、自我管理能力和团队管理能力（生涯规划）会改变历史发展走向。

课外活动

如果你能穿越历史，回到千百年前，为项羽在"鸿门宴"的几个关键节点上提一些关于生涯规划的建议，你会对项羽说些什么呢？请以"项羽，我想对你说……"为题写一段不少于800字的文字，要求观点明确，理由充分。

课例 5	坚守初心，未来不迷茫

——选必下《归去来兮辞》教学设计

　　《归去来兮辞》是选择性必修下册第三单元的第 10 课，这个单元主要研讨传统文化观念在当今社会的价值。这一篇文章是东晋陶渊明写的一篇抒情小赋，是这位魏晋高士诀别官场、同上层社会分道扬镳的宣言书。全文分"序"和"辞"两部分，着重叙述了陶渊明从出仕的人生选择之误到回归田园重获自由的幸福之感的人生经历。陶渊明仕途的失意，其根本原因是他"质性自然"、耿直清高和不与世俗同流合污的性格。陶渊明的生涯调整，是霍兰德人职匹配论的生动体现，是我们对学生进行生涯规划教育的鲜活教材，给学生生涯规划很多的启示。

　　基于单元人文主题和生涯教育理念，此课以古为今用为学习情境，以探究人物归隐原因和人格精神为主要学习任务，以渗透"认识自我"为落脚点巧妙构思教学。在熟读全文，准确把握辞赋情境的基础上，首先播放视频创设一种情境，启发学生思考生涯规划的重要性；然后通过"思读"环节的三个问题，逐层深入地解读陶渊明的思想和性格，引导学生认识生涯规划要综合个人因素、家庭因素和社会因素；通过"疑读"环节的两个问题，了解陶渊明少年时代的"猛志逸四海"，从而引导学生全面、准确、辩证地看待陶渊明的归隐，自觉地承担起社会责任，树立起家国情怀。课后练习的迁移环节，鼓励学生在课后进行更加深入的探索，发展更为健康的人格，为生涯决策奠定基础。整个教学过程以读贯穿始终，在读中讨论，在读中质疑，既解读陶渊明的思想和性格，又渗透生涯规划教育，实现语文教学与生涯规划教育的完美融合。

核心任务

　　探究陶渊明归隐的原因和追求人格独立的精神。

学习资源

　　1. 课文材料：陶渊明《归去来兮辞》。

　　2. 视频材料：陶渊明简介、浙大硕士张韫喆重新参加高考。

　　3. 诗文材料：陶渊明《五柳先生传》（节选）、《乞食》（节选）、《杂诗》（节选）。

生涯渗透目标

　　1. 引导学生正确认识自己的个性特点对生涯选择的重要性，从而正确地根据自我认识规划合适的专业和职业。

2．培养学生的家国情怀和社会责任，主动把自己融进社会洪流，以实现自己的人生价值，感受人生的幸福。

学科教学目标

1．抓住关键词语披文入情，准确理解作者归隐的原因和追求人格独立的精神。

2．辩证看待陶渊明的隐居生活，培养学生的思辨能力和奋发向上的人生态度。

教学重难点

1．理解陶渊明出仕和归隐的原因，准确把握作品归去中有凄凉、欢歌中有隐痛的复杂情感。

2．感受陶渊明守志安贫、淡泊名利和不与世俗同流合污的人格独立的精神，进而砥砺自我加强人生修养。

课前准备

熟读、背诵全文，理解文体特征和主要内容。

教学过程

导入

1．播放短视频：浙大硕士重新参加高考上二本医学。

2019 年 8 月，网络上有一位名叫张韫喆的浙大硕士火了，26 岁的他，从浙江大学化学硕士毕业后，又重新参加高考，并且考上了山东中医药大学中医养生专业。谈起原因，他说是为了能够学习自己梦寐以求的中医学专业。他的"疯狂"举动，在很多人看来是无法理解的。这等于是开人生的倒车，而且重新取得学历文凭会显得很浪费。

2．启发思考

张韫喆的事，虽然众说纷纭，但我却要为之拍手叫好。我太认同他的做法了，还有什么比努力去实现心中梦想、做自己想做的事来得更加幸福呢！其实，1600 多年前的东晋大诗人陶渊明也做过类似的疯狂举动，那就是从拥有铁饭碗且身份高贵的县老太爷的官位上华丽转身，归隐田园。这到底又是为什么呢？他对我们今天的生涯调整又有什么启示呢？

（设计意图：通过视频创设一种情境，活跃课堂气氛，引起学生情感共鸣，启发学生思考生涯规划的重要性。）

活动一：思读，探究性格

1．小序中讲到陶渊明出仕的原因有哪些？辞官归隐的原因又有哪些？你觉得哪一点是最主要原因？

（设计意图：旨在培养学生筛选概括信息的能力，了解陶渊明的生涯调整，引导学生反思自我、认识自我，从而指向生涯教育的意义。）

讨论后，预测：

（1）出来做官的原因：

一是因家里贫穷，为生活所迫而做官（"余家贫……未见其术"）。

二是亲戚朋友的劝说（"亲故多劝余"）。

三是心里害怕到远方服役（"心惮远役"），彭泽离家不远，并且公田收获的粮食，足够酿酒之用（"彭泽去家百里，公田之力，足以为酒"）。

主要原因还是为了谋生糊口（"皆口腹自役"）。

（2）辞官归隐的原因：

一是不愿扭曲"质性自然"的天性，强迫自我去做自己本性不想做的事。（"质性自然，非矫厉所得""饥冻虽切，违己交病"作者本性想做什么？"性本爱丘山"）

二是亲妹妹过世，需要去奔丧。（"程氏妹丧于武昌"）

三是厌恶黑暗的官场生活。（补充："久在樊笼里，复得返自然"，辞赋中也有"迷途"等语暗示。）

（3）辞官归隐的主要原因：不愿扭曲天性，强迫自我去做自己本性不想做的事（内因）。通俗地说：是陶渊明"质性自然"的性格决定了他的命运。

2.齐读全文，思考：陶渊明的"质性自然"表现在哪些方面？请结合文本第二、三段谈谈。

（设计意图：旨在深入理解作者热爱自然、追求精神人格独立的性格，启发学生需要有适合自己本性（性格、兴趣）的生活方式，进而明确生涯规划中的自我认知的重要性。）

学生自由发言，教师抓住关键词句相机引导。

预测：

这种"质性自然"在文中主要表现为：

①热爱自然，欣赏宁静优美、欣欣向荣的田园风光。

在《归园田居（其一）》中，作者也说"少无适俗韵，性本爱丘山"。文中"云无心以出岫，鸟倦飞而知还""木欣欣以向荣，泉涓涓而始流"等就是诗人这样一种情感的体现。

②追求安闲自在、顺随本性的生活。

"僮仆欢迎，稚子候门""携幼入室，有酒盈樽"——闲居时的家庭之乐。

"引壶觞以自酌，眄庭柯以怡颜"——有酒时的自娱自慰。

"倚南窗以寄傲，审容膝之易安"——闲居时的傲然自得。

"策扶老以流憩，时矫首而遐观""或命巾车，或棹孤舟"——能够自由出游、能够做自己喜欢的事。

③远离黑暗的官场，保持质朴、高洁的品格。

"悦亲戚之情话，乐琴书以消忧"——弹琴读书的高雅（本色生活）。

"农人告余以春及，将有事于西畴"——和纯朴的乡里故人、农民交往的真挚情谊。

小结

文章应视为一首陶渊明抒写田园之乐和隐逸之欢的牧歌。在这首牧歌中，作者"顺随本性，道法自然"，坚持自己想要的东西，做喜欢做的事，选择适合自己性格、兴趣的生活方式，这是他生活最大的"乐"，也是他归隐的内在动力和最大收获。

从陶渊明的生涯抉择上，我们可得到启示：人的性格在生涯发展中起重要作用，当职业不符合自己的性格或内心需要时，要对自己的生涯进行及时的调整。

3.你如何看待陶渊明这样一种"质性自然""清高耿直、与世俗不合"的性格？

（设计意图：通过插入介绍陶渊明隐居生活的另一面，既扩大课堂容量，又引导学生用现代观念辩证地审视陶渊明性格的积极意义和历史局限，感受陶渊明的人文精神，进而砥砺自我加强人生修养。）

介绍陶渊明田园生活的另一个侧面——穷苦困顿。

①文中相关地方：

"饥冻虽切"——挨饿受冻；

"世与我而相违"——难免感到孤独；

"善万物之得时，感吾生之行休"——生命短暂（不能永存），有及时行乐的消极思想；

"寓形宇内复几时？曷不委心任去留？"——不能主宰自己命运。

②《五柳先生传》："环堵萧然，不蔽风日；短褐穿结，箪瓢屡空。"

《乞食》："饥来驱我去，不知竟何之？行行至斯里，叩门拙言辞。"

从陶渊明的诗文中，我们感觉到了他归隐田园后的家境贫寒，因收获少、孩子多、存粮无，住差、衣破、食少，竟至乞食程度！

教师点拨："达则兼济天下，穷则独善其身"，是古代儒家思想提倡的人生哲学。当现实的黑暗将陶渊明"大济苍生"的壮志击得粉碎时，他抖落了满身的污浊之气，毅然弃官归隐。虽曾穷得断酒饿肚子，到老乡家去乞讨，"行行至斯里，叩门拙言辞"，这对一个文人来说是一个多么难堪的事。但他在隐居乡村的 22 年中，谢绝一切的规劝和财富的诱惑，始终坚守在田园，坚守着自己的精神家园。试想在物质极为丰富的现在，我们的文人有多少为了"五斗米而折腰"，又有多少为了趋附权势而放弃道德良知，甚至利用他们的专业知识混淆是非、助纣为虐！如此相比，我们更看出陶渊明坚守的难得。

活动二：疑读，拓展思维

1. 陶渊明是不是一直就这样消沉，不想做官呢？结合陶渊明的《杂诗》展开讨论。

（1）出示 PPT《杂诗》（节选）：

忆我少壮时，

无乐自欣豫。

猛志逸四海，

骞（qiān）翮（hé）思远翥（zhù）。

（豫：和"欣"在一起，是安乐，快乐的意思；骞：飞举；翮：羽翅；翥：鸟向上飞，思远翥，想翱翔天宇。）

理解诗歌：我回忆自己少壮时代，即便没有遇上快乐的事情，心里也自然地充满了欣悦；那时我有奋发凌厉、超越四海的志向，期待如大鹏展翅高飞。这几句着重表现少年时代的陶渊明有乐观的精神和远大的理想。

（2）观看短视频：知人论世

（设计意图：通过朗读作者诗歌和观看作者简介的短视频，了解影响生涯决策和生涯调整的因素，引导学生自觉地承担起社会责任，树立家国情怀。）

【小结】

通过知人论世，我们可知陶渊明出身官宦之家且接受儒家教育，这是他早年想要积极谋仕、在政治上有所作为的原因，即生涯规划的家庭、社会因素。后来弃官归田，也是自己性格和官场黑暗使然，即生涯规划的调整也必然受到个人因素和社会因素的影响。

2. 陶渊明还有没有其他的路？如果你是陶渊明，你会做出怎么的人生选择？

（设计意图：引导学生辩证看待陶渊明的隐逸生活，构建平等交流课堂，发展学生的思辨能力和批判能力。不求答案统一，能自圆其说即可，鼓励学生联系作者诗文回答。）

学生自由发言、讨论。

【小结】

陶渊明告诉我们，面对人生选择时，要不忘初心，不忘使命，选择自己最喜欢的事业。新时代青年在规划职业时，既要有利于个人的成长，也要符合时代的需要，主动扛起社会责任，牢牢把握时代脉搏，紧密结合本职工作，使自我成长与社会进步、个人利益与社会发展、自身潜力与国家前景实现同频共振。这样我们才能实现自己的人生价值，感受人生的幸福。

课后活动

反复朗读中，同学们肯定对文本有了更深的感悟，请以"我眼中的陶渊明们"为题写一篇不少于800字的随笔。

（设计意图：鼓励学生在课后进行更加深入的探索，发展更为健康的人格，为生涯决策奠定基础。）

板书设计

第四节　树立正确的价值观

价值观是推动并指引一个人采取决定与行动的原则和标准。一个人越清楚了解自己的价值观，越了解自己在工作与生活中想要寻找什么，什么对自己来说是最重要的，他的生涯发展目标通常也就越明朗，生涯抉择、人际关系、生活和工作心境也就越好调整和管理。

课例 6　建功立业与归隐田园
——必修上册《短歌行》与《归园田居（其一）》教学设计

于丹曾说："我一直深深地相信，每一个中国人生命的深处都蛰伏着诗意。"而诗人则通过诗歌将其呈现出来。《短歌行》《归园田居（其一）》是必修上册第三单元第 7 课的两篇文章，单元人文主题为"生命的诗意"。两首诗歌均为魏晋时期的作品，但所表现出来的人生境遇和人生状态是大不一样的，前者着重表现的是曹操对"一统天下"的渴望，是感慨时光流逝和渴望建功立业的忧思；后者呈现的是陶渊明"复得返自然"的淡泊，是厌倦官场生活后辞官归隐、躬耕田园的自由和喜悦之情。简单一点说，这两首诗呈现的是两种不同思想下的不同人生追求，它有效启迪着高中生，人生的追求可以是多样的，也能平衡着学生在学习过程中对"名利"的态度，具有深刻的教育意义。

本教学设计立足于单元人文主题和生涯价值观教育，以体悟诗词作品中的生命诗意为大情境，以鉴赏诗歌人物形象和表达技巧为主要学习任务，以渗透生命教育为落脚点，通过诵读、赏析、知人论世和文学短评写作等语文活动，推动学生对诗歌中生命诗意的阅读与思考，提升学生的语文素养，形成对生命价值的正确思考。在教学流程上，首先是"吟咏诗韵，初悟诗意"，欣赏其在表达志士之慨和隐士之情时不同诗体的韵律节奏，结合诗人的生平经历和创作背景，体察诗人的情感体验；然后是"含英咀华，探讨形象"，围绕"忧"和"归"，涵咏语言，把握作品的抒情主人公形象，深入探讨其生命诗意的表达技巧；最后是"思辨生命，抉择人生"，探寻汉魏时代不同的生命追求与价值思考，从而更好地体悟自己的人生，积极规划未来。

教学安排

学习任务	教学内容	学科教学目标	生涯渗透目标	课时
把握诗歌情感	第7课	诵读品味，理解诗歌内涵，把握作品的情感态度	知人论世，发现两位诗人不同的生命价值	1
赏析人物形象和表达技巧	第7课	赏析人物形象和表达技巧，学写文学短评	冷静看待两位诗人不同的精神世界	1
感悟生命诗意	第7课	探讨两位诗人不同人生态度产生的原因	培养家国情怀和社会责任感	1

第1课时

核心任务

诵读品味，把握诗歌情感。

学习资源

《短歌行》《归园田居（其一）》及相关的网络资源。

生涯渗透目标

知人论世，发现两位诗人不同的生命价值。

学科教学目标

1. 反复诵读涵咏，结合课下注释，理解诗歌内涵。

2. 把握四言、五言诗不同体式的审美特点，读出情感基调。

3. 结合诗人生平经历和创作的时代背景，理解诗歌情感。

教学重难点

了解不同体式的诗歌不同的审美效果，把握诗歌风格，知人论世，体悟志士和隐士不同的生命状态。

课前准备

1. 学生网上查询曹操、陶渊明两位诗人的生平经历和创作背景。

2. 学生课外读读两位诗人的其他作品，了解"健安风骨""田园诗"的内涵。

3. 教师准备好两首诗歌的音频资料。

教学过程

导入

中国，是诗的国度，词的海洋，群星荟萃，美不胜收。阅读古诗词作品，可以体味古人丰富的情感、深邃的思想、多样的人生。今天，我们穿越时空去探寻的是魏晋时期的曹操和陶渊明。一个是一代枭雄，一个是隐逸之宗；一个具有一统天下的宏大气魄，一个则有崇尚自由的隐逸情怀，他们都借助诗歌传达了自己的心声。现在让我们一起去细细品味两种诗意的生命追求吧！

活动一：解释诗题，明确文体

"行"指的是古代一种歌行体体裁，可配乐歌唱。而"长歌""短歌"都是汉乐府中的曲调名称，根据歌词音节长短进行划分。《短歌行》是曹操按旧题写的新辞。一般而言，长歌热烈奔放，短歌低吟短唱，适于抒发内心的忧愁和苦闷。

《归园田居》是陶渊明辞官归隐后所做的组诗，一共五首，课本中所选是第一首。

活动二：吟咏诗韵，整体感知

1. 听名家诵读，感受韵律美。

（1）咬准字音，读顺诗歌

譬（pì）如　子衿（jīn）　呦呦（yōu）　可掇（duō）　契（qì）阔

三匝（zā）　吐哺（bǔ）　羁（jī）鸟　荫（yìn）后檐　暧暧（ài）

墟（xū）　吠（fèi）　桑颠（diān）　樊（fán）笼

（2）大声诵读，把握节奏

提示：关于《短歌行》：在诵读过程中，引导体会四言诗二二节拍的特点，感受其质朴刚健的风格；引导学生发现本诗四句为一个表意单元的特点，感受诗人思绪的发展变化。

关于《归园田居》：引导把握五言诗二三节拍的特点，感受其平淡舒缓的韵律，在朗读中体会诗人的自由喜悦之情。

可以是教师范读，学生自由读，也可学生个别读，分组读，力求达到熟练，为下一个学习活动打好基础。

（3）交流古诗不同体式的朗读效果。

提示：四言诗朗读时节奏整齐，有气势，但也显得较为单调、板滞，五言诗的朗读节奏可为"二二一"式、"二一二"式，组合方式较多，在同一首诗中可不断变换，有灵动之美。五言诗的句子组合方式多样，可以与感情的起伏转折相应。而四言诗句式较单调、板滞，其能适应的多为庄重、舒缓的感情，不能适应多种感情表达的需要。

2. 对照注释，理解诗意。

先指导学生结合注释默读，对诗句进行散文化的理解；然后要求小组合作，将诗歌散文化，并和小组成员交流自己的理解和感受。

理解《短歌行》几个典故的用意：

"青青子衿，悠悠我心。"——出自《诗经·郑风·子衿》："青青子衿，悠悠我心，纵我不往，子宁不嗣音？""衿"指的古代人的衣领，诗中指代姑娘所思念的情人。原意是说：我深爱的人儿啊，你让我深深牵挂，虽然我不能去找你，可你怎么不主动给我一个音信呢？原句是表达一个姑娘对情人的思念。曹操把它借用过来，表达对贤才的渴求，从而表达了自己念念不忘贤才的一片真情，望贤才主动投奔。

"呦呦鹿鸣，食野之苹。我有嘉宾，鼓瑟吹笙。"——出自《诗经·小雅·鹿鸣》，曹操直接引用了原诗的前四句。意思是说，麋鹿找到了艾蒿，就会相呼相鸣，要是有贤才来投奔我，我一定会鼓瑟吹笙，以"嘉宾"之礼来款待他。原句体现了殿堂上嘉宾的琴瑟歌咏以及宾主之间的互敬互融之情状。

"山不厌高，海不厌深。"——出自《管子·形势解》："海不辞水，故能成其大；山不辞土，故能成其高；明主不厌人，故能成其众；士不厌学，故能成其圣……"原句运用比喻手法说明无论治国还是治学，都应有兼容并包的宏大气度。曹操化用了这几句，说明自己渴望多纳贤才，多多益善。

"周公吐哺，天下归心。"——出自《史记·鲁周公世家》，书中记载，周公自言："吾文王之子，武王之弟，成王之叔父也；又相天下，吾于天下亦不轻矣。然一沐三握发，一饭三吐哺，犹恐失天下之士。"曹操引用此事，是以周公自比，表达求贤之诚恳，并以周公礼贤下士的精神自励。

3. 梳理变化，感知情感。

说一说，初读两首诗歌的整体感觉，并说说这种情感是如何分层体现出来的。

提示：整体感觉《短歌行》"急"（忧）、《归园田居（其一）》"缓"（悠）

《短歌行》：感叹人生苦短—思慕贤才—渴望建功立业（情感层层递进）。

《归园田居（其一）》：渴望归隐—回归田园—归后愉悦（逻辑清晰，逐层递进）。

活动三：结合背景，重读诗歌

1. 播放两个小视频（诗人的生平经历和诗歌创作的背景资料）。

提示：曹操，字孟德，小字阿瞒。东汉沛国谯县人，是东汉末年著名的政治家、军事家和文学家。代表作有诗歌《蒿里行》《龟虽寿》《观沧海》。

曹操身处的三国时代，是国家分裂、政权交替、群雄争霸、战乱频繁的时期。诗人作为三国群雄之一，有称霸天下的政治野心，也有相应的政治才能，却也遭遇过赤壁之战这样的大败。写本诗时，曹操已经50多岁了，年事渐高，面对战乱连年、统一中原的事业仍未完成的社会现实，他因而忧愁幽思，苦闷煎熬。但他并不灰心，仍以统一天下为己任，决心广泛招纳贤士共同建功立业。

陶渊明，又名陶潜，字元亮，东晋田园诗人，辞赋家，隐逸诗人，浔阳柴桑人。后人称之为"靖节先生"（私谥），又自称作"五柳先生"。东晋（时代）最杰出的诗人之一，他的诗情感真挚，诗味醇厚，风格平淡，语言清新自然。陶渊明开创了田园诗一体，为古典诗歌开辟了一个新的境界。后世称他为"百世田园之主，千古隐逸之宗"。

陶渊明出身于官宦之家（曾祖陶侃是东晋的元勋重臣，官至大司马；祖父陶茂做过武昌太守；外祖父是东晋名士孟嘉），自小被曾祖、祖父、外祖父的事业功绩、名士风度所感召，立下"大济苍生"的宏愿，再加上生活贫困，缺乏谋生之计，于是选择了走入官场。然而，黑暗的社会现实打击了他济世的理想，违背本性的痛苦让他在做了80多天的彭泽县令后，最终决定挂印辞官，彻底结束这种时隐时仕、身不由己的官场生活，坚守终老田园的决心。

2. 有感情地诵读诗歌，把握诗歌风格。（两诗朗读可与背景介绍交替进行）

提示：慷慨悲凉与平淡质朴。《短歌行》曹操忧多于悲，诗人并未因志向未就而沉浸在悲伤之中，而是一种深切的忧虑，这种忧虑源于诗人远大的理想与抱负；诗歌呈现出慷慨苍凉，因为这既是一种个人自我价值的实现，更是一种济苍生平天下的责任担当。《归园田居（其一）》平淡质朴，并非诗人内心虚无，而是在洞察世事后的一种归隐平和。

课外活动

1. 熟读成诵。

2. 结合自己对两首诗歌情感的理解，选择与诗风相匹配的背景音乐，有感情地配乐朗诵，并将录音分享到班级群。

🕐 第2课时

核心任务

赏析作品的人物形象和表达技巧，学写文学短评。

学习资源

《短歌行》《归园田居（其一）》。

生涯渗透目标

冷静看待两位诗人不同的精神世界。

学科教学目标

1. 感受诗歌意境和鉴赏诗歌表达技巧，欣赏其独特的艺术魅力，撰写文学评论。

2. 认识抒情主人公形象，感受诗人精神世界，体会诗人对社会的思考与对人生的感悟。

教学重点

在诵读和想象中感受诗歌意境，品味诗歌表达技巧，认识抒情主人公形象。

教学难点

学写文学短评。

教学过程

导入

1. 分组朗读。

2. 导语：在东汉末年的乱世中，地位截然不同的曹操与陶渊明分别选择了入世与出世两种不同的生活方式。那么，他们两人是通过怎样的一些艺术手法来传达自己对社会的思考与对人生的感悟？这节课我们一起来探讨这个问题。

活动一：含英咀华，理解诗意

1. 两首诗的诗眼是什么？其内涵是什么？

（1）讨论，明确：《短歌行》诗眼是"忧"。诗人忧的是人生短暂，贤才难得，功业未就。

厘清《短歌行》结构层次：这首诗每 8 句为一个部分，可分为四个部分。

第一部分：时光易逝，人生苦短。

抓住"朝露""杜康"两个意象思考。

第二部分：渴望贤才，礼遇嘉宾。

抓住"用典"思考："青青子衿，悠悠我心"比喻热烈地期待贤士的到来，古朴深沉，自然妥帖。"呦呦鹿鸣，食野之苹，我有嘉宾，鼓瑟吹笙"，意思是说，要是有贤才来投奔我，我必将礼遇、重视贤才。

【小故事】官渡之战期间，袁绍的谋臣许攸，多次为袁绍献计，都不被采纳，袁绍甚至把他当成了曹操的奸细，许攸一怒之下就投奔了曹操，曹操听说许攸来降，喜出望外，连鞋子都来不及穿上，就赤着脚，奔出帐外迎接许攸。许攸也因为感激曹操的礼遇，归附之后立即献出奇计，让曹操夜袭乌巢，火烧袁绍的粮仓，最终使曹操以弱胜强，战胜了袁绍。

第三部分：渴盼人才，忧思难解。

抓住"比喻"与"用典"的表达技巧思考：运用了比兴的手法，将贤才比为明月，恰如其分地表达渴望贤才来归的心意。

第四部分：虚心纳士，竭尽诚心。

抓住"比喻"思考：以"乌鹊"无枝可依比喻在三国鼎立的局面下，自己功业未成而犹豫不决，彷徨不知何去何从，内心没有着落依托的心态。

抓住"用典"思考：曹操化用这几句，意在说明自己虚心纳士，竭尽诚心。

小结：归根到底，曹操的"忧"源于他的"志"：统一天下。

那么，曹操"何以解忧"？唯有杜康；契阔谈讌，心念旧恩；周公吐哺，天下归心。

（2）讨论，明确：《归园田居（其一）》诗眼是题目中的"归"字。

追问：诗人从何而归？为何而归？归往何处？归去如何？（请用诗中原句回答）

从何而归？——误落尘网中，一去三十年。久在樊笼里，复得返自然。

（抓住"尘网""樊笼"思考：这两个比喻有何深意？官场生活之久，悔恨之深。）

为何而归？——少无适俗韵，性本爱丘山。羁鸟恋旧林，池鱼思故渊。

（抓住"恋""思"两个动词思考：运用比喻、拟人手法，写出了诗人对于世俗官场的周旋逢迎、尔虞我诈难以适应，不愿同流合污，归隐田园意向。对故园山林的眷恋和向往。）

归向何处？——开荒南野际，守拙归园田。

思考：这是怎样的一幅田园风光景象啊？

学生圈点勾画出相关意象，体会其意境特点。

学生闭目冥想，教师同时描述这幅图景，师生交流，总结意境特点：运用远近结合、白描、视听结合、以动衬静等手法勾勒出了一幅朴素自然、宁静和谐的乡间景色。

归去如何——户庭无尘杂，虚室有余闲。久在樊笼里，复得返自然。

（抓住"余闲""樊笼""自然"思考其融入的情感：厌恶官场，热爱田园，追求精神上的自由和独立！）

（3）展示：《短歌行》和《归园田居（其一）》结构图示。

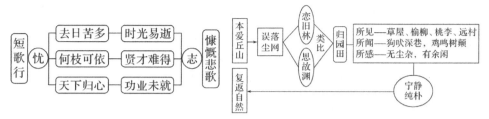

《短歌行》结构图示　　　　　　《归园田居（其一）》结构图示

2．试概括两首诗歌中抒情主人公形象。

讨论，归纳：《短歌行》塑造了一位年过半百、求贤若渴、苦于功业无成、具有统一天下的雄心壮志的志士形象。

《归园田居（其一）》塑造了一位厌恶官场、不与世俗同流合污、向往怡然自得的田园生活的隐士形象。

课外活动

从语言风格、表达技巧和思想感情三个角度中任选一个角度，写一段文字比较两首诗的异同，不少于 300 字。

第 3 课时

核心任务

思考品鉴，感悟生命诗意。

学习资源

《短歌行》、《归园田居（其一）》、《五柳先生传》（节选）、《乞食》（节选）。

生涯渗透目标

培养学生的家国情怀和社会责任感，学会正确地规划生涯。

学科教学目标

1．理解陶渊明的人格魅力和精神世界，提高自己的思想修养和文化品位。

2．探讨两位诗人不同人生态度产生的原因，帮助学生树立正确的人生观。

教学重难点

理解陶渊明的人格魅力，从两位诗人的生命追求中获得生涯规划的启示。

教学过程

导入

历朝历代，有许多仁人志士，都具有强烈的忧国忧民思想，这种可贵精神，使中华民族历经劫难而不衰。可也有不少文人在经历了"大济苍生"的理想挫折后，转身投入老庄思想的怀抱，超脱出世，将自己心灵诗意地栖居于山水田园，寻找自己内心的一份宁静，从而造就人格的丰碑。曹操和陶渊明的人生态度，将会给我们的生涯规划一种怎样的启示呢？这节课我们将对此进行更深入的探讨。

活动一：拓展思维，深度解读

1. 了解穷苦困顿中的陶渊明

（1）读一读陶渊明其他作品片段（PPT 展示）：

环堵萧然，不蔽风日；短褐穿结，箪瓢屡空。——《五柳先生传》

饥来驱我去，不知竟何之？行行至斯里，叩门拙言辞。——《乞食》

（2）提问：陶渊明在《归园田居（其一）》中把归隐后的生活写得非常恬淡美好，但读完以上两个片段后我们知道，他归隐田园后家境贫寒，住差、衣破、食少，竟至乞食程度！尽管如此，陶渊明还是坚持了自己的选择。那么，在陶渊明的眼里，有什么比穷困更难忍受？由此，你对陶渊明有什么认识？请说说你的看法。

学生自由讨论，预测：

①世俗的压迫驱使陶渊明回归田园，《归园田居（其一）》中所说的"尘网""樊笼"，都是束缚人的东西。他不能忍受那种身不由己、很痛苦、很压抑的生活，因此他宁愿选择贫穷。和穷困比较起来，社会的动乱、官场的污浊使陶渊明更难以忍受。

②从这里，我们可以看到一个坚守节操、独善其身、宁可穷困乞食也要坚持自己的人格操守而绝不与黑暗现实苟合的诗人形象。在物欲横流、黑白颠倒的社会中，陶渊明坚守自己精神上的一片净土，宁可忍饥挨饿，也不违背自己的内心，这更体现出他人格的可贵之处。

2. 读《短歌行》可知，曹操是积极入世的，是决心建立一番功业的。而读《归园田居（其一）》可知，陶渊明是厌恶世俗的，是逃避仕途的。请结合两人的身世和时代背景，分析一下他们二人不同人生态度产生的原因。

学生讨论，预设：

①一是源于各自的出身及地位。曹操作为汉末军阀，拥有巨大的权力和能量，他是曹魏政权的缔造者，是创造历史的英雄人物。处在这一位置上，自然是要把建立一番功业作为人生目标；而陶渊明出身于一个没落的官宦家庭，家境一般，年轻时也曾胸怀大志，但动荡的社会、龌龊的官场却是他改变不了的。理想与现实形成了难以调和的矛盾，使其厌恶官场，向往自然。

孟子说"穷则独善其身，达则兼善天下"，陶渊明和曹操的人生态度正是"穷"

与"达"的体现。虽然，他们的选择不同，但归根结底，他们的"进"与"退"仍然是儒家思想在他们身上的体现。

②二是源于各自的性格特点。虽然历史上的曹操也有奸诈、多疑、残暴等许多性格缺点，但从"山不厌高，海不厌深。周公吐哺，天下归心"等诗句可知，曹操具有海纳百川的博大胸襟和气魄，自然也会把锐意进取、建功立业当作生涯目标；而陶渊明"少无适俗韵，性本爱丘山"，热爱自然，追求精神自由，人格独立的性格，也决定了陶渊明与官场生活的格格不入。

由此，我们得到启示：生涯规划与我们的个人性格、家庭因素、社会因素等是息息相关的。

3. "心怀天下之忧"和"山野田园之归"这两种不同的人生选择，有没有高低之分？请大家评价曹操和陶渊明两人的人生志趣。

提示：都是有志之人对生命的高歌。曹操选择的人生之路是世俗多数人认可并矢志追求的道路，通过仕途建功立业来成就人生的精彩；而陶渊明的人生之路，是在深思熟虑多次入仕后毅然决然地离开，同样保持自我的高洁之身。陶渊明并非无志之人，而是性格使然，人生境遇使然；他的坚守，那个年代或许更不容易。一个是外显，一个是内隐，都是在保持自我的高远志向。

4. 陶渊明还有没有其他的道路可走？如果你是陶渊明，你会怎么做？学生讨论。

提示："居庙堂之高则忧其民，处江湖之远则忧其君""进亦忧，退亦忧"，忧国忧民忧天下，才是一个负责任的知识分子。"穷则独善其身"，不能实现"大济苍生"的理想，保持个人的高洁操守也是不错的选择。

小结

家国天下、社会责任与一己之荣、独善其身，孰轻孰重？这将是对我们人生意义的拷问。当今时代，为我们每个人成才提供了广阔的舞台，从政为官并非成才的唯一通道。作为新时代的青年，我们的选择必须与整个国家、整个民族紧密联系，必须与一个国家和民族希冀追求的目标一致，要把祖国的强盛、民族的复兴视为己任。愿我们在该奋斗的年纪，选择勇往直前，以更好地实现自己的人生价值，感受更大的人生幸福。

课外活动

曹操和陶渊明，一个是渴望建功立业的志士，一个是崇尚田园生活的隐士。请替曹操或陶渊明给对方写一封信，劝说对方改变原有出世或入世的观点。

课例7

<h1 style="text-align:center">抱负与使命</h1>
——必修下册马克思演说与恩格斯讲话教学设计

　　《在〈人民报〉创刊纪念会上的演说》《在马克思墓前的讲话》两文是必修下册第五单元第10课的两篇文章，单元人文主题是"抱负与使命"。前者是马克思的一篇著名演讲词，马克思在演讲中针对19世纪的现实和历史问题，基于辩证分析，发现了"显而易见的、不可避免的和毋庸争辩的"对抗，完成了他关于无产阶级使命的精准界说。而后者是恩格斯的一篇悼词，从悼词中可见马克思一生致力于从理论和实践上解决他所发现的社会问题，既有对"历史科学"的"两个发现"，也有对"欧美战斗着的无产阶级"的卓越贡献。两篇文章互文参读，可让学生了解马克思这位革命导师的精神品质和人生价值，领会其勇于承担时代使命的襟怀与抱负，激发当代青年对祖国前途命运和当下社会现实的关切之情，思考自己应具有的抱负和承担的使命。

　　基于学习任务群要求、单元人文主题和生涯价值观教育理念，本教学设计以体悟革命导师的"抱负与使命"为大情境，通过沉潜鉴赏、知人论世和演讲实践等语文活动，推动学生对两篇演讲词的阅读与思考，提升学生的人生境界，形成对生涯价值的正确思考。单元教学大任务为以班级或年级为单位举行一次以"我们的时代，我们的使命"为主题的演讲比赛。为完成这一任务，需要领会演讲词的特点，了解革命导师的时代使命和个人抱负；深入学习马克思和恩格斯的两篇演说，回顾必修教材里的演讲词，观看精彩的演讲类节目，进一步把握演讲的特征；举办演讲会，拟定细则，形成"演讲评价量表"，并据此给比赛评分。在活动中感悟伟人宏伟的抱负，在活动中传递青年担当的心声。

　　教学安排

学习任务	教学内容	学科教学目标	生涯渗透目标	课时
探究使命与时代的关系	第10课	知人论世，分析概括作者的观点态度；品味文中富有深意的词句，探究作者深邃的思想	学习马克思勇于担当的精神，思考作为新时代青年应承担的使命	1
探究演讲策略与表达方式	第10课	感受演讲的针对性、逻辑性、鼓动性	在演讲中进一步感受马克思的精神品质和伟大贡献	1

续表

学习任务	教学内容	学科教学目标	生涯渗透目标	课时
举办演讲比赛	写演讲稿，举办演讲比赛	以"我们的时代，我们的使命"为主题，写一篇演讲稿，并举办演讲比赛	在演讲活动中表达出当代青年的责任和使命	3

🕐 第1课时

核心任务

探究使命与时代的关系。

学习资源

1．《在＜人民报＞创刊纪念会上的演说》和《在马克思墓前的讲话》。

2．《中外历史纲要》下册第五单元第11课《工业革命与马克思主义的诞生》。

3．习近平《在纪念马克思诞辰200周年纪念大会上的讲话》。

4．中央电视台播放的五集通俗理论对话节目"马克思是对的"——《你好马克思》《洞悉世界的眼睛》《不朽的＜资本论＞》《解放全人类的胸怀》《千年思想家》。

5．马克思《青年在选择职业时的考虑》。

生涯渗透目标

学习马克思勇于担当的精神，思考作为新时代青年应承担的使命。

学科教学目标

1．知人论世，分析概括作者演讲中的观点态度，了解文章内容。

2．披文入情，品味文中富有深意的词句，探究作者深邃的思想。

教学重难点

品味语言魅力，揣摩字里行间蕴含的深邃思想。

课前准备

1．熟悉《中外历史纲要》下册第五单元第11课《工业革命与马克思主义的诞生》。

2．中央电视台播放的五集通俗理论对话节目"马克思是对的"——《你好马克思》《洞悉世界的眼睛》《不朽的＜资本论＞》《解放全人类的胸怀》《千年思想家》。（至少选择感兴趣的一集观看）

教学过程

导入

观看短视频《后浪》后导入：“你们有幸，遇见这样的时代，时代更有幸，遇见这样的你们。”马克思生活的时代是19世纪，借用刚刚那句话，则是：马克思不幸，遇见那样的时代，但时代有幸，遇见了马克思。

活动一：互文参读，重新认识马克思

1. 提出问题：

（1）作者所处的时代有什么特点？作者是如何看待他们所处时代的社会现象或存在的社会问题？

（2）面对复杂的社会，作者在文章中表达了什么样的立场观点？

（3）作者有怎样的行为（或做出了哪些贡献）？

2. 根据栏目内容提示，快速阅读两文，筛选相关信息，填写表格，并展示交流。

文章	作者	作者所处的时代	作者看到的社会事件、现象或问题	作者对时代发展趋势的认识	作者所持的立场、观点或行为
《在〈人民报〉创刊纪念会上的演说》	马克思	资产阶级革命勃兴，无产阶级即将登上历史舞台	这个时代工业和科学的力量超乎想象，却显露出衰颓的征兆	资产阶级革命虽然勃兴执掌政权，但无产阶级是“新的人”，是资本主义制度的执刑者	站在无产阶级的立场，认为无产阶级将结束这个时代
《在马克思墓前的讲话》	恩格斯	资产阶级执掌政权，无产阶级革命斗争勃兴	无产阶级革命导师马克思去世，需要对其一生“盖棺定论”	马克思的英明和事业将永垂不朽，无产阶级将不断发展壮大	高度评价马克思的伟大贡献，化悲痛为力量，继续继承并壮大马克思未完成的事业

重点问题讨论与解读

关于问题（1），理解关键语句：

①所谓的1848年革命，只不过是一些微不足道的事件，是欧洲社会干硬外壳上的一些细小的裂口和缝隙。但是它们却暴露出了外壳下面的一个无底深渊。在看来似乎坚硬的外表下面，现出了一片汪洋大海，只要它动荡起来，就能把由坚硬岩石构成的大陆撞得粉碎。

理解：运用比喻，评价 1848 年革命为"一些细小的裂口和缝隙"，将到来的无产阶级革命为"一片汪洋大海"，两相对比，突出了无产阶级革命的宏伟气势，生动形象，吸引听众。

②那些革命吵吵嚷嚷、模模糊糊地宣布了无产阶级解放这个 19 世纪的秘密，本世纪革命的秘密。

理解："吵吵嚷嚷、模模糊糊"，表明当时的革命处于一种懵懂模糊的原生状态，还缺乏科学的革命理论指导。"宣布……秘密"，说明无产阶级作为独立的政治力量已经登上了历史舞台。

③这里有一件可以作为……可怕情景。

一方面这个时代工业和科学的力量超乎想象，另一方面却显露出衰退的征兆。换句话说：马克思所处的 19 世纪的欧洲，存在工业和科学的力量与贫困和衰颓之间的种种矛盾，即"现代工业和科学为一方与现代贫困和衰颓为另一方的这种对抗，我们时代的生产力与社会关系之间的这种对抗，是显而易见的、不可避免的和毋庸争辩的事实"。

对当时社会生产力与生产关系之间的不可调和的矛盾的"深刻洞见"，在《马克思墓前的讲话》中是这样表述的：

他作为科学家就是这样。但是这在他身上远不是主要的。在马克思看来，科学是一种在历史上起推动作用的、革命的力量。

④蒸汽、电力和自动走锭纺纱机甚至是比巴尔贝斯、拉斯拜尔和布朗基诸位公民更危险万分的革命家。

明确："蒸汽、电气和自动走锭纺纱机"代表先进的生产力和生产方式，从而产生了无产阶级；巴尔贝斯、拉斯拜尔和布朗基则是资产阶级民主革命者的代表，由他们发起的革命必将被无产阶级革命所取代。所以说，蒸汽、电力和自动走锭纺纱机甚至是比巴尔贝斯、拉斯拜尔和布朗基诸位公民更危险万分的革命家。

⑤机器具有减少人类劳动和使劳动更有成效的神奇力量，然而却引起了饥饿和过度的疲劳。

明确：机器，一方面大大提高了工人阶级劳动的效率，减少了劳动；另一方面，由于资产阶级一味剥削、压榨造成了工人阶级的饥饿和过度的疲劳。生产力和生产关系尖锐对抗，解决这种矛盾的出路只有爆发无产阶级革命。

关于问题（2），理解关键语句：

①可是我们不会认错那个经常在这一切矛盾中出现的狡狯的精灵……老田鼠、光荣的工兵——革命。

理解：运用典故、比喻，"狡狯（贬词褒用）的精灵""好人儿罗宾""会迅速刨土的老田鼠""光荣的工兵"都指代革命，这些词都出自英国人民熟悉的莎士比亚的作品中，用语生动风趣，易于引起在场听众的共鸣。

②历史本身就是审判官，而无产阶级就是执刑者。

理解：运用比喻修辞，将历史比喻成审判官，表明历史会公正客观地揭露资产阶级残酷的本质；将无产阶级比喻成执刑者，表明无产阶级必然会通过革命实践彻底推翻资产阶级的统治。

小结：马克思站在无产阶级的立场，认为无产阶级是解决这些矛盾的新生力量，他们将结束这个时代，成为资本主义的掘墓人、资本主义的执刑者。马克思发表演说的目的就是宣告无产阶级必将解放，以激励志同道合的战友。

恩格斯高度评价马克思的伟大贡献，认为其英名与事业将永垂不朽，鼓舞广大的无产阶级化悲痛为力量，继续继承并壮大马克思未完成的事业。

关于问题（3），侧重于梳理马克思的贡献。预测：

①理论贡献：a. 发现人类历史的发展规律；b. 发现剩余价值规律；c. 所研究的每一个领域都有发现。

②革命实践：a. 编报著书；b. 创立第一国际。

小结：马克思敏锐而深刻地观察到了当时社会的变化，提出了许多科学理论，并积极投身无产阶级革命活动，指引着广大的无产阶级大众奋勇前进。而在马克思去世后，恩格斯扛起了指导国际工人运动的旗帜，写出大量有影响力的文章，整理了《资本论》第2卷和第3卷，坚持和发展了马克思主义，也为世界各国无产阶级做出宝贵贡献。

3. 讨论：从内容上看，两文有什么内在联系？

明确：都跟马克思相关，前一篇是马克思发表的演说，后一篇是关于马克思的演说。前一篇马克思在演讲中针对19世纪的现实和历史问题，基于辩证分析，发现了"显而易见的、不可避免的和毋庸争辩的"对抗，完成了他关于无产阶级使命的精准界说；而从后一篇恩格斯的演说中可见，马克思的一生致力于从理论和实践上解决这些问题，既有对"历史科学"的"两个发现"，也有对"欧美战斗着的无产阶级"的卓越贡献。前一篇着重体现了马克思对时代和社会的深刻洞见，后一篇重在表现马克思是怎样去投身时代，践行他的抱负。两篇文章互文参读，让我们看到了伟大的革命导师马克思在面对时代境遇时的抉择与作为，感受到了一个做出了巨大贡献的光辉形象。

活动二：演讲词拓展，重新认识马克思

1. 习近平总书记在《在纪念马克思诞辰200周年大会上的讲话》曾用三个"一生"、四个"理论"评价马克思的巨大贡献。联系两篇演讲词，谈谈哪些评价在演讲词中有所揭示，是怎样揭示的。

"马克思的一生，是胸怀崇高理想、为人类解放不懈奋斗的一生。"

"马克思的一生，是不畏艰难险阻、为追求真理而勇攀思想高峰的一生。"

"马克思的一生，是为推翻旧世界、建立新世界而不息奋斗的一生。"

"马克思主义是科学的理论，创造性地揭示了人类社会发展规律。"

"马克思主义是人民的理论，第一次创立了人民实现自身解放的思想体系。"

"马克思主义是实践的理论，指引着人民改造世界的行动。"

"马克思主义是不断发展的开放的理论，始终站在时代前沿。"

2. 马克思一生生活贫穷，但他一直在为全天下人的幸福而奋斗。马克思的这种使命与抱负，其动力来源是什么？请快速阅读马克思《青年在选择职业时的考虑》，并划出相关语句读一读。

小结：同学们，写下这段话的时候，马克思17岁。在这样一个充满梦想和希望的季节，他对自己的人生、未来进行了深入的思考和规划。此后的一生中，不论遇到什么艰难困苦，马克思都坚定不移地实践了他的诺言：为全人类幸福而工作。马克思的理想抱负、思想、精神，也必将鼓舞着我们，激励我们一代又一代青年，树立远大的抱负为国家奉献自己的全部力量。

课外活动

思考、讨论：当今时代有怎样的特点？存在哪些社会现象和问题？你的依据是什么？课后请用纸条把你关心的话题写下来交给老师。

⏱ 第2课时

核心任务

探究演讲策略与表达方式。

学习资源

1. 《在＜人民报＞创刊纪念会上的演说》和《在马克思墓前的讲话》。

2. 毛泽东《中国人民站起来了》的演讲视频。

生涯渗透目标

在演讲中进一步感受马克思的精神品质和伟大贡献。

学科教学目标

1. 还原两篇演讲词的写作情境，感受演讲的针对性。

2. 梳理两篇演讲词的结构思路，感受演讲的逻辑性。

3. 品味两篇演讲词的语言魅力，感受演讲的鼓动性。

教学重难点

品味语言魅力，理解演讲词蕴涵的情感，感受演讲的鼓动性。

教学过程

导入

在 20 世纪 20 年代前后，传入中华大地的马克思主义，催生并指导了中国共产党的建立，自此中国的面貌开始发生了根本改变。今天要学习的两篇演讲词都与马克思有关，一篇要宣告无产阶级终将获得解放，一篇要对马克思的一生"盖棺定论"，都关乎宏大命题，都很有感染力，都能对宏大命题做出令人信服、通俗易懂的宣讲，其秘诀在哪里呢？

活动一：还原情境，把握演讲的针对性

1. 马克思和恩格斯是在什么情境下演讲的？讲给谁听？演讲目的是什么？

作品	文体	作者	写作情境	听众	写作目的
《在〈人民报〉创刊纪念会上的演说》	演讲词	马克思	应邀出席《人民报》纪念创刊 4 周年宴会，并做即席演讲	参加宴会的志同道合的战友	宣告无产阶级必将解放，以激励志同道合的战友
《在马克思墓前的讲话》	悼词	恩格斯	参加马克思葬礼	参加葬礼的马克思的亲友	告慰马克思，代表无产阶级对马克思表达敬意

写作情境还原：

1856 年 4 月 14 日，《人民报》举行了纪念创刊 4 周年的宴会。这份报纸是马克思和恩格斯的好友厄琼斯创办的，是由英国无产阶级革命组织宪章派掌握的周报。马克思应邀出席，并第一个进行了即席演讲——《在〈人民报〉创刊纪念会上的演说》，三天后刊登于《人民报》。那时距离 1848 年欧洲轰轰烈烈的资产阶级革命已经过去 8 年，世界无产阶级革命处在低潮，距离 1871 年新的革命高潮还有十多年。作为革命者，马克思从当时的革命讲起，深刻剖析了社会，以此来激励革命者的斗志。

《在马克思墓前的讲话》是一篇悼词。恩格斯出席了马克思的葬礼，主要讲给谁听的？他是讲给全世界无产者听的。他在葬礼上高度评价了马克思的伟大一生，号召全世界的无产者继承并壮大马克思未竟的事业。

2. 讨论思考：马克思为什么要从1848年的革命说起？

思维引导：假设你是一位曾目睹了1848年英国资产阶级革命的无产者，在演讲会的现场，你最期待无产阶级的革命领袖马克思说什么？

预设：对8年前的1848年资产阶级革命，其壮烈场面、浩大声势还深深印在听众的心中，而无产阶级运动还处于低潮，马克思怎么看？面对无产阶级革命队伍中对革命前景持怀疑态度的同仁，马克思会怎么办？面对严重的社会矛盾，有悲观主义、取消主义和主张开历史倒车的政治声音，马克思怎么想？

理解：马克思从听众的心理期待出发，对1848年的资产阶级革命进行了评价，但他的评价与听众的心理期待产生了巨大的落差，从而一开始就紧紧抓住了听众。两相对照式评价，把无产阶级的宏伟气势、重大意义艺术地展示在听众的面前，震撼了人们的心灵。

小结：演讲，作为公众场合的一种宣传形式，它制胜的法宝之一就是要从演讲的目的、场合以及现场听众等实际情况去晓喻听众，打动听众，"征服"群众，这就是它的针对性。

活动二：梳理结构，把握演讲的逻辑性

1. 课前阅读文章，画出《在＜人民报＞创刊纪念上的演说》的思路结构图，课上展示交流。

提示：文章整体围绕"生产力与社会关系之间"的矛盾展开，主体部分按照"提出社会矛盾—分析社会矛盾—提出解决方法"的思路展开。

第一部分（第1自然段）：1848年革命微不足道，但宣布了无产阶级解放这个秘密。

第二部分（第2自然段）：提出社会矛盾。

第三部分（第3自然段）：分析社会矛盾并提出解决方法。

2. 课前阅读文章，画出《在马克思墓前的讲话》的思路结构图，课上展示交流。

提示：悼词，是一种特殊的演讲词，是对去世者表示哀悼的话。一般包括以下三方面的内容：

开头（第1自然段）：述己哀—悼念—悲痛

主体（第2～7自然段）：赞其功—评说—敬仰

结尾（第8～9自然段）：颂其德—悼念—盛赞

小结：分析全文结构之后，我们可以清晰地感知到演讲制胜的又一大法宝——清晰的逻辑性和条理性。如果演讲时思维混乱、条理不清晰、逻辑不严谨，就会使听众云里雾里，不明所以，达不到演讲的预期效果。

活动三：品味语言，领悟演讲的鼓动性

两篇演讲词，都是语言的实用类文章，都是口语语体。演讲的重点在于"讲"，在讲的过程中要体会演讲者的感情，代入情境；注意语气、语速、语调；注意句子的句式，或长句、或短句；注意句子的修辞、表达手法。

1. 细读《在〈人民报〉创刊纪念会上的演说》第3自然段，代入情境，感知演讲的鼓动性。

例：现在，欧洲所有的房子都画上了神秘的红十字。历史本身就是审判官，而无产阶级就是执刑者。

明确："现在"需加强语调、延缓语速，表明就在此刻，革命蓄势待发，战友们要团结一心。"神秘的红十字"与前文相呼应，预示红色革命风暴，朗读需强调"神秘的"以渲染"红十字"。用"菲默法庭"的典故，形象地表达，资产阶级的灭亡和无产阶级的胜利是同样不可避免的，而无产阶级最终将成为资产阶级的掘墓人。最后一句作为下定义的判断句，首先在气势上是磅礴的，对无产阶级革命的胜利是坚定的，因此在朗读的过程中要读出斩钉截铁、气壮山河的慷慨气概。"历史本身""无产阶级"要重读，强调历史会证明一切，而无产阶级一定会成功，鼓励战友们要矢志不移地坚持到底。

2. 认真体会《在马克思墓前的讲话》第2自然段，领悟演讲的鼓动性。

例：这个人的逝世，对于欧美战斗的无产阶级，对于历史科学，都是不可估量的损失。这位巨人逝世以后所形成的空白，不久就会使人感觉到。

明确：这个自然段是总论，概括地描述了马克思的逝世造成的巨大损失。"这个人"表明总结的对象，加强语气紧抓听众的心理。两个"对于"高度概括了马克思在两方面——革命实践和理论研究的巨大贡献，是后文进行细化叙述马克思功绩的总纲。"不可估量""空白"等词，极言失败之大，需强调重读，以更加凸显马克思逝世对于时代和世界的意义。

3. 品读《在马克思墓前的讲话》第8自然段的第一句话，体会演讲的鼓动性。

例：正因为这样，所以马克思是当代最遭嫉恨和最受诬蔑的人。

明确："这样"承接上文，使听众能够明确知道马克思为什么是当代最遭嫉恨和最受诬蔑的人。悼词中多是赞扬逝者生前的功绩，像这样的话不常说，但恩格斯作为马克思最亲密的战友，最了解马克思的现实遭遇。这样的革命伟人被"嫉恨"、被"诬蔑"，代入演讲者的身份，在朗读时语气应沉重迟缓。以此引入下文的两组对比：无产阶级与其敌人对待马克思的态度截然不同；敌人对马克思的嫉恨、诬蔑与马克思的毫不在意。这样的对比既展现了马克思顽强的革命意志、宽广的领袖胸怀，又表现了人们对他的敬仰和爱戴。

小结：由以上分析可知，在学习过程中，可以将自身代入情景，设想作者演讲时的现场氛围，揣摩演讲者的语气、语调，想象其表情和肢体语言，从而感知演讲词中饱含的深情和力量。

活动四：开拓视野，观摩精彩演讲

利用网络检索毛泽东的《中国人民站起来了》演讲视频，并对照演讲词，思考：这些著名的演讲为何能有如此大的影响？与演讲者的个人有什么关系？运用了哪些演讲技巧？

课外活动

请在两篇演讲稿中任选一篇，揣摩演讲现场的情况，调整状态、语气等，做有感情的演讲（或朗读），发送音频（或视频）文件到班级交流群，与同学交流分享。

🕐 第 3、4 课时

核心任务

写作演讲词。

学习资源

1. 《中国共产党第十九届中央委员会第五次全体会议公报》
2. 《"十三五"规划实施情况总结评估报告》
3. 《莫让青春染暮气》
4. 《警惕"泛娱乐化"思潮，助建网络强国》
5. 《青年文化：价值观功利化、庸俗化和虚无化的危机》

生涯渗透目标

在演讲词的写作中表达出当代青年的责任和使命。

学科教学目标

1. 熟悉主题演讲词类作文审题及写作的方法。

2. 尝试运用适当的演讲词写作技巧增强文章的表现力。

教学重难点

把脉时代特点，写作中灵活运用适当的技巧来增强表现力。

课前准备

学生网络上检索和阅读"学习资源"中列出的文章。

教学过程

导入

前面我们已经学习了马克思和恩格斯两位富有震撼力的经典演讲，初步领悟了演讲这种宣讲形式的魅力，更感悟了马克思和恩格斯两位伟人热切关注时代、热心推进正义事业的情怀，深刻理解了伟大领袖谋求人类解放的崇高追求与其卓有成效革命实践之间的关系。我们现在要把所读、所看、所思转化为"写作生产力"，用我们手中的笔抒写出当代青年对当下使命的思考，为本单元的主题"我们的时代，我们的使命"演讲活动做准备。

关于主题演讲，是指演讲主题已经确定了的，不容更改。只有围绕某一主题，才方便类似于"同台竞技"的演讲比赛。这样，演讲稿的写作，在主题上就有了限制性，与传统的材料作文写作有很大不同。与一般议论文有相同之处，演讲稿同样需要鲜明的论点、有力的论据和周密的论证。但演讲稿又不能像一般的议论文那样冷静和收敛。演讲稿是一种应用文体，更注重交际应用，在完备的论证逻辑之外还需要具有较强的感染力和鼓动性。近年来的高考作文命题，实用类文体的考查为命题人所青睐。

活动一：链接高考，借鉴技巧

1. 近两年高考作文概览

卷别	主题	体裁	核心素养	对接母题
2020 全国 I 卷	"对齐桓公、管仲和鲍叔哪个感触最深"	发言稿	健全人格	传统文化
2020 全国 II 卷	"携手同一世界，青年共创未来"	演讲稿	国际理解	时代精神
2020 新高考 I 卷	"疫情中的距离与联系"	文体不限，可写演讲稿	理性思维	青年成长哲理思辨
2019 全国 I 卷	"热爱劳动，从我做起"	演讲稿	自我管理	青年成长
2019 全国 II 卷	任务：以 1919 年五四运动学生集会一青年为当事人发表演讲	演讲稿	国家认同	青年成长时代精神

2. 高考真题回放

（2020·全国卷Ⅱ）阅读下面的材料，根据要求写作。(60分)

墨子说："视人之国，若视其国；视人之家，若视其家；视人之身，若视其身。"英国诗人约翰·多恩说："没有人是自成一体、与世隔绝的孤岛，每一个人都是广袤大陆的一部分。"

"青山一道同云雨，明月何曾是两乡。""同气连枝，共盼春来。"……2020年的春天，这些寄言印在国际社会援助中国的物资上，表达了世界人民对中国的支持。

"山和山不相遇，人和人要相逢。""消失吧，黑夜！黎明时我们将获胜！"……这些话语印在中国援助其他国家的物资上，寄托着中国人民对世界的祝福。

"世界青年与社会发展论坛"邀请你作为中国青年代表参会，发表以"携手同一世界，青年共创未来"为主题的中文演讲。请完成一篇演讲稿。

要求：结合材料内容及含意完成写作任务；选好角度，确定立意，明确文体，自拟标题；不要套作，不得抄袭；不得泄露个人信息；不少于800字。

参考立意：

构建人类命运共同体，我辈责无旁贷。

士不可以不弘毅，任重而道远。

青年之使命，世界之眼光。

国家有界，大爱无疆。

携手同行，未来可期。

……

例文：

后浪自有万钧力，携手不惧路程遥

各国的青年朋友们：

大家好！

很荣幸能作为中国的青年代表参加这次论坛。今天，我演讲的题目是《后浪自有万钧力，携手不惧路程遥》。

我们来自不同的国家，但生活在同一个世界；我们有相异的文化风俗，却有着相同的青春。可以说，你我的发展就是社会的发展，你我的未来就是世界的未来。因此我倡议，各国青年应携手同行，助力社会发展，共创美好未来！

在短短十几年的成长路上，我想没有哪一年能像今年这样，让我们深刻意识到什么叫"人类命运共同体"。疫情初期，不少国家在中国最困难的时候伸出了援助之手，让这个严酷的冬日充满了人道主义的温暖。待中国疫情遏制住后，世界疫情却在加速蔓延。"岂曰无衣，与子同袍"，中国马上分享抗疫经验、派遣医疗人员、捐赠必备物资，加倍回报世界各国。全球一体化的今天，没有哪个国家可以置身事外，没有哪个人能够独善其身。"山川异域，风月同天"，感动了全中国的这两句诗，不正是当下最真实的写照吗？世界的联系如此紧密，我们又有什么理由不携手同行呢？

"我与世界相遇，我自与世界相识，我自不辱使命，使我与众生相聚。"剑桥大学之所以选了苏格拉底的这句名言作校训，就是因为它是一个有志青年应有的姿态。我们有幸生活在一个文明富裕的时代，就有责任让世界走向更美好的未来。虽然和平和发展是当今世界的主流，但我们绝不能忽视前行路上的荆棘：全球污染严重、生态环境恶化、局部冲突加剧。而这些问题的解决，迫切需要你我凝聚共识，勠力同心。

每一代人有每一代人的使命。我认为，我们这代青年人的使命，就是"团结"与"发展"。中国提倡"一带一路"，是因为我们深切明白何谓"众行者远"。各国只有齐心协力，才能共谋发展。历史的经验告诉我们，合作能聚集巨大的力量，分离只会带来伤害和凋零。而世界能否实现合作共赢，关键在青年。因为我们未来的样子，就是未来世界的样子。

谁不愿意未来的世界是一片芬芳呢？中国文化称青年为"后浪"，只要每朵后浪肩并肩、手挽手，必将形成磅礴的潮流，将世界推向更美的远方。"道不远行，人无异国。"各位青年朋友，让我们携起手来吧！有彼此同行，就不怕道阻且长！

我的演讲到此结束，谢谢大家！

3. 思考，讨论：

这篇优秀范文有哪些写作技巧值得我们借鉴？对我们写作演讲稿有什么启发？

提示：①紧扣题意，落实任务。"任务驱动型作文"最大的特点是要围绕"任务"审题，扣着"任务"写作。

②起承转合，结构严谨。"起""合"呼应，定篇定旨；重点在"承"，关键在"转"。

③关注现实，素材新鲜。文章要紧跟时代潮流和时事热点，力争让材料丰富、新颖、新鲜，以彰显时代特色。

④议论分析，思维清晰。分析要学会分解观点，谈原因、析危害、提措施，

逻辑清晰。

⑤联系实际，内容深刻。要透过社会生活现象看到事理本质，要把一般话题上升到文明、文化、自信、使命、中国精神、中国力量等深度与高度，给人以思想的启发，实现"深刻"说理。

对写作演讲稿的启发：要从公众的心理期待考虑，有现实针对性；要紧扣演讲主题，内容集中；要多用口语、短句，适当引用古诗词，增强演讲的鼓动性。

活动二：讨论交流，认识"我们的时代"

根据课前检索、阅读的文章和我们的社会生活实际，以"把脉我们的时代"为主题展开讨论。

讨论的主要问题有：

（1）以上材料反映了当今时代有怎样的特点？其本质是什么？

（2）你的立场观点是什么？应该采取什么样的行动？或者说我们应该有什么样的抱负和使命？

（3）如果围绕这件事、这种现象或者这个问题写一篇演讲词，你的写作目的是什么？

预设：

经济实力显著增强，同时生产力水平总体上还不高，自主创新能力还不强，在许多领域，还被美国等西方国家"卡脖子"。

人民生活总体上达到小康水平，同时收入分配差距拉大趋势还未根本扭转。

协调发展取得显著成绩，同时农业基础薄弱、农村发展滞后的局面尚未改变，缩小城乡、区域发展差距和促进经济社会协调发展任务艰巨。

当今社会的时代主题是和平与发展，但以霸权与反霸权为特征的大国博弈十分激烈。

文化是一个国家、一个民族的灵魂。实现中华民族伟大复兴，必须坚定中国特色社会主义道路自信、理论自信、制度自信、文化自信。说到底要有文化自信。

要在继承与创新中展现传统文化永久的魅力。推进优秀传统文化进校园、进教材、进心灵，从培育孩子们优秀传统文化素养着手，培育全民族的文化认同和文化自信，让优秀传统文化在继承中创新。

中华民族复兴的梦想，需要一代又一代的青年接续奋斗，需要很多力量来推动，核心价值观是其中最持久、最深沉的力量。

创新是一个民族进步的灵魂，是一个国家兴旺发达的不竭动力，也是中华民族最深沉的民族禀赋。

……

活动三：写作演讲词

请以"我们的时代，我们的使命"为主题，写一篇演讲词，然后准备参加班级演讲比赛。

课外活动

结合演讲词的特点，修改自己的作文。

第 5 课时

核心任务

举行以"我们的时代，我们的使命"为主题的演讲比赛。

学习资源

学生创作的演讲稿。

生涯渗透目标

在演讲实践活动中表达当代青年的责任与担当。

学科教学目标

1．让学生在活动中成长，在实践中提高综合能力。

2．学生能依据"演讲评价量表"，合理地评价演讲，形成正确的价值判断。

教学重点

在主题演讲比赛中理解当代青年的责任与使命。

课前准备

1．以学习小组为单位展开初赛，并推荐优秀代表参加班级演讲比赛。

2．抽签决定班级演讲比赛的出场顺序。

3．确定活动主持人，指导写好串词；确定评委、统计员、计时员、摄影员、纪念册编辑部成员等。

4．师生一起讨论制订"演讲评价量表"。

5．评分表、奖品等物质准备。

教学过程

导入

张载说："为天地立心，为生民立命，为往圣继绝学，为万世开太平。"顾炎武说："天下兴亡，匹夫有责。"孙中山说："惟愿诸君将振兴中华之责任，置之于自身之肩上。"志士仁人们顺应历史潮流，勇于担当时代使命。责任召唤，使命必达，新时代的青年应胸怀怎样的抱负？承担怎样的使命？这些问题值得我们认真思考，请认真观看今天上台演讲的选手们的风采。

活动一：演讲活动

1．主持人介绍评委，宣布演讲评分标准。

2．小组代表上台演讲，评委为每位选手打分。

3．统计得分，宣布获胜名单。

4．颁奖，语文老师总结点评。

活动二：编辑纪念册

演讲结束，编辑部成员收集演讲稿和图片，编辑纪念册。

附：

演讲评价量表（10分制）

评价项目	评价要点
演讲内容（4分）	1．思想内容能紧扣主题，观点正确、鲜明，见解独到。
	2．材料真实、典型、新颖，事迹感人，具有普遍意义，体现时代精神。
	3．讲稿结构严谨，构思巧妙，引人入胜。
	4．文字简练流畅，具有较强的思想性。
语言表达（3分）	1．演讲者语言规范，吐字清晰，声音洪亮圆润。
	2．演讲表达准确、流畅、自然，能熟练表达所要演讲的内容。
	3．语言技巧处理得当，语速恰当，语气、语调、节奏张弛符合思想情感的变化，有艺术感染力。
形象风度（1分）	演讲者精神饱满，能较好地运用姿态、动作、表情等肢体语言。
综合印象（2分）	1．演讲者着装朴素端庄大方，举止自然得体，有风度。
	2．具有较强的吸引力和号召力，效果良好，时间控制在5分钟之内。

评分规则：

满分为10分，评委打分后去掉一个最高分和一个最低分，汇总后取平均分，精确到小数点后两位，若出现同分，则精确到后三位，依此类推。

课例8　担复兴大任，做时代新人
——选必上第一单元教学设计

本单元对应"中国革命传统作品研习"学习任务群，其人文主题是"伟大复兴"，共选入6篇体现中国革命文化或社会主义先进文化的文章，展现了不同历史时期中国共产党领导中国人民自力更生、艰苦奋斗的光辉历程，让学生学习文章"以革命理论说服人，以英雄形象打动人，以崇高精神鼓舞人"的写作特点，感受作品中洋溢的革命豪情和建设热情，领略富有时代特征的表达艺术。学习本单元作品，可以让学生认识到当下阅读革命传统作品的意义，感受中国人民意志坚定、不畏艰险、真诚善良、无私奉献等优秀品质，厚植家国情怀，传承革命精神，努力担当起民族复兴大任。

基于新课标学习任务群、单元人文主题和生涯价值观教育的要求，本教学设计以读写结合的大任务来统领单元教学，按板块分组来安排学习任务，通过阅读与交流、梳理与探究、思考与写作等语文活动和相应的评价活动，同步促进学生读写能力的提升和正确价值观的树立。本单元研习任务和情境设计为：给校报编写一期"担复兴大任，做时代新人"的国庆专刊，并制作成电子版向学校微信公众号投稿。专刊要求以时间为序设计五个板块——"战争岁月""建国大业""艰苦奋斗""回归祖国""复兴有我"。在具体流程上，先通读单元课文，追寻中国革命历史的足迹，了解作品反映的历史时期和创作背景；然后品读红色经典，把握作品反映的革命情怀和富有时代特色的表达艺术；最后根据单元所学，完成国庆专刊的撰稿任务，将优秀革命传统作品与材料的积累与运用结合起来，落实单元教学目标。

教学安排

学习任务	教学内容	学科教学目标	生涯渗透目标	课时
追寻历史印迹	讲述历史，整体把握	了解奋斗历程，辨别课文体裁和所反映的历史时期，理解其重大历史意义	初步认识中国共产党领导中国人民寻求自由解放之路的艰苦历程，明确自己的责任与担当	2

续表

学习任务	教学内容	学科教学目标	生涯渗透目标	课时
品味红色经典	自主研读文本	梳理文章内容，体会文中洋溢的崇高革命情怀，品读文章语言，领略富有时代特色的表达艺术	了解如火如荼的革命斗争精神和社会实践，感受民族崛起的幸福与自豪，并认识复兴之路的艰辛，激发使命与担当	5
撰写国庆专刊	交流与展示	设计并制作完成一期国庆专刊，含文稿撰写、配图、排版等	传承革命精神，厚植家国情怀，树立远大理想	2

————————— 学习任务一：追寻历史印迹 —————————

这一学习任务，主要是解说中国共产党领导全国人民的百年奋斗历程，感受重大历史事件的重大历史意义，了解未来 30 年的国家发展蓝图，关注国家在发展中的机遇、挑战和治国方略，明确自己的责任与担当。同时整体把握课文内容，初步了解不同文学体裁的特点；阅读背景材料，深入了解文章创作的时代背景，从中汲取不断奋进的精神力量。

时间安排：2 课时

🕐 第 1 课时

核心任务

解说奋斗历程和未来发展蓝图。

学习资源

图书馆、网络中关于中国近代革命历史的资料（视频、图片、文章）。

生涯渗透目标

了解中华民族光辉的奋斗历史，激发学生的民族自信心和与自豪感。

学科教学目标

1. 了解中国共产党领导全国人民不断奋斗的光辉历史，明确重大历史事件的历史意义。

2. 展望在中国共产党领导下中华民族未来的灿烂前景，了解中国共产党的治国方略，增强"四个自信"。

教学重难点

梳理重大历史事件的历史意义和国家未来发展蓝图。

课前准备

分小组网络查阅搜索关于中国近代革命历史的资料（视频、图片、文章），并制成 PPT 准备小组汇报。

教学过程

导入

百年恰风华，世纪正青春。2021 年，是中国共产党成立 100 周年。为了庆祝建党百年，班级将编写一期以"担复兴大任，做时代新人"的国庆专刊。如果要你带领青年见证中国共产党创建发展的"红色之路"，你将选取革命战争中哪些重要事件和重要的历史人物来介绍？国家对未来 30 年是怎样规划的？当前中华民族在崛起过程中遇到了哪些机遇和挑战？国家又有哪些治理方略？老师首先来听听同学们的汇报。

活动流程

按照抽签顺序，各组推荐的代表轮流上台介绍本组搜集到的信息或谈感想。教师根据各组的宣讲情况进行提问。各组的代表要当堂作答，同组的同学可适当补充。

1. 助力第一组汇报

示例：

旧民主主义革命（1840—1919 年）

1840 年	1900 年	1911 年	1919 年
鸦片战争	八国联军入侵	辛亥革命	五四运动

新民主主义革命（1919—1949 年）

1921 年	1926 年	1931 年	1936 年	1937 年	1940 年	1945 年	1949 年
共产党成立	国共合作	九一八事变	长征胜利	日军全面侵华	百团大战	抗战胜利	新中国成立

全面建设社会主义时期			社会主义建设新时期	
1956 年	1966 年	1978 年	1997 年	2020 年
十年社会主义道路探索		改革开放	香港回归	抗击疫情

【小结】

中华民族近百年奋斗历程的特点：

从被迫开门到主动打开国门，从自卑迷茫到自信坚定，中华民族用血汗与坚韧迎来了一个真正属于中国人的崭新时代。正如习近平总书记所言："我们前所未有地靠近世界舞台中心，前所未有地接近实现中华民族伟大复兴的目标，前所未有地具有实现这个目标的能力和信心。"

2．助力第二组汇报

支架材料：

（1）未来 30 年宏伟蓝图

①十九大提出的新时代总任务：实现社会主义现代化和中华民族伟大复兴，在全面建成小康社会的基础上分两步走，在本世纪中叶建成富强、民主、文明、和谐、美丽的社会主义现代化强国（两个一百年奋斗目标）。

② 2035 远景目标纲要：展望 2035 年，我国将基本实现社会主义现代化：经济实力、科技实力、综合国力将大幅跃升，经济总量和城乡居民人均收入将再迈上新的大台阶，关键核心技术实现重大突破，进入创新型国家前列。基本实现新型工业化、信息化、城镇化、农业现代化，建成现代化经济体系。

③"十四五"时期经济社会发展主要目标：经济发展取得新成效；改革开放迈出新步伐；社会文明程度得到新提高；生态文明建设实现新进步；民生福祉达到新水平；国家治理效能得到新提升。

（2）中国面临的发展机遇

国内：①国内百业俱兴，政通人和，社会稳定，综合国力不断提升，面临新的发展契机；②中国在资金、人才、技术、管理经验、基础设施等领域具备良好的积累，为经济发展从"中国制造"向"中国智造"转型奠定了良好的基础。

国际：①和平、发展、合作、共赢的时代潮流越来越强劲，为我国的发展提供了良好的外部环境；②中国的国际影响力不断提升，在经济合作、全球治理等多个领域发挥的引领作用越来越大；许多国家为谋求经济的稳定与增长，需要与中国开展深入合作，这使中国在国际合作各个领域获得更大发展空间，更加有所作为。

（3）中国面临的风险与挑战

①近年来，中国经济面临一定的下行压力和不少困难，积累的一些矛盾与风险亟须得到稳妥处理；

②企业劳动力成本上升，一些传统制造企业将工厂迁往劳动力成本更低的国家和地区，"中国制造"需要转型升级；

③国际形势复杂多变，尤其新冠肺炎疫情全球大流行，给中国"走出去"带来了各种挑战。国际上局部地区持续动荡，恐怖主义持续蔓延，一些国家因政府更迭而导致政策法规发生变化……这使得中国的海外投资面临不少的阻力和困难；

④大国博弈加剧。以美国为首的西方国家对我国进行疯狂的战略围堵和遏制，贸易摩擦、科技封锁、军事打压等一拳拳地打来，我们唯有迎头赶上，才能不被打趴。

（4）治国方略

全面建成小康社会、全面深化改革、全面依法治国、全面从严治党。

评价量表

项目	思想内容	语言表达	仪表形象	多媒体辅助	准备工作	答问情况
评价标准	切合主题，中心突出，内容充实、准确	口齿清楚，表达流畅，有条理，语速适当	服饰整洁，仪态大方，举止得体，精神良好	课件简洁、清楚，视频剪辑要有加工	熟悉材料，完全脱稿，不超时	解答准确，成员配合得当
权值	50分	10分	10分	10分	10分	10分
评分						

课外活动

观看电影《建国大业》和纪录片《筑梦中国——中华民族复兴之路》，并写一段不少于500字的观后感。

🕐 第2课时

核心任务

了解作品创作的时代背景和体裁特点。

学习资源

1. 课文材料：毛泽东《中国人民站起来了》，杨成武《长征胜利万岁》，聂荣臻《大战中的插曲》，周婷、杨兴《别了，"不列颠尼亚"》，穆青、冯健、周原《县委书记的榜样——焦裕禄》，钟华论《在民族复兴的历史丰碑上——2020中国抗疫记》。

2．背景材料：孙希磊《人民英雄永垂不朽——人民英雄纪念碑碑文敬读》，埃德加·斯诺《红星照耀中国》，聂荣臻在战火中救下日本小女孩（《看东方·历史上的今天·1940 年 8 月 22 日》），电影《建国大业》，刘敏《谈香港回归的历史必然性》，孟兰英《〈县委书记的榜样——焦裕禄〉问世前后》，习近平《在全国抗击新冠肺炎疫情表彰大会上的讲话》。

生涯渗透目标

初步感受重大历史事件中英雄的担当，激励新时代青年不忘初心、牢记使命。

学科教学目标

1．深入了解文章创作的时代背景，了解文本所叙重大历史事件的历史意义。

2．整体感知文本内容，初步了解开幕词、回忆录、新闻等体裁特点。

教学重难点

梳理单元提要，感知文本内容，初步了解不同文学体裁的特点。

教学过程

导入

回首百年波澜壮阔的奋斗历程，中国共产党紧紧依靠人民，战胜了一个又一个艰难险阻，创造了一个又一个彪炳史册的人间奇迹，为中华民族作出了伟大历史贡献，中华民族迎来了从站起来、富起来到强起来的伟大飞跃。本单元选取的几篇文章，只是百年奋斗史上的几个深深足迹，它见证了共产党人艰苦卓绝的奋斗精神和真诚善良、无私奉献的优秀品质。那么，这些作品中的英雄人物和事迹，是通过怎样的艺术形式表现出来的呢？我们从中可感悟到一种怎样的担当呢？让我们快速浏览这些作品，初步感受它们的艺术魅力。

活动一：快速通读，把握文体和背景

不忘初心，方得始终。让我们沿着历史的河流，去追寻中国共产党带领全国人民奋斗的串串足迹。讨论交流，填写下面表格。

板块	题目	历史时期	文体	文体特点	形象主体	背景材料
战争岁月	《长征胜利万岁》《大战中的插曲》	红军长征胜利会师，抗日战争时期（百团会战）	回忆录	真实性、广泛性、典型性	红军、以聂荣臻为代表的晋察冀抗日军民	埃德加·斯诺《红星照耀中国》、《看东方·历史上的今天·1940 年 8 月 22 日》

续表

板块	题目	历史时期	文体	文体特点	形象主体	背景材料
建国大业	《中国人民站起来了》	解放战争基本取得胜利，新中国即将成立	开幕词	简明性、口语化、宣告性、引导性、鼓动性	以毛泽东为代表的革命领袖、中国人民	孙希磊《人民英雄永垂不朽——人民英雄纪念碑碑文敬读》
艰苦奋斗	《县委书记的榜样——焦裕禄》	社会主义建设	人物通讯	真实性、客观性、典型性、生动性、评论性	焦裕禄	孟兰英《〈县委书记的榜样——焦裕禄〉问世前后》
回归祖国	《别了，"不列颠尼亚"》	社会主义改革开放	新闻消息	真实性、及时性、简明性、思想性	中国共产党	刘敏《谈香港回归的历史必然性》
复兴有我	《在民族复兴的历史丰碑上——2020中国抗议记》	开启民族复兴新征程	事件通讯	新闻性、典型性、完整性、深刻性	中国共产党领导下的14亿中国人民	习近平《在全国抗击新冠肺炎疫情表彰大会上的讲话》

活动二：积累字词

1．注音

追剿（jiǎo）　彝（yí）　黔（qián）　寒噤（jìn）　襁褓（qiángbǎo）
堌（gù）阳　抡（lūn）着　渍（zì）死　磐（pán）石　通衢（qú）

2．难词释义

运筹帷幄：常指在后方决定作战方案。也泛指主持大计、考虑决策。

化干戈为玉帛：玉帛，玉器和丝织，指和好。干戈：兵器，借指战争或者争斗。比喻使战争转变为和平、友好。

沉疴积弊：长期遗留下来的问题。

兵戎相见：兵戎，武力。以武力相见，指用战争解决问题。

休戚相关：忧喜、福祸彼此相关联。形容关系密切，利害相关。

众志成城：大家齐心协力，就像城墙一样的牢固。比喻大家团结一致，就能克服困难。

审时度势：仔细研究并估计时势的特点和变化。

同舟共济：本意是坐一条船，共同渡河。比喻团结互助，同心协力，战胜困难。也比喻利害相同。

如履薄冰：像走在薄冰上一样，暗示有潜在的危险，比喻行事极为谨慎，存在戒心。

生灵涂炭：人民陷在泥塘和火坑里，形容人民处于极端困苦的境地。

谆谆告诫：恳切耐心地劝告。

一叶知秋：从一片叶子掉落下来，人们就知道秋天到了，通常告诉人们从个别细微迹象，就可以观察到整个事件的形势与结果。

不驰于空想，不骛于虚声：不能只是空想而不行动，不能去追求一些虚幻的东西，凡事都要脚踏实地去做。

痛定思痛：指悲痛的心情平定之后，回想当时的痛苦。

相濡以沫：原指在困境中的鱼为了生存，互相用口中的水沫沾湿对方的身体。后用来指夫妻感情，也可用于朋友。比喻同在困难的处境里，用微薄的力量互相帮助。

课外活动

观看习近平在十九大上的讲话视频，联系当前国际国内形势，思考当代青年应具有怎样的责任与担当，并把这种思考写成一段不少于 500 字的文字。

—————— 学习任务二：品味红色经典 ——————

本学习任务，主要是通过学生自主研习，梳理文章内容，了解如火如荼的革命斗争精神和社会实践；体会作品中洋溢的崇高革命情怀，理解作品思想内容和精神内涵，把握作品的主旨和作者的创作意图，激发使命与担当；品读文章语言，体会不同体式作品的风格特点，领略富有时代特色的表达艺术。

时间安排：5 课时

第一课段　战争岁月

🕐 第 1 课时

核心任务

把握长征精神和革命人道主义精神的内涵。

学习资源

1．课文材料：杨成武《长征胜利万岁》，聂荣臻《大战中的插曲》。

2．时评材料：洪涛《长征精神是中国人民攻坚克难强大精神动力》。

生涯渗透目标

学习不畏艰苦、自强不息的长征精神，传承革命文化。

学科教学目标

1. 梳理课文思路和内容，把握中国革命精神的内涵，领悟作品主旨。

2. 感受作品中革命志士和英雄人物的艺术形象，感受革命者昂扬的斗志。

教学重难点

理解长征精神和革命人道主义的内涵，领悟作品主旨。

课前准备

观看影片《伟大的转折》。

教学过程

导入

在半殖民地半封建社会时期，帝国主义的侵略和黑暗势力的压迫，使中国人民处于水深火热之中，但正义抗争和人性美好从未缺席。这两篇回忆录，从不同侧面表达了作者对中国革命的认识和思考。下面让我们跟随杨成武将军的回忆，来感受长征胜利给作者带来的喜悦和激动之情；跟随聂荣臻元帅的回忆，来体会残酷战争中可贵的革命人道主义精神。

活动一：理清行文思路，画出结构图

1.《长征胜利万岁》

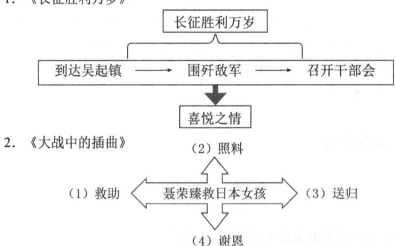

2.《大战中的插曲》

活动二：合作探究，把握作品内涵

1. 交流讨论，完成下面表格

作品篇目	历史事件	英雄人物	革命者精神	中国革命精神内涵
《长征胜利万岁》	红军胜利到达陕北、吴起镇伏击敌军、召开全军干部会议	个体：毛泽东、邓小平 群体：红军战士	高昂的斗志，上下一心的团结，服从命令、听从指挥、英勇不屈、不畏险阻、坚忍不拔、自强不息（长征精神）	英勇无畏的献身精神、百折不挠的革命意志、军民一致的鱼水之情、追求真理、艰苦奋斗、毫不利己专门利人、全心全意为人民服务……
《大战中的插曲》	求助日本孤儿、致信日本官兵、与美惠子重逢	个体：聂荣臻 群体：晋察冀抗日军民	重情义、有情怀，胸怀宽广，有人道主义精神	

2. 品读相关段落，深入理解作品内涵

（1）文章最后以较长篇幅描写毛主席关于长征的讲话，有什么作用？

提示：

①借毛主席之口，交代长征的全部历程，认为长征真正是"一次名副其实的、前所未有的长征"。

②揭示长征胜利的伟大成就和重要历史意义，"长征是宣言书，长征是宣传队，长征是播种机"点明了全文的主旨。

③表现毛主席非凡的眼光和深刻的洞察力，有助于突出伟大领袖的光辉形象。

（2）结合全文，谈谈你对"长征是宣言书，长征是宣传队，长征是播种机"的理解。

提示：

①"长征是宣言书"主要是指红军长征的胜利粉碎了国民党反动派企图消灭中共和中国革命的图谋，保存了革命的精华，使全国人民对革命的前途和抗日运动的前景有了新的希望，促进了抗日民主运动的高涨。红军以其在长征中体现出的不怕艰苦、不怕牺牲的革命英雄主义精神，向全世界宣告，中国共产党人领导的中国工农红军是不可战胜，所以"长征是宣言书"。

②"长征是宣传队"主要指红军在长征途中，以实际行动向所经过的省区宣传党的思想，宣传红军的道路才是中国革命的发展方向。

③"长征是播种机"主要体现在四个方向：一是红军在思想上向所经过的地区播种革命思想；二是在长征途中，红军鼓励各族人民实现独立自治和建立自己的革命政权，"建立了数百个县、区的苏维埃政府"；三是招收了革命战士，"扩红数千人"；四是锻炼了队伍，经过长征考验的人都是革命的精华。

（3）作者在讲述救助日本小姑娘的故事时插入致日本军人的信，信的内容是否可以删掉？为什么？

提示：不能删。这封信件既交代了对两名日本孤女的转交和安置，又谴责了日本军国主义对中日两国人民的残酷迫害，更传达出中国军民爱好和平、善待无辜日本百姓的人道主义精神。信件全文插入，真实全面地还原了事件原貌，使叙述更加严谨，也使这篇文章有了令人瞩目的历史意义和政治高度。

活动三：联系实际，提高认识

1. 有同学认为如今社会安定，物质生活富裕，我们不必再忆苦思甜、回顾艰辛的长征历程了。请思考并讨论学习长征精神在当下的意义。

参考示例：

观点一：树立崇高的理想与坚定的信念。在风雨如磐的长征路上，崇高的理想、坚定的信念，激励和指引着红军一路向前。崇高的理想与坚定的信念，能够为我们的学习与生活指明前进的方向，提供前进的动力。

观点二：不畏艰险，坚持奋斗。红军战士正是凭借着不畏艰险、坚持奋斗的精神，在敌军的围追堵截之下取得长征的胜利。在物质生活富裕的今天，长征精神启示我们应戒骄戒躁，以时不我待、只争朝夕的奋斗精神，走好自己的人生路。

观点三：团结一心，顾全大局。在红军长征途中，曾发生过一个个感人的故事，不论是行进路上的彼此搀扶，还是把最后的食物留给战友，都体现了团结一心、顾全大局的精神。正是这种精神带领红军走向了最终的胜利。独木不成林，只有团结协作，才能取得成功。这对我们具有重要的教育意义。

观点四：始终保持乐观主义精神。革命乐观主义精神，也是长征胜利的关键因素。虽然山高水险、饥寒交迫，但红军战士们始终没有放弃希望，他们脸上始终充满阳光的笑容，眼中始终流露出坚毅的光芒，正是这样的乐观精神，让他们成为不可战胜的队伍。这启示我们在遭遇挫折时，不要轻易低头，要坚信希望就在前方。

2. 阅读洪涛的时评《长征精神是中国人民攻坚克难强大精神动力》

小结：对今天的年轻人来说，怎么看待来时的路，往往决定了能否走好未来的路。让人欣慰的是，不断有年轻人重走长征路，用脚步与先辈对话，切身感受这一传奇史诗。有网络主播用直播的形式挖掘红军艰苦卓绝的英雄故事，观察长征路上变化与发展中的今日中国；也有95后的大学生重走长征路时，为过去不了解红军的艰辛而流泪。长征精神是可以传承的，这条地球红飘带孕育的英雄基因，感染与召唤着一代又一代年青人在未来的道路上奋勇前进，探寻从胜利走向胜利的密码。

课外活动

网上查找一些有关长征的诗词来背背，看谁记得多。

🕐 第2课时

核心任务

学习回忆录写人叙事的写作技巧。

学习资源

1. 课文材料：杨成武《长征胜利万岁》，聂荣臻《大战中的插曲》。

2. 赏析材料：叶运均《绚丽的史诗——读杨成武同志的〈忆长征〉》。

生涯渗透目标

进一步感受革命者的战斗豪情和人文关怀，感受人民对和平的强烈期盼。

学科教学目标

体会课文在选材策略、写作手法或语言表达上的独特之处，领略富有时代特征的表达艺术。

教学重难点

学习回忆录在选材、叙事、语言等方面的写作技巧。

教学过程

导入

前一节课我们通过品读两篇回忆录，充分感受到了老一辈革命家在战争岁月里燃烧的革命激情和美好的人性，那么他们是如何运用巧妙的手法把它表达出来的呢？从他们的回忆录中我们可学到哪些写人叙事的技巧呢？这一节我们进一步探究其富有时代特征的表达艺术。

活动一：领略表达技巧的异同

文章名称	选材特点	表达方式	写人技巧	结构技巧	叙事方式	语言风格
相同点	以小见大	叙、议、情结合	正、侧结合	悬念、对比、首尾呼应	倒叙（回忆录）、顺叙	兼具文学性和通俗性

续表

文章名称	选材特点	表达方式	写人技巧	结构技巧	叙事方式	语言风格
《长征胜利万岁》	体现革命必胜的信念	重叙事抒情	言行、心理、神态和环境、场面烘托	区苏维埃政府的牌子、红军和国民党对比，场面照应	补叙	朴实、易懂，使用大量成语，使用拟人和排比
《大战中的插曲》	体现革命人道主义精神和爱好和平	重叙事议论	动作、心理、细节和他人评价烘托	开头设置悬念，八路军和日本对比，插曲彰显主旨照应	插叙	雅俗共赏，信件带有外交属性，庄重典雅，多文言词汇和成语

活动二：拓展补充，记录收获

阅读叶运均《绚丽的史诗——读杨成武同志的〈忆长征〉》，结合课文填写下面表格，并记录你对课文新的发现和收获，小组内交流。

《绚丽的史诗》赏析要点	课文例证	我的阅读收获和体会

课后练习

阅读傅盛雷的《激扬新长征的青春力量》、李树声的《让长征精神成为我们的精神之钙》。

第二课段　建国大业

核心任务

理解"中国人民站起来了"的深刻内涵。

学习资源

1．课文材料：毛泽东《中国人民站起来了》。

2．图片材料：①1901年《辛丑条约》签署时的照片；②开国大典照片；③2021年3月安克雷奇中美高层战略对话现场照片。

3．赏析材料：戴锡琦的《＜中国人民站起来了＞赏析》。

生涯渗透目标

理解中国革命取得胜利的历史意义，感受从"跪下去"到"站起来"的民族自信和自豪之情。

学科教学目标

1. 理清文章的层次结构，体会"中国人民站起来了"的深刻含义，感受作品中蕴含的自豪之情。

2. 品读开幕词语言，领略既有理性表述又有深沉情感抒发的语言风格，进而感受革命领袖的高瞻远瞩、睿智、责任和担当的艺术形象。

教学重难点

体会"中国人民站起来了"的深刻含义，领略富有时代特征的语言风格。

教学时间

1 课时。

课前准备

反复朗读，直至读熟，然后梳理思路和内容。

教学过程

导入

1. 观察三幅图画的对比变化：① 1901 年《辛丑条约》签署时的照片；② 开国大典照片；③ 2021 年 3 月，安克雷奇中美高层战略对话现场照片。

2. 导语：从《辛丑条约》到新中国成立，再到安克雷奇中美高层战略对话，两个甲子过去了，世界还是那个弱肉强食的世界，但中国已经不再是那个积贫积弱的中国了！在中国共产党的领导下，近代以来久经磨难的中华民族迎来了从站起来、富起来到强起来的伟大飞跃，中国人民终于可以扬眉吐气了！西方列强任意欺凌、侮辱中国的时代一去不复返了！下面，我们走近开国大典前夕，聆听毛泽东在中国人民政治协商会议开幕式上的讲话，一起去感受"站起来"时的那种自信和自豪！

活动一：理文脉，析结构

1. 开幕词一般由首部（标题、时间和称谓）、正文、结尾三部分组成。其中正文部分，包括开头、主体、结尾三部分。开头部分宣布会议开幕，简要介绍会议的筹备、规模和与会者身份；主体部分是开幕词的核心部分，包括会议召开的背景和意义，阐明会议的性质、目的、任务和主要议程，提出会议要求和希望等；结束部分发出号召，带有鼓动性。

请梳理文脉，画出本文主体部分的结构导图。

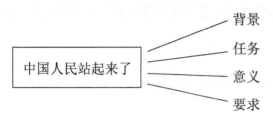

2. 作为一篇开幕词，其精髓在于向全国和全世界宣告：中国人民站起来了。围绕这一点，阐释了哪些具体内容？各部分之间有怎样的关联？

提示：

围绕"中国人民站起来了"这一中心，文章阐述了三方面内容：

一是回顾过去，回顾中国近代一百多年来尤其是近三年多的解放战争历程，阐述"中国人民站起来了"的历史必然性；

二是立足当下，正式宣布"中国人民站起来了"，对国家发展大计作出规划，阐述"站起来"的伟大历史意义；

三是展望未来，描绘出民族振兴的壮美蓝图，阐述"中国人民站起来了"以后的美好前景。

活动二：析内涵，悟主旨

1. 请结合课文内容和当时背景，简要概括本次政治协商会议的性质和重要意义。

提示：

(1) 从第2段介绍的代表构成看，这次会议的性质是代表全国人民的会议。

(2) 从第5段介绍的会议任务以及第6段"我们有一个共同的……站立起来了"这句话，联系写作背景，可以看出它具有极其重要的意义，它决定了未来中国的各种制度法令、大政方针与发展前景，完成了建立新中国的伟大使命，揭开了新中国历史的第一篇章；它代表着全国人民大团结，体现了中华民族和衷共济、兼收并蓄的传统精神。它向全世界正式宣告新中国的诞生，中国人民从此站立起来了。

2. "中国人民站起来了"这一庄严宣告，其含义丰富而深刻。文章中有哪些段落、哪些语句能够帮助我们理解"中国人民站起来了"这句话的含义？我们借此可以体会出"中国人民站起来了"有哪些含义？请把筛选出的信息概括出来。

学生筛选信息，找出相关段落、语句。

提示：信息主要集中在第3～6段，从人民、国家、民族三个层面概括其含义。

①人民解放战争和人民大革命打倒了内外压迫者，取得了胜利，获得了人身解放和自由，思想上觉悟起来，政治上当家做主。（人民层面）

②代表全体中国人民的中华人民共和国成立了。（国家层面）

③中华民族再也不是一个被人侮辱的民族了，从此列入世界各民族的大家庭，中国革命已经获得全世界广大人民的同情和欢呼，朋友遍天下。获得了平等、尊严和强大。（民族层面）

小结：

人民—国家—民族

当家作主—独立自主—尊严自由

3. 所谓"站起来"就是指中国人民获得了新民主主义革命胜利，国家获得了独立，人民获得了解放。这里为什么不用这样的理性表述而用"站起来"？

提示："站起来"是很直白、很形象的语言，它形象地揭示出中国新民主主义革命取得胜利这一伟大成就，生动地告知全世界：中国人民从此结束了被奴役、被压迫的历史，获得了独立、自主和自由的新生活。它表明这次革命胜利与以往的政权更迭相比完全不同，是人民"站了起来"，而不仅仅是更换了政权。

活动三：品语言，揣情感

1. 本文既表现出深刻的理性，又富含深沉的情感。请找出文中表现这一特点的典型语句，分析其表达效果，并选择两三处进行批注。要求标画准确，批注紧扣情理交融的特点。

示例：

（1）只要我们仍然保持艰苦奋斗的作风，只要我们团结一致，只要我们坚持人民民主专政和团结国际友人，我们就能在经济战线上迅速地获得胜利。

提示："只要……就能"的条件关系复句和"迅速地"的修饰语，表明了作者对新中国成立后快速振兴民族经济的自信和豪情。

（2）我们的国防将获得巩固，不允许任何帝国主义者再来侵略我们的国土。

提示：肯定判断、否定判断和"任何"的修饰语，表明了作者对新中国巩固国防、抵御外侮的自信和豪情。

（3）让那些内外反动派在我们面前发抖罢，让他们去说我们这也不行那也不行罢，中国人民的不屈不挠的努力必将稳步地达到自己的目的。

提示：①"发抖""这也不行那也不行"的关键词，体现出作者对"内外反动派"的蔑视；②整句和"必将"关键词的使用，体现了作者建设新中国的豪情和自信。

（4）庆贺人民解放战争和人民革命的胜利！庆贺中华人民共和国的成立！庆贺中国人民政治协商会议的成功！

提示：三个句子独立成段，句式一致，节奏鲜明，朗读铿锵有力，表现出了毛泽东同志的无比自豪和自信，使情感的抒发达到了高潮！

2. 结合读过的毛泽东诗词，从国家领袖的视角，说说你读出了一个怎样的毛泽东形象，教师随机抽取学生发言。

课外活动

阅读戴锡琦的《<中国人民站起来了>赏析》（戴锡琦《中国演讲辞珍品赏析》）。

第三课段　艰苦奋斗

核心任务

了解焦裕禄的生平事迹，把握其精神品质。

学习资源

1. 课文材料：穆青、冯健、周原《县委书记的榜样——焦裕禄》。

2. 时评材料：人民日报评论员《以焦裕禄精神为标杆》、中安时评《"焦桐"挺拔，精神永恒》。

生涯渗透目标

走近干部榜样，感受中华民族伟大复兴必将实现的精神力量和坚定信念。

学科教学目标

1. 了解人物通讯这一新闻体裁以及焦裕禄的先进事迹，把握人物的性格特征和主要品质。

2. 用心感受焦裕禄的伟大人格魅力，学习焦裕禄高尚的精神品质，树立正确的人生观与价值观。

教学重难点

学会用典型事例和细节描写来表现人物性格和精神品质的写法。

教学时间

1 课时。

课前准备

1．观看电影《焦裕禄》。

2．通读全文，熟悉文章内容。

教学过程

导入

对于焦裕禄同志，习近平总书记是这样评价的：焦裕禄同志是县委书记的榜样，也是全党的榜样。无论过去、现在还是将来，都永远是亿万人心中一座永不磨灭的丰碑，永远是鼓舞我们艰苦奋斗、执政为民的强大思想动力，永远是激励我们求真务实、开拓进取的宝贵精神财富，永远不会过时。在 21 世纪的今天，学习焦裕禄的价值和意义是什么？让我们一起学习人物通讯《县委书记的榜样——焦裕禄》。

活动一：梳理人物事迹，把握精神品格

"以事写人""以言见人"是这篇新闻通讯报道焦裕禄这位时代楷模时采用的写作手法。请小组成员合作交流，完成表格填写。

层次	小标题	人物典型事迹	个性语言	人物精神
1	导语	上任第二天就下乡调研	正面塑形：兰考是灾区，穷，困难多，但是灾区有个好处……逞英雄	信仰坚定、乐观务实
2	"吃别人嚼过的馍没味道"	亲自调查兰考的自然情况	正面塑形：吃别人嚼过的馍没味道。雨天，群众缺烧的，不吃啦	实事求是、务实创新
3	当群众最困难的时候，共产党员要出现在群众面前	带领兰考人民全力抗洪救灾；风雪天，访寒问暖	正面塑形：共产党员在群众最困难的时候，出现在群众面前……帮助群众	艰苦奋斗、身先士卒
4	他心里装着全体人民，唯独没有他自己	关心他人身体状况，自己却忍着病痛坚持工作	正面塑形：病是个欺软怕硬的东西，你压住他，他就不欺侮你。灾区群众生活很困难，花这么多钱买药，我能吃得下吗	无私奉献、亲民爱民
5	"活着我没有治好沙丘，死了也要看着你们把沙丘治好！"	患癌住院但还时刻关心兰考工作，希望死后葬在沙丘之上	正面塑形：你回去对县委的同志说，叫他们把我没写完的文章写完；还有……	心系民生、勤政为民

续表

层次	小标题	人物典型事迹	个性语言	人物精神
6	他没有死，他还活着	兰考发生的巨大变化	侧面衬形：我们的好书记，你是为俺兰考人民，硬给活活地累死的呀……	

活动二：重组材料，策划专栏

为了宣传先进，弘扬榜样的精神，"担复兴大任，做时代新人"国庆专刊策划组准备划出一个"艰苦奋斗"板块，重点介绍县委书记的榜样——焦裕禄，你觉得可以推荐焦裕禄的哪些典型事迹来表现其精神品质呢？请说明推荐理由。

要求以学习小组为单位，各组选择一个角度，突出一个主题，并从文中选取一组与主题相对应的典型事例，展示焦裕禄的先进事迹和精神品质。可以打破小标题的限定，重新组织材料。

示例一：

【主题】俯首甘为孺子牛

【典型事例】

1. 冒雨查看洪水，因雨天群众缺少烧火的东西，坚决不留下吃饭。（关心百姓，一心为民的好干部）

2. 风雪天，安排减灾救灾工作。（关注民生，细致周到的好书记）

3. 冒着风雪，访寒问暖。（心系群众，关爱百姓的好公仆精神永存）

【相关段落】

这一天，焦裕禄没烤群众一把火，没喝群众一口水。风雪中，他在9个村子，访问了几十户生活困难的老贫农。在许楼，他走进一个低矮的柴门。这里住的是一双无依无靠的老人。老大爷有病躺在床上，老大娘是个瞎子。焦裕禄一进屋，就坐在老人的床头问寒问饥。老大爷问他是谁，他说："我是您的儿子。"老人问他大雪天来干啥，他说："毛主席叫我来看望您老人家。"老大娘感动得不知说什么才好，用颤抖的双手上上下下摸着焦裕禄。

【推荐理由】

这些事例全都是焦裕禄时刻牵挂百姓生产生活状况的典型事件，集中反映焦裕禄亲民爱民的公仆情怀和无私奉献精神，体现了焦裕禄在处理群众和党的关系时，把群众放在了最重要的位置，突出刻画了一个既是指挥员又是战斗员，关心群众、严于律己的党员干部模范形象。

示例二：

【主题】不忘初心，牢记使命

【典型事例】

1. 视察工作，没烤群众一把火，没喝群众一口水。（严于律己，廉洁奉公的好党员）

2. 考虑群众生活困难，不肯买药吃药。（关心群众，克己奉公的好书记）

3. 病重时，提出死后要埋葬在沙滩上。（心系兰考，一心为公的好干部）

【相关段落】

焦裕禄从怀里掏出一张自己的照片，颤颤地交给张钦礼，然后说道："钦礼同志，现在有句话我不能不向你说了，回去对同志们说，我不行了，你们要领导兰考人民坚决地斗争下去。党相信我们，派我们去领导，我们是有信心的。我们是灾区，我死了，不要多花钱。我死后只有一个要求，要求组织上把我运回兰考，埋在沙堆上，活着我没有治好沙丘，死了也要看着你们把沙丘治好！"

【推荐理由】

这些典型而具体的材料，无不显示出一名模范共产党员面对困难时的英雄精神，面对群众时的公仆情怀。他身先士卒，无私奉献，以实际行动践行了党的群众路线；他勇敢乐观、廉洁奉公，用生命诠释了一名共产党员"不忘初心，牢记使命"的担当和责任。

课外活动

今年是焦裕禄同志逝世 58 周年，我们深切缅怀焦裕禄同志，深情追忆他的感人事迹，更要学习弘扬焦裕禄精神，做新时代的好青年。班上准备举行一次以"弘扬焦裕禄精神，知难而上勇担当"为主题的班会，请你写一篇发言稿，不少于 800 字。要求：发言时做到观点鲜明，理由充分，条理清晰。

第四课段　回归祖国

核心任务

了解香港回归的重要意义。

学习资源

1. 课文材料：周婷、杨兴《别了，"不列颠尼亚"》。

2. 新闻材料：1997 年 7 月 1 日《人民日报》第 1 版特别报道《中英香港政

权交接仪式在港隆重举行》（节选）。

生涯渗透目标

在对比中感受国家崛起的自豪和幸福，进而认识到中国共产党的坚定信仰和坚持不懈是国家统一的坚强保障。

学科教学目标

1. 分析消息如何利用现实场景与背景材料展现历史画面，理解香港回归的重要意义。

2. 与《人民日报》新闻稿对比阅读，探究消息写作的独特视角和表达特色。

教学重难点

了解香港回归的重要意义，探究消息写作的独特视角与表达特色。

教学时间

1 课时。

课前准备

观看香港回归祖国的相关视频，了解香港回归祖国背后的故事。

教学过程

导入

香港回归对中华民族来说是一件具有划时代意义的大事，在世界历史上也是一件大事。这历史性的一刻被世界各大媒体争相报道，今天我们就通过一则视角独特的消息，重回香港政权交接仪式的现场，感受国家"站起来"之后捍卫统一和民族尊严的激动人心时刻。

活动一：直击现场，感受现实意义

活动引领：请从文中找出消息描绘的现实场景（包括时间、地点、事件）、穿插的历史材料以及表达情感的语句，把握消息的主要内容和作者的观点态度。

现实场景（新闻事实）	背景材料	情感表达的词句
时间：下午 4:30—4:40 地点：港督府 事件：末任港督彭定康告别港督府，降下港督旗帜	港督降旗传统和港督府扩展、发展的介绍	"蒙蒙细雨""日落余音""永远都不会有""最后一次""成为历史的陈迹"

续表

现实场景（新闻事实）	背景材料	情感表达的词句
时间：晚 6:15—7:45 地点：添马舰东面的广场 事件：举行告别仪式，查尔斯王子宣读女王赠言，英国海军士兵降下英国国旗（第二次降旗）	英军占领香港历史的介绍	"恰好构成这个'日落仪式'的背景""雨越下越大""降下了米字旗"
时间：子夜时分 地点：香港会展中心 事件：举行中英香港政权交接仪式，米字旗最后一次降下，五星红旗升起	英军占领香港的统治时间的介绍	"最为世人瞩目""冉冉升起""从此恢复"
时间：7月1日 00：40 地点：南海 事件：查尔斯王子和彭定康登上"不列颠尼亚"离开香港	米字旗插上港岛的时间，英国管治香港的精确时间	"很快消失""大英帝国从海上来，又从海上去"

香港回归祖国，让我们真切地感受到了国家崛起的自豪和幸福，而这一切都来源于中国共产党捍卫国家统一和民族尊严的坚强决心。

活动二：对比阅读，体会写作特色

阅读《人民日报》1997 年第 1 版关于这一事件的报道。结合对比角度，赏析课文在表达上的特点，完成下面的表格。

角度	《别了，"不列颠尼亚"》	《中英香港政权交接仪式在港隆重举行》
标题	以典型场景命名，双关象征，突出自豪感	涵盖行为主体、事件、地点；以事件命题
选材	从英方撤离角度报道，选择英国皇家游艇"不列颠尼亚"号	从中英双方政权交接仪式角度来报道
时序	以时间闪回的方式组织材料；倒叙	按时间顺序记叙事件；导语概括 + 详细展开
对比	既有历史与现实的纵向对比，又有现实与现实的横向对比	直击新闻现场，客观描绘场景
细节	重视对环境的描绘；注重环境的烘托	有对参会人的全景式描绘和特写式刻画

具体分析可参考《教师用书》P14 的内容。

附：

中英香港政权交接仪式在港隆重举行（节选）

新华社香港 7 月 1 日凌晨电 （新华社记者、人民日报记者）1997 年 7 月

1 日零点，中华人民共和国国旗和香港特别行政区区旗在香港升起，经历了百年沧桑的香港回到祖国的怀抱，中国政府开始对香港恢复行使主权。

1997 年 6 月 30 日午夜至 7 月 1 日凌晨，香港会议展览中心新翼灯火辉煌，举世瞩目的中英两国政府香港政权交接仪式在这里的五楼大会堂隆重举行。

历史的时钟指在 1997 年 7 月 1 日零点那一刻，大会堂全场肃立，几千双眼睛向鲜艳的五星红旗和紫荆花区旗行注目礼。这是中华民族长久期盼的一个瞬间，这是永载世界史册的一个瞬间。

零时 4 分，中华人民共和国主席江泽民在这里庄严宣告：根据中英关于香港问题的联合声明，两国政府如期举行了香港交接仪式，宣告中国对香港恢复行使主权。中华人民共和国香港特别行政区正式成立。经历了百年沧桑的香港回归祖国，标志着香港同胞从此成为祖国这块土地上的真正主人，香港的发展从此进入一个崭新的时代。

这一庄严宣告在大会堂 4 000 多位中外嘉宾中激起经久不息的掌声。这一宣告通过电波传向祖国的长城内外、大江南北、澳门和台湾，传向世界的四面八方。

课外活动

今年是我校建校 90 周年，这是学校发展史上的重要里程碑，届时将会举办各种庆祝活动。请收集本校的建校历史资料，学习本文将新闻事实与背景材料融为一体的写法，为母校的庆祝活动写一则新闻消息。

第五课段　复兴有我

核心任务

认识和理解党中央领导下的伟大抗疫斗争。

学习资源

1. 课文材料：钟华论《在民族复兴的历史丰碑上——2020 中国抗疫记》。

2. 视频材料：微纪录片《全民战"疫"》。

生涯渗透目标

引导学生理解并传承中国人民在抗疫行动中体现的百折不挠、众志成城、甘于奉献、命运与共、天下一家的精神品格，激发其使命与担当。

学科教学目标

1. 学习新闻通讯选取典型事例，多角度分层次、点面结合、议论与抒情相结合的综合报道手法，探究并比较人物通讯与事件通讯的异同。

2．品味文中富有诗意、饱含情感的语句，把握蕴含其中的作者情感态度。

教学重难点

把握全面、客观、立体报道新闻事件通讯的写作手法，领悟报道中所蕴含的作者的情感态度。

教学时间

1 课时。

教学过程

导入

革命战争年代，民族英雄以浴血奋战谱写历史；和平建设时期，时代楷模用无悔奉献书写未来。沧海横流，方显英雄本色。习近平总书记曾说："中华民族能够经历无数灾厄仍不断发展壮大，从来都不是因为有救世主，而是因为在大灾大难前有千千万万个普通人挺身而出，慷慨前行！"让我们回首苦难的2020年，看看中国共产党是如何忠实践行初心使命，团结带领全国各族人民克服重重挑战，奋力谱写人类壮丽诗篇的。

播放视频《全民战"疫"》。

活动一：梳理事件，体悟写作技巧

快速浏览课文，圈画勾画关键词句，概括各部分内容，挖掘典型事件发生的原因与意义，并尝试归纳写作特色。学习成果以表格的形式呈现。

提示：模仿《县委书记的榜样——焦裕禄》一文，给本文各部分加个小标题。标题可从文中引用或提炼，也可自己概括。

段落结构	主要内容	挖掘事件原因或意义	写作特色
引子：寒冬再漫长，也阻挡不了春天的脚步	概述党领导国人抗击新冠肺炎疫情这一事件及其历史意义	疫情防控取得重大战略成果，统筹推进疫情防控和经济社会发展工作取得积极成效	1.多角度、分层次报道，内容全面；2.将回顾与总结、叙事与思考融为一体；3.采用点面结合的叙述方式，挖掘典型事件背后的原因与意义；4.全文视野宏阔，高瞻远瞩，思路清晰。
（一）"我们挺过来了！"	用大量数据直观展现抗击疫情取得的成效	党中央的领导力、组织动员力、执行力，基层党组织、党员和人民的贡献	
（二）一方有难，八方支援	武汉保卫战启动了规模最大的一次医疗力量调遣	中国特色社会主义制度具有强大生命力和显著优越性	
（三）灾难，是观照一个民族的镜子	呈现不同历史时空的"武汉保卫战"的场景	中华优秀传统文化铸就了新时代中国人民的精神品格	
（四）生命至上，人民至上	4.26武汉新冠肺炎患者清零，4.4举国悼念在抗击疫情中牺牲的烈士和逝世同胞	党中央生命至上、人民至上的执政理念，医护人员以生命践行生命，用大爱护佑苍生的精神	
（五）对抗疫魔，人类最有力的武器就是科学	回顾中国抗疫实践，总结科学防治的重要性，肯定中医药的重要贡献	抗疫，让全社会经历了一次科学的洗礼，应对风浪侵袭就有了理性的"压舱石"	
（六）总结经验，吸取教训	反思抗疫经验教训，提出改变的方向与措施	反思，是面对灾难的应有态度；改变，是面对问题的最好回答	
（七）只要心中有光，世界就有希望	中国在全球抗疫中的大国担当及团结合作的中国理念和中国行动	人类是一个休戚相关的命运共同体	
（八）在磨难中成长，在磨难中奋起	描绘新冠肺炎疫情中逐步恢复的中国图景，展望民族复兴的光明未来	中华民族能从深重的苦难与磨砺中汲取不断前行的力量	

活动二：品读语言，感悟作者情感

　　"感人心者，莫先乎情，莫始乎言。"这篇通讯在叙述中运用了许多富有诗意、饱含深情的句子，还使用了一些名言、诗句、格言式的句子，请分组按章节找出这些句子，用批注的形式赏析这些句子的使用效果。

示例：

①岁月静好，只因有人负重前行；稳若泰山，源于根基坚实如铁。

批注：采用对称句式，指出抗疫能取得重大成果的原因在于党带领人民上下一心，奋起战斗；比喻手法的运用写出了作者对中国共产党的高度信任与赞扬，语言富有诗意又饱含作者情感。

②"为了进行斗争，我们必须把我们的一切力量拧成一股绳，并使这些力量集中在同一个攻击点上。"（恩格斯）

批注：引用恩格斯的话强调团结的力量和作用，高度赞扬中国人民集中力量办大事的作风，肯定社会主义制度的优越性，名言的使用使得文章的观点更有说服力。

③从白衣战士冲锋在前的身影里，人们看到了"苟利国家生死以"的英勇无畏；从无数普通人坚守岗位的执着中，人们看到了"天下兴亡，匹夫有责"的责任感；从八方驰援的物资洪流中，人们看到了"岂曰无衣，与子同袍"的血脉深情；从方舱医院里"读书哥"的淡定中，人们看到了"莫听穿林打叶声，何妨吟啸且徐行"的乐观豁达……

批注：采用大量诗句诠释抗疫期间中国人民时代精神的丰富内涵，丰富的诗句使用充实了文章内容，使得文章更具内涵；一连串的排比增强了语言气势，给人一种荡气回肠、打动人心的力量。

④反思，是面对灾难的应有态度；改变，是面对问题的最好回答。

批注：采用格言式的句子，对疫情给予中国人的启示进行了总结与提炼，语言简练，富有哲理。

⑤"山川异域，风月同天""青山一道，同担风雨"

批注：引用诗句，增强文章的典雅厚重之感，更表现了全世界人民互帮互助、携手前行带来温暖与力量。

⑥武汉，从来不是一座"孤岛"；湖北，从来不是孤军作战。

批注：对称句式，"从来不是"加强语气，突显了全国一盘棋，集中力量办大事的特点，体现中国特色社会主义制度的显著优势。

活动三：比较异同，探究特色表达

以《县委书记的榜样——焦裕禄》和《在民族复兴的历史丰碑上——2020中国抗疫记》两文为例，比较人物通讯和事件通讯的异同。

比较角度	人物通讯	事件通讯
报道主体	一般多以英雄人物或先进人物为主	一般多以典型事件或先进单位为主
写作重点	重在写人，把人放在更加突出的位置，多写个体形象	重在记事，但也在记事中写人，并且多写人物群像
写作特色	通过人物活动的典型事例和典型细节描写来反映人物的先进思想和崇高精神境界	完整再现新闻事件发生、发展的过程，揭示事件的原因、影响和意义；也可概括性叙述事件，或突出描写事件片段
相同点	都属于新闻，都具有新闻的基本属性，即真实性、及时性、准确性；内容都涉及人和事；写作目的都是为了记录与传播有价值的东西	

课外活动

新冠肺炎疫情大流行使百年未有之大变局加速演进，人类站在新的十字路口。作为新时代的中国青年要以实现中华民族伟大复兴为己任，增强做中国人的志气、骨气、底气，不负时代，不负韶华，不负党和人民的殷切期望！请结合你对自身发展的思考写一篇不少于800字的文章。

立意参考：

1. 努力成为堪当民族复兴重任的时代新人。

2. 让青春奋斗与民族复兴同频共振。

3. 筑牢理想信念基石，勇担民族复兴重任。

———————— 学习任务三：撰写国庆专刊 ————————

本学习任务，主要是设计并制作完成一期国庆专刊（标题自拟），含文稿撰写、配图、排版等。纸质版和电子版各一份，纸质版制作成报纸形式，电子版需符合微信公众号的推送要求，最终落实单元研习任务和要求；在活动中加深对民族复兴之路的认识，传承革命精神，厚植家国情怀，树立远大人生理想。

教学时间

2课时。

学习资源

1. 与"品味红色经典"的学习资源相同。

2. 补充材料：学生自行从网络、图书馆等处搜集、补充的写作素材。

活动流程

1. 小组交流合作，完成专刊设计。

①确定刊头和配图。要求刊头在醒目位置，大小适中；每个板块配图 1～2 张，与板块主题基调相符。

②确定板块位置和版面大小。板面布局合理，有序言和结束语，版间距要恰当。

③版面内图文并茂，切合主题不偏题；行间距恰当，书写清晰不凌乱。

④整体美观大方，色彩协调，具有一定创意。

2. 明确分工，完成文稿撰写和配图。

板块主题	呈现的内容	文体	责任人
战争岁月			
建国大业			
艰苦奋斗			
回归祖国			
复兴有我			

文稿撰写要求

①前四个板块"战争岁月""建国大业""艰苦奋斗""回归祖国"必须融入本单元课文学习的内容，同时体现自己对中国共产党领导的中国革命和建设事业的理解、感受和认识。

②第五板块"复兴有我"要紧跟时代发展，关注国家未来的发展规划、前景，关注国家在民族复兴过程中面临的国际国内压力、挑战和应对策略，体现新时代青年的使命与担当。

③各板块的文体自选（散文、诗歌、演讲稿、综述、评论等），注意五个板块的衔接、过渡，每个板块以 800～1000 字为宜。

④序言和结束语的字数 150 字以内为宜。

3. 完成合稿和配图，完善加工后投稿到学校和微信公众号。

活动评价量表

评价角度	语言层面	思维层面	内容层面	版式层面
评价标准	语言准确、流畅、生动，有个性，能综合运用多种表达方式，凸显文体特点	能辩证地看待问题，课文间关联性强，结构思路清晰，有创新性	材料取舍详略得当，内容充实，感情表达和理性思考巧妙结合	刊头醒目，主题鲜明，健康向上。图文并茂，书写清晰，行距适当
权值	20分	20分	20分	20分
班级				
……				

课外活动

写一篇随笔，记录本单元的学习感悟和收获。

第二章 探索职业，规划人生

　　有时我们思考这样两个问题：同样学一个大学专业，为什么有的人能够走到行业顶端，而有的人却一生业绩平平？为什么大学毕业时几乎没有什么差异的同学，几十年之后竟会有云泥之别？其中很大的原因在于能力天分和职业选择上是否出现了错配。对所选择职业的底层密码进行探索，毫无疑问，对高中学生有着不可忽视的重要意义。

　　高中生职业探索的目的，并非意味着他们现在就要确定未来的职业，而是点燃他们的职业梦想。有了梦想，一个人才会有奋斗的动力，才会努力去创造条件实现梦想。任何行业的顶尖高手一定都是遵循内心热爱的人，唯有选择热爱的职业，你才不会后悔，才会有坚韧性，才会有执行力。

　　高中生的职业探索，需要洞悉职业底层的通用密码，包括了解自己感兴趣的职业的核心工作内容，要胜任该职业应具备的专业知识、技能、修养等，并找出自己的差距；了解该职业在国家发展中的作用、职业对社会和大众的影响、职业对生活领域的影响等；了解该职业的一般薪资待遇及潜在的收入空间，了解该职业的岗位设置，以及每个岗位任职的资格、工作与思维方式、个人内在要求等；了解该职业领域里的标杆人物以及他们的奋斗轨迹，并找到在该职业领域奋斗的途径和发展通道……

　　语文教师可以整合学习资源，打造"职场人物画廊"，为学生打开一扇了解职业世界的窗口，如结合《青蒿素：人类征服疾病的一小步》《一名物理学家的教育历程》《中国建筑的特征》等文章，让学生了解中医药科学家、理论物理学家、建筑设计师等职业。也可开展一些语文活动，增强学生的职业体验，如学完戏剧单元后，可组织开展课本剧的编演活动，让学生了解编剧、导演、演员、影评人等职业的工作内容。

　　只有在充分了解自我、深入了解感兴趣的职业后，我们才能量体裁衣，科学做出决策，将个人发展与社会需要结合起来，找到适合自己的人生航线。

第一节　走近时代楷模

　　一个时代有一个时代的英雄，一个时代有一个时代的楷模。或轰轰烈烈，或默默无闻，但无一例外信仰坚定、对党忠诚、爱国赤诚、干事笃实，用奋斗的姿态彰显了时代精神和职业劳动的价值。我们应向榜样学习，向楷模看齐，砥砺前行，点亮生命的精彩。

> **课例 9**　　　　　　光荣的劳动，崇高的价值
> 　　　　　　　　　　　　——必修上册第二单元教学设计

　　必修上册第二单元一共三组六篇课文，包括三篇人物通讯、一篇新闻评论和两首古诗，属于"实用性阅读与交流"学习任务群，旨在引导学生多角度观察生活，凸显了"劳动光荣"的人文主题。劳动改造世界，劳动创造文明。崇尚劳动、尊重劳动、热爱劳动，是中华民族世代相传的美德。辛勤的劳动绽放了嫣然的花朵，结出了累累的硕果。"民生在勤，勤则不匮"，劳动是人生幸福的根本。而"面对真实的生活世界和职业世界"的劳动教育，不仅将让青少年强化责任担当，形成劳动最光荣的观念，而且还将助力青少年尽早进行职业规划。

　　基于学习任务群要求、单元人文主题和生涯价值观教育理念，本教学设计以讨论劳动的价值与意义为大情境，通过诵读、赏析、表达等语文活动，引导学生体验劳动实践，品读"工匠精神"，感受劳动之美，学习劳动者无私奉献、锐意进取、勇于创造的精神，进而促进学生对劳动价值的理性思考，树立正确的职业观，提升学生的语文素养。本单元教学大任务为"劳动的价值"专题交流活动。学习本单元作品，学生要了解人物通讯和新闻评论的基本写作特点，梳理作品中劳动者的主要事迹，探讨劳动的价值和意义；把握"工匠精神"内涵，认识其时代意义，做有品质的当代劳动者；完成人物采访，丰富新闻职业体验，学写人物通讯和新闻评论；评选优秀新闻作品，提高新闻职业素养和媒介素养；参加劳动实践，体验劳动的艰辛与快乐；围绕"美好生活，劳动创造"主题开展写作、演讲、朗诵、编辑纪念册等活动，理解劳动的意义与价值。整单元教学活动从新闻角度解读劳动价值，注重时代性和实践性。

教学安排

学习任务	教学内容	学科教学目标	生涯渗透目标	课时
劳动之歌	第4、5课	整体感知作品内容，了解人物通讯和新闻评论的特点，把握"工匠精神"内涵	理解劳动的价值和意义，认识"工匠精神"的时代意义，做有品质的当代劳动者	2
劳动形象	第4、5、6课	品读作品中的劳动形象和细节描写，把握人物通讯的写作特点，尝试新闻短评和人物通讯创作；评选优秀新闻作品；感受古代灿烂文化，理解劳动中蕴含的人情美和风情美	领悟劳动模范的时代价值与意义，做有精神境界的劳动者；完成人物采访，丰富新闻职业体验；提升新闻职业素养和媒介素养；体悟劳动的艰辛与快乐	4
劳动意义	围绕主题写作、演讲和朗诵	围绕"美好生活，劳动创造"开展写作、演讲、朗诵、编辑纪念册等活动	理性思考劳动的意义与价值，传承中华民族热爱劳动的美德	2

学习任务一：劳动之歌

　　这一学习任务主要完成对三篇人物通讯和一篇新闻评论的整体感知，了解人物通讯和新闻评论的写作特点，了解作品中劳动者的主要事迹和巨大贡献，理解劳动的价值和意义，感受作者对劳动者的由衷赞美；把握"工匠精神"内涵，认识其时代意义，做有品质的当代劳动者。

　　时间安排：2课时

🕐 第1课时

核心任务

　　熟悉第4课，梳理三位人物的事迹，感受他们的精神魅力。

学习资源

　　《喜看稻菽千重浪——记首届国家最高科技奖获得者袁隆平》《心有一团火，温暖众人心》《"探界者"钟扬》和相关网络资源。

生涯渗透目标

　　引导学生树立无私奉献、锐意进取、勇于创造的劳动观念，继承与发扬劳动的美德。

学科教学目标

1. 了解人物通讯的基本写作特点，掌握阅读人物通讯的方法。

2. 了解作品中时代楷模的先进事迹和巨大贡献。

教学重难点

整体感知时代楷模的先进事迹和巨大贡献。

课前准备

1. 利用工具书查找生字难词的读音和含义。

2. 通读三篇人物通讯，梳理每篇通讯的结构，概括主要内容。

3. 利用网络查找资料，了解人物通讯的文体特点。

4. 利用网络查找资料，了解袁隆平、张秉贵、钟扬的经历、贡献和荣誉。

教学过程

导入

千百年来，人们靠劳动创造世界、创造文明，也将这种美德传承下来。不少劳动者在自己的岗位上努力拼搏、无私奉献，为社会做出了巨大贡献。今天，让我们吟唱劳动之歌，亲历劳作的情景。

活动一：讨论交流，了解文体

根据课前的资料查找，学生推荐代表发言。

1. 人物通讯

通讯是一种以报道事件和人物为主要内容的新闻体裁，是一种更详细、更全面的消息。从种类上讲，主要有人物通讯、事件通讯、工作通讯、风貌通讯等。其中，人物通讯主要以时代英模人物、社会名流、贡献巨大的普通人为报道对象，重在表现人物的品质、性格和精神面貌，达到通过典型人物来引导社会舆论的目的。按写法又可分三类：

①传记式：特征是较完整地写出人物一生的主要事迹，篇幅较长，内容丰富。

②特写式：侧重于写人物的一时一事或某一侧面。虽然比一般的特写涉及的范围大得多，但属于集中于一事、一个侧面的写法。真正写一时一事的人物通讯，也很常见。

③群像式：特点是报道对象不止一个，而是一个集体中的若干人，或是同一时空范围内的几个同类人。

通讯有三个显著特点：

①新闻性。通讯同消息一样具有真实性、及时性、新鲜性。

②文学性。可以借用文学的手法，塑造生动的形象，使作品更生动、更富有感染力，但这种文学性首先要确保其真实性。作者除了叙述事实，描写形象，还可以运用议论乃至抒情的手法。

③评论性。通讯有鲜明的主题思想和报道立场。

2. 通讯与消息的区别

	通讯	消息
内容	详细完整	概括简明
表达方式	综合运用叙述、描写、议论等	以记叙为主
时效性	时效性相对弱	时效性强

活动二：学生汇报，整体感知

1. 学生代表口头简要汇报三篇通讯主人公的劳动情况，教师做相关补充。以表格的形式整理呈现：

主人公	身份	职业	生活时代	劳动贡献	劳动精神（劳模精神）
袁隆平	知识分子	农业科学家	20世纪60年代至现在	发明杂交水稻，解决中国乃至世界的吃饭问题	献身科学，勇于实践、创新；尊重事实，捍卫真理，不忘初心，为国分忧、争光
张秉贵	工人	营业员	20世纪50年代至60年代	把营业员的工作发挥到极致，温暖了顾客及全国人民	热心服务，爱岗敬业
钟扬	知识分子	大学教授	改革开放新时代	在植物学研究所工作，科研、援藏、教育等贡献巨大	无私奉献，不断进取，献身科学，淡泊名利

2. 师生讨论交流，理解劳动价值

三位主人公的职业、生活时代、劳动贡献和劳动精神都不相同，但他们都在不同岗位上辛勤劳动与创造，在社会主义建设和中华民族伟大复兴的历程中做出了巨大贡献，都是劳动模范、伟大的劳动者。结合三位主人公的劳动事迹，请用一句话来概括你对"劳动"的理解。

句式：从……身上，我看到了：劳动是……

示例1：从在试验田对出现分离的稻株进行反复统计计算的袁隆平、刻苦钻研糖果知识熟悉柜台内商品的张秉贵、背着双肩包在世界屋脊采集植物种子的钟扬等身上，我看到了：劳动是一种认真严谨、躬亲实践的探索。

示例 2：从不顾耄耋高龄依然每天坚持进稻田的袁隆平、面对顾客质疑家庭不顺而依然热情待客的张秉贵、辞职来复旦大学工作毫无怨言住在毛坯房的钟扬身上，我看到了：劳动是一种淡泊名利、融入全部热忱的奉献。

学生讨论交流，自由表达。

教师小结

歌德曾说："劳动可以让我们摆脱三大灾难——恶习、寂寞和贫困。"袁隆平、张秉贵、钟扬三位时代楷模的优秀事迹告诉我们，不管从事什么职业，劳动的价值与意义就在于：不虚度每一天的光阴，做有意义、有价值的事情，让自己成为对他人、对社会有贡献的人。只有劳动，才能获得幸福的生活，找回充盈的自我，体验生而为人的自豪。让我们接过他们热爱劳动的接力棒，让劳动精神世代相传，让劳动精神绽放时代光芒！

课外活动

作业：课外查找袁隆平、张秉贵、钟扬三位主人公的其他事迹，并选择自己喜欢的一个人，模仿"感动中国人物"节目的形式写一段颁奖词，并分享到班级群。

感动中国人物颁奖词

①袁隆平颁奖辞：他是一位真正的耕耘者。当他还是一个乡村教师的时候，已经具有颠覆世界权威的胆识；当他名满天下的时候，却仍然只是专注于田畴。淡泊名利，一介农夫，播撒智慧，收获富足。他毕生的梦想，就是让所有的人远离饥饿。喜看稻菽千重浪，最是风流袁隆平。

②钟扬颁奖辞：超越海拔六千米，抵达植物生长的最高极限，跋涉十六年，把论文写满高原。倒下的时候双肩包里藏着你的初心、誓言和未了的心愿。你热爱的藏波罗花，不求于雕梁画栋，只绽放在高山砾石之间。

🕐 第 2 课时

核心任务

熟悉第 5 课，了解新闻评论的特点，把握工匠精神内涵。

学习资源

《以工匠精神雕琢时代品质》及相关视频。

生涯渗透目标

认识工匠精神的时代意义，做有品质的当代劳动者。

学科教学目标

1. 了解新闻评论的体裁特点，认识新闻评论的现实针对性。

2. 梳理文章脉络结构，把握"工匠精神"内涵。

教学重难点

梳理文章脉络结构，理解"工匠精神"内涵。

课前准备

1. 熟读文章，利用工具书查找生字难词的读音和含义，梳理脉络结构。

2. 利用网络查找资料，了解新闻评论的文体特点。

教学过程

导入

1. 播放短视频：《邹斌："小砌匠"的大舞台》。

2. 导语：2018年，一个年仅23岁的95后农民工、很普通的建筑工人，却凭借砌墙技术从工地上走进了人民大会堂，成为人大代表，真的很了不起！这闪亮的荣誉背后，是他做一行爱一行、追求极致完美的工匠精神。那么，什么是工匠精神？国家为什么要大力弘扬工匠精神？让我们一起走进新闻评论《以工匠精神雕琢时代品质》，看看《人民日报》是如何评论的。

活动一：初读作品，整体感知

1. 迅速阅读作品，筛选出体现工匠精神内涵的语句，完成下面的思维导图。

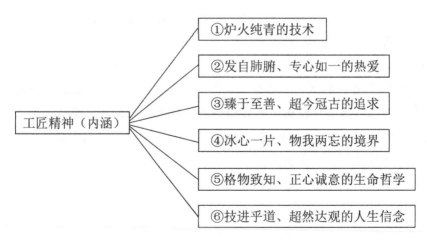

教师小结工匠精神的三个层次：

思想层面：爱岗敬业、无私奉献

行为层面：开拓创新、持续专注

目标层面：精益求精、完美极致

2. 本文的论证思路是怎样的？

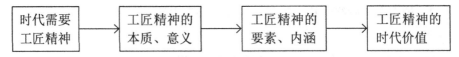

活动二：再读作品，辨识文体

1. 联系文章相关语句，想想文章选择的评论角度是什么，为什么要选择这个角度。

①今天，我们迎来了一个更加注重精细品质和独特体验的时代。

②坚守工匠精神，并不是把"拜手工教"推上神坛，也不是鼓励离群索居、"躲进小楼成一统"，而是为了擦亮爱岗敬业、劳动光荣的价值原色，倡导质量至上、品质取胜的市场风尚，展现创新引领、追求卓越的时代精神，为中国制造强筋健骨，为中国文化立根固本，为中国力量凝神铸魂。

③从赞叹工匠继而推崇工匠精神，见证着社会对浮躁风气、短视心态的自我疗治，对美好器物、超凡品质的主动探寻。我们不必人人成为工匠，却可以人人成为工匠精神的践行者。

讨论，明确：评论的角度是时代特点需要工匠精神。

原因：①当前是一个更加注重精细品质和独特体验的时代；②社会存在浮躁风气、短视心态。③《人民日报》是党报，是党的喉舌，其新闻评论往往具有强烈的舆论引导、政策导向作用。

补充背景：

在2016年召开的第十二届全国人民代表大会第四次会议上，国务院总理李克强在政府工作报告中提出"要鼓励企业开展个性化定制、柔性化生产，培育精益求精的工匠精神"。一时间，"工匠精神"备受关注。国家将"工匠精神"写入政府工作报告，一方面表示国家对"工匠精神"的重视，另一方面也体现出国家鼓励更多企业或个人要有"工匠精神"。

2. 比较新闻评论与人物通讯的区别

讨论，明确：两者都属于新闻体裁，但区别很大。新闻评论是一种时评，是议论性的，针对新闻事实，以传播意见性信息为主要目的和手段，起到引导舆论的作用；而人物通讯，主要通过典型事件，运用多种表达形式具体形象地表现人物精神品质，并在其中体现作者的立场和态度。

活动三：自由畅谈，把握内涵

1. 袁隆平、张秉贵、钟扬三位劳模都具有工匠精神，请选择其中一位，结合文本证明其具体表现。

提示学生讨论角度：爱岗敬业、专注执着、精益求精、勇于创新等。

示例：张秉贵，炉火纯青的业务劳动能力，体贴入微的服务态度，尽心尽力的工作热情，臻于至善的劳动追求。在平凡的岗位上做出了不平凡的成绩，正是工匠精神的具体体现。

2. 在自动化程度越来越高的现代社会，传统社会所孕育的工匠精神是否还有坚守的必要？如果有，我们应该怎样践行？

提示：第一问讨论角度有：个人层面（实现人生梦想、展示人生价值）、社会层面（形成良好的社会风尚）、国家层面（推动制造大国向制造强国转变）、民族层面（推动民族复兴大业的实现）等。

第二问讨论角度有：怀匠心（精巧精妙的心思，追求极致，本质上就是创新之心）、铸匠魂（是德，是人的品德、品行、品格。德是工匠精神的支柱，树立正确的工作观、把每一个当下做到极致、力行正道）、守匠情（热爱情怀、敬畏情怀、家国情怀、担当情怀、卓越情怀等）、践匠行（不是为了蹭热点、追时尚、贴标签才随之起舞、甘坐冷板凳）等。

学生自由讨论、发言。

教师小结

工匠精神是践行社会主义核心价值观、弘扬劳模精神、劳动精神的具体实践。它是社会文明进步的重要尺度，是中国制造前行的精神源泉，是企业竞争发展的品牌资本，是员工个人成长的道德指引。工匠精神是时代的需要，我们不必人人成为工匠，却可以人人成为工匠精神的践行者。让我们用工匠精神成就我们的职业辉煌！

课外活动

在社会主义建设和改革开放的历程中，你还了解哪些有卓越贡献、能体现"工匠精神"的人物？请在课外时间找找身边这样的人物，并为人物主要事迹写一段不少于300字的文字。

学习任务二：劳动形象

这一学习任务主要是品读本单元三篇人物通讯和两首古诗中的劳动形象，结合通讯报道的特征，学习以典型事件和细节表现人物品质的写法，把握劳动者的精神风貌。分析报道角度，区分新闻事实和新闻背景，理解新闻的倾向性，有意识地提升自己的媒介素养。

时间安排：4课时

🕐 第3课时

核心任务

学习新闻通讯的写法。

学习资源

《喜看稻菽千重浪——记首届国家最高科技奖获得者袁隆平》《心有一团火，温暖众人心》《"探界者"钟扬》。

生涯渗透目标

领悟劳动模范的时代价值与意义，做有精神境界的劳动者。

学科教学目标

1. 学习新闻通讯抓住典型事件表现人物品质的写法，把握人物精神。

2. 了解通讯报道的一般特点，关注作者是如何多角度、多层次进行报道的，把握新闻的情感倾向。

教学重难点

学习以典型事件表现人物品质的写法，把握劳动者的精神风貌。

课前准备

熟读三篇人物通讯，用简洁的语言概括人物事迹。（提示：关注小标题）

教学过程

导入

人间最美是劳动。劳动是知识的源泉，劳动是财富的源泉，劳动是力量的源泉，劳动是幸福的源泉。在共和国奋进的路上，涌现出了许多劳动模范，他们以高度主人翁的责任感、卓越的劳动创造、忘我的拼搏奉献，谱写出了可歌可泣的动人赞歌。今天我们一起学习三篇通讯，通过客观真实的典型事迹，感受这些劳动模范身上不同凡响的精神风貌。

活动：研读文本，把握形象

人物通讯需要报道先进人物的典型事迹才能让人感动，给人激励，给人启迪。这三篇通讯中的人物全是时代楷模，是伟大的劳动者，要报道他们，尤需要以典型事件来说话。请分别概括典型事件，并分析具体事件，从中提炼出人物的精神风貌，找出作者想要表达的立场。先独立完成表格，再小组交流。

1.《喜看稻菽千重浪——记首届国家最高科技奖获得者袁隆平》

段落结构	典型事件	表现角度	人物精神	作者立场
曾记否，到中流击水	1960年发现了"天然杂交稻"的杂种第一代，但试种失败	工作态度	严谨认真，敢于探索	赞扬其勇于实践的精神
创新是科学家的灵魂和本质	1964年寻找并发现天然雄性不育植株	学术品格	尊重权威，但不迷信权威	赞扬其敢于创新的精神
事实是科学家的空气	1992年发表文章批判对杂交稻的贬斥	道德操守	尊重科学，实事求是	赞扬其捍卫真理的精神
饥饿的威胁在退却	1997年规划并选育超级杂交稻	理想志向	勇于担当，奋斗不息	高度评价其贡献

学生围绕"人格魅力"进行交流：

请总结一下袁隆平具有哪些优秀的品质，用下面的格式回答。

袁隆平是一位_____的实践者；

袁隆平是一位_____的研究者；

袁隆平是一位_____的捍卫者；

袁隆平是一位_____的追梦者。

讨论明确：

①袁隆平是一位扎根农田、挥洒汗水、专注敬业、严谨认真的实践者；

②袁隆平是一位不迷信权威、不动摇、不退却、创新韧性的研究者；

③袁隆平是一位勇于担当、坚持实事求是、不计个人风险的捍卫者；

④袁隆平是一位心怀天下、情系世界、生命不息、追求不止的追梦者。

2.《心有一团火，温暖众人心》

段落	典型事件	表现角度	人物品质	作者立场
1—7	①用糖哄哭闹的小孩 ②给赶火车的顾客提前称糖并悉心指路 ③接待了气呼呼的女顾客 ④女儿生病，却依旧没有影响服务态度	品格表现	耐心细致周到体贴	赞其热心为顾客服务、敬业爱岗，把工作做到极致
8—11	⑤光照顾买得多的顾客而被买得少的顾客质问后受到触动 ⑥忆往昔被兵痞打，今天却收到女顾客的水果而感慨不已 ⑦多渠道丰富商品知识，当好顾客参谋	品格成长	自我反省懂得感恩严于律己	赞其不断成长、乐于奉献、精通业务
12—13	⑧去吃夜宵，因座无虚席，厨房大师傅特意给他拿凳子而受启发	品格影响	善于剖析觉悟高	侧面赞其"一团火"精神

交流，总结：

张秉贵是一位热情体贴、细致周到、诚恳耐心的优秀售货员。

3. 《"探界者"钟扬》

段落结构	典型事件	表现角度	人物精神	作者立场
"英雄"少年	从学无线电专业转向研究植物学	学习工作	坚定乐观	赞其雷厉风行，有主见
种子达人	第一个深入西藏，建立世界屋脊种子"宝库"	植物学家援藏干部	爱岗敬业	赞其执着追求科学
科学队长	热心博物馆和科技馆的科普工作，撰写科普著作	科普达人	热心科普	赞其卓越贡献和影响
"接盘"导师	培养学生，鼓励帮助西藏研究生	教育专家	担当关爱	赞其责任与担当
生命延续	甘为"先锋者"探索生命的边界	先锋者	牺牲忘我	高度评价其生命高度

课堂总结

"光荣属于劳动者，幸福属于劳动者。社会主义是干出来的，新时代是奋斗出来的。劳动模范是民族的精英、人民的楷模，是共和国的功臣。"无论时代如何发展，爱岗敬业、锐意进取、争创一流的劳模精神永远都是劳动者身上最鲜明的精神底色。我们当以劳模精神为行进的引领坐标，传承中华民族辛勤劳动的传统美德，热爱劳动，为实现中华民族的伟大复兴贡献出自己的力量。

作为报道新闻人物的通讯，应当精选典型事迹多角度、多层次立体地表现人物的精神品质；同时也要通过适当的议论、抒情，把作者的情感倾向融入事例之中，使之具有鲜明的时代意义和价值。

课外活动

请从三篇人物通讯中任选一篇，结合文章内容，写一篇 500 字以上的新闻短评，要求观点鲜明，层次清晰，结构完整。

评论角度提示：

如要写袁隆平，可根据他发现并培养杂交水稻，引导一场新的"绿色革命"，从创造性劳动的角度来评论；也可根据他研究亩产 500 千克的杂交水稻到培育出亩产 1000 多千克的超级杂交水稻，从工匠精神的角度来评论；也可根据他用自己的科学研究解决了中国 14 亿人口的吃饭问题，使国家富起来，从中国梦中知识的作用角度来评论。

再如写张秉贵，可根据炉火纯青的业务劳动能力，体贴入微的服务态度，尽心尽力的工作热情，臻于至善的劳动追求，等等，从工匠精神的角度来评论；也可根据其在平凡的岗位上做出了不平凡的成绩，影响和引领了广大劳动者从平凡走向不平凡，从劳模精神角度来评论。

🕐 第 4 课时

核心任务

学习通讯以典型细节表现人物品质、以小标题组材的写法。

学习资源

《喜看稻菽千重浪——记首届国家最高科技奖获得者袁隆平》《心有一团火，温暖众人心》《"探界者"钟扬》及相关生活事例。

生涯渗透目标

完成人物采访，丰富新闻职业体验。

学科教学目标

1. 比较鉴赏三篇新闻人物通讯小标题的精妙作用。

2. 品读人物通讯以典型细节表现人物精神、多角度多层次报道人物的写法。

教学重难点

理解人物通讯中小标题的作用、以典型细节表现人物精神品质的写作特点。

课前准备

熟读三篇人物通讯，概述每篇通讯各部分的主要内容。

教学过程

导入

　　一篇好的人物通讯，通过对人物一言一行的描写，能使人物仿佛"立"在我们面前，产生如见其人、如闻其声、如临其境的效果。本单元的已至耄耋之年仍坚持在田间科研的"杂交水稻之父"袁隆平、"燕京第九景——一位普通的售货员"张秉贵、"扎根大地的人民科学家"钟扬，这三个人物鲜活而生动地"立"在了我们面前，今天，我们来研究一下，作者是如何使人物立体鲜活的。

活动一：圈点批注，品味细节

　　本单元的三篇人物通讯中，最能打动你的是哪个人物的哪个生动细节？请用做批注的形式找出来，并分析这些细节体现了怎样的人物形象。

　　示例1：张秉贵在柜台里"三步并作两步走，一点儿不知累"，下班后累得"有时连上楼还要扶着墙"。强烈的细节对比，突出张秉贵忘我的工作精神。

　　示例2：张秉贵也随着她向柜台东头走去，边走边想：她准遇到了什么不顺心的事，越是这样，我越是要热情接待她。张秉贵一边走，一边还是那样和颜悦色地说："最近从上海来了几种新糖果，味道还不错，您想看看吗？我向您介绍一下。"心理描写与语言描写结合，揭示他的主动耐心、亲切和蔼，善于应对各种顾客。

　　学生自我寻找，交流讨论，只要能够说出自己的感受，言之成理即可。

活动二：精彩小标题，比较鉴赏

　　1.《喜看稻菽千重浪》与《"探界者"钟扬》两篇通讯的小标题，各有什么特点？哪篇小标题拟得好？

　　学生讨论后，教师小结。

　　《喜看稻菽千重浪》四个小标题按时间顺序排列，以时间为线索，讲述了袁隆平成功培育杂交水稻的过程，展现了袁隆平的个性品质，体现了新闻报道的意图，即我们如何才能创造更有价值的劳动，那就是：明确国家、人民的迫切需求，并以此为目标勇于探索、奋勇拼搏；需要敢于挑战权威、勇于创新的精神品格；需要实事求是的态度和捍卫真理的精神；需要勇于担当的胸怀和不断进取的精神。

　　《"探界者"钟扬》四个小标题则以钟扬的人生经历为经线，以其人形象品质为纬线，揭示了其生命探界的深度、广度与长度。

　　小标题的结构，句式工整，主题突出，同时体现了布局谋篇的精细、巧妙。

相较而言，《"探界者"钟扬》的小标题拟得好：形式整齐，词语生动，概括性强。《喜看稻菽千重浪》形式不够整齐，拟制的标准并不一致。

2．如你是《喜看稻菽千重浪》一文作者，想要重新拟制形式整齐的小标题，该如何拟写？

参考示例：

①实践是他发现真理的途径

②创新是他的灵魂和本质

③实事求是是他的立场和态度

④引领"绿色革命"是他的心愿

3．《心有一团火，温暖众人心》一文并无小标题，如果让你给它拟制四个小标题，该如何拟写？

参考示例：

①温暖场面：热情周到，体贴入微

②温暖内核：爱岗敬业，一心为人

③温暖服务：技艺精湛，做到极致

④温暖影响：广为传颂，温暖自己

活动三：交流讨论，归纳技巧

1．三篇人物通讯是如何多角度、多层次对人物进行报道的？请结合具体课文内容和上一课时的学习具体分析。

学生发言后，教师归纳。

围绕主旨选取具体、典型的事例，"以事写人"；

通过细节描写（语言、动作、心理等描写）来表现人物的精神品质；

多方采集材料，从侧面描写塑造人物形象；

运用小标题多角度、多层次地组织材料；

直接以精当的议论表明观点，表达情感。

2．总结归纳通讯的写作特点。

①新闻性：和消息一样，通讯必须具有新闻性，不仅事件要真实，而且要新鲜，可记录身边的新人、新事、新思想、新风尚、新经验等。

②文学性：消息一般是以客观陈述为主，但通讯带有较多的文学色彩，如综合运用多种表达方式和修辞手法，注重细节描写、人物典型等。

③评论性：新闻有鲜明的主题，歌颂什么、赞扬什么、倡导什么、反对什么，

必须旗帜鲜明。而作者的立场和情感，主要通过议论与抒情两种表达方式体现出来。

课外活动

请以"记我心中最美劳动者"为标题写一篇人物通讯。

要求：写作之前要进行采访，多方了解人物事迹，事例真实典型；写作时注重刻画细节，运用小标题组织材料；不少于 800 字。

🕐 第 5 课时

核心任务

如何评选好新闻。

学习资源

《喜看稻菽千重浪——记首届国家最高科技奖获得者袁隆平》《心有一团火，温暖众人心》《"探界者"钟扬》及报纸、网站自选的新闻作品、相关视频。

生涯渗透目标

提高学生的新闻职业素养和媒介素养。

学科教学目标

1. 梳理单元新闻作品，明确好新闻标准的具体内涵，对照标准选出人物通讯和新闻评论各一篇。

2. 学会撰写优秀新闻作品推荐书。

教学重难点

把握优秀新闻的标准，学会撰写优秀新闻作品推荐书。

课前准备

选择一份报纸或一个新闻网站，浏览一周的内容，从中挑选出比较优秀的人物通讯和新闻评论各一篇，并把报纸或新闻作品带入学校。

教学过程

导入

1. 播放中央一台"焦点访谈"栏目视频：第 30 届中国新闻奖、第 16 届长江韬奋奖评选。

2. 导语：中国新闻奖与长江韬奋奖是国家批准设立的国家级新闻奖项，这两个奖项在中国新闻界有着十分重要的地位。能获得其中任意一项，即意味着其新闻作品在新闻界有着较高的水准。那么，怎样的新闻作品才算是优秀的？

今天，我们一起来探讨这个问题。

活动一：交流讨论，研制标准

1. 阅读资料链接，明确新闻价值、报道角度、结构层次、语言表达的含义。

2. 小组讨论：从新闻价值、报道角度、结构层次、语言表达等方面，点评本单元三篇人物通讯的精彩之处。

参考示例：

（1）新闻价值分析

袁隆平、张秉贵、钟扬都是既具有先进性又具有典型性的人物。

袁隆平重视实践、实事求是、敢于向权威宣战、大胆创新的精神，他引领"绿色革命"的宏大理想，他研究成果不仅使中国率先在世界上实现了"超级稻"目标，而且对解决中国乃至全世界的粮食问题都具有重大意义。这则新闻具有重大意义。

张秉贵几十年如一日的满腔热情的服务精神如一团火，燃烧自己，温暖众人，这是榜样的力量，是那个时代的责任担当。

钟扬心系科学，情系祖国，胸怀人类，在科研岗位上不懈追求的奉献精神，正是我们需要弘扬、学习的新时代精神。

新闻宣传了典型，树立了榜样，弘扬了正能量，鼓舞人，教育人。

（2）报道角度分析

相同点：主题都是表现劳动者的精神，体现劳动的价值。表达方式多以记叙为主，兼有议论与抒情。

不同点：素材角度：《喜看稻菽千重浪——记首届国家最高科技奖获得者袁隆平》素材多是集中于袁隆平水稻研究的过程，体现他的敬业、不惧权威、勇于挑战、坚持真理等品质；《心有一团火，温暖众人心》素材多集中表现张秉贵在柜台上所思所做，主要体现他的热情、敬业、体贴；《"探界者"钟扬》材料选自钟扬生活工作的不同角度，从不同侧面体现他的忘我、责任感、崇高理想等。

表达角度：与《喜看稻菽千重浪——记首届国家最高科技奖获得者袁隆平》《心有一团火，温暖众人心》相比，《"探界者"钟扬》多用现代社会的"新词"如"达人""奇葩"，以吸引新一代的读者。

（3）结构层次分析

《喜看稻菽千重浪》：小标题的结构，体现布局谋篇的精细、巧妙。全文按人物的品质和事迹分类，列小标题组织材料。特点：条理清晰明白，重点突出；

语句精妙、结构工整；内容深刻、突出主题；形式灵动、富于文采。

《心有一团火，温暖众人心》：①倒叙写法：先点明张秉贵是劳动模范，再用丰富事例加以佐证，同时辅以插叙。②采用了"彩线串珠"式的结构方式，叙写老售货员生活中的平凡事迹，凸显了主人公具有"一团火"的精神风貌，赞扬之情溢于文中。这种结构安排，起到概括故事情节、突出人物形象、深化主题的作用。

《"探界者"钟扬》：多方面、多渠道搜集材料，多角度、多层次表现人物，小标题形式。文章从植物学家、科普达人等角度，选取钟扬的典型事例，既介绍他少年时的经历，又展现他工作后的多方面付出；选择的众多人物中，有钟扬的亲人、同事、朋友、学生等；描写的角度有钟扬工作方面、生活细节方面等。文章所记事件虽然很多，而且看起来有点"乱"，但都是围绕着一个主题（讴歌钟扬的爱岗敬业、牺牲奉献精神）来安排的，所以又散而不乱，多而集中。

（4）语言表达分析

三篇人物通讯以记叙、描写为主，又适当地插入议论性和抒情性语言，既客观真实地报道新闻事实，又揭示了人物的思想品质，表明了作者的态度和情感，语言生动活泼。

3. 师生交流：根据新闻作品，从以上四方面研制好新闻的评价标准，要求语言凝练，每条不超过30字。

评价标准	标准细则
新闻价值	1. 真实性。客观反映社会事实，不夸大。 2. 时效性。报道及时，内容新鲜。 3. 重要性。报道的事实对社会影响时间长、范围广。 4. 正能量。与国家、人民利益紧密相关，有人情味。
报道角度	1. 选题角度。贴近实际，贴近生活，贴近群众。 2. 取材角度。同一新闻主题，选取不同的材料予以报道。 3. 写作角度。同一主题，同一材料，表达方式不一样。如：以小见大、以旧见新、虚中觅实等。
结构层次	1. 选取的结构形式最能体现写作目的。 2. 层次清晰，让读者较容易地清楚新闻事实。三篇文章都采用了倒叙手法。第一篇、第三篇都采用小标题形式，使文章层次清晰。
语言表达	1. 客观。多用中性词，少用褒贬词；多用陈述语气，少用感叹语气。 2. 确切。确凿无误，清楚明白，力求精确。 3. 简练。简洁洗练，干净利落，切忌拖泥带水。 4. 通俗。深入浅出，浅显明白，通俗易懂，具有社会通用性。

4. 自由发言。

活动二：小组合作，推荐作品

评选出优秀人物通讯和新闻评论各 1 篇，共同撰写一份推荐书。

优秀新闻作品推荐书

作品标题		新闻类型	
作品内容简介			
推荐理由			
推荐人			

活动三：分级展览，交流互鉴

1. 各小组推荐的新闻作品和推荐书在班内后墙进行展览。

2. 票选最佳新闻作品（人物通讯 1 篇，新闻评论 1 篇），送学校校刊刊登。

优秀新闻作品展示评价标准

评价要素	评价内容
人物通讯	选择先进人物、典型事例进行报道，弘扬正能量，结构层次清晰，语言简明生动，具有新闻时效性。
新闻评论	针对社会现实，观点鲜明，论证严密，阐述合理，逻辑清晰，语言精练有说服力。
推荐书	评价标准清晰具体，推荐理由明确，能结合作品具体分析，条理清晰，语言简明。

🕐 第 6 课时

核心任务

品味古诗中的劳动之美与劳动艰辛。

学习资源

《芣苢》《插秧歌》两首古诗及《诗经》相关网络资源。

生涯渗透目标

体悟劳动之乐，传承崇尚劳动、尊重劳动、热爱劳动的美德，以实际行动书写劳动风采。

学科教学目标

1. 理解诗歌内容，感受古代灿烂文化，理解劳动中蕴含的人情美和风情美。

2. 自觉在学习实践中丰富对社会生活的认识和对美好情感的体验，增强适应社会、服务社会的能力。

教学重难点

学习诗歌通过用词变化和场景描写来表现作者情感的写作方法。

课前准备

查询《诗经》相关知识。

导入

朗读下面几首古诗，说一说你对劳动的体悟。

1. 足蒸暑土气，背灼炎天光，力尽不知热，但惜夏日长。——白居易《观刈麦》

2. 锄禾日当午，汗滴禾下土。谁知盘中餐，粒粒皆辛苦？——李绅《悯农》

3. 种豆南山下，草盛豆苗稀。晨兴理荒秽，带月荷锄归。

道狭草木长，夕露沾我衣。衣沾不足惜，但使愿无违。——陶渊明《归园田居·其三》

讨论，明确：劳动是艰辛的，但同时也是美丽的。因为劳动是我们生存和发展的基石，是劳动让我们的城市流光溢彩，是劳动让我们的田野瓜果飘香，是劳动让我们的校园书香四溢。下面，让我们一起走进《诗经》，走近杨万里，和诗人一起亲历劳作的情景。

活动一：初读诗歌，吟咏诗韵

1. 正音：

芣苢（fú yǐ）　掇（duō）　捋（luō）　袺（jié）

襭（xié）　兜鍪（móu）　胛（jiǎ）　莳（shì）

2. 指导朗读，把握节奏：

四言诗一般"二二"节拍，七言诗一般"二二二一"或"二二一二"节拍。

插秧歌

田夫 / 抛秧 / 田妇 / 接，小儿 / 拔秧 / 大儿 / 插。

笠是 / 兜鍪 / 蓑是 / 甲，雨从 / 头上 / 湿到 / 胛。

唤渠 / 朝餐 / 歇 / 半霎，低头 / 折腰 / 只 / 不答。

秧根 / 未牢 / 莳 / 未匝，照管 / 鹅儿 / 与 / 雏鸭。

3. 分组朗读，读出抑扬顿挫之美。

注意轻重音，助词适当轻读，动词适当重读。

活动二：由言揣意，整体把握

1. 学生介绍《诗经》相关常识和杨万里，教师补充。

《诗经》是我国第一部诗歌总集，是中国现实主义诗歌的源头。收集了自西周初年至春秋中叶500多年的诗歌305篇。先秦称为《诗》，或取其整数称《诗三百》《三百篇》。西汉时被尊为儒家经典，又称为《诗经》，并沿用至今。传为孔子编订，在内容上分为《风》《雅》《颂》三部分，艺术技法被总结成"赋""比""兴"，与"风""雅""颂"合称为"六义"。

杨万里，字廷秀，号诚斋。吉州吉水人。南宋文学家、官员，与陆游、尤袤、范成大并称为南宋"中兴四大诗人"。因宋光宗曾为其亲书"诚斋"二字，故学者称其为"诚斋先生"。一生作诗两万多首，传世作品有4200首，被誉为一代诗宗。他的诗歌大多描写自然景物，且以此见长，创造了语言浅近明白、清新自然且富有幽默情趣的"诚斋体"。有《诚斋集》传世。

2. 创作背景

《周南·芣苢》是周代人们采集芣苢时所唱的歌谣，应是社会比较清明、阶级矛盾比较缓和、人们尚能安居乐业的周公时代的作品。《毛诗序》："《芣苢》，后妃之美也，和平则妇人乐有子矣。"

《插秧歌》淳熙六年（1179）春，杨万里常州任满，西归故乡吉水；途经衢州（今浙江衢州市），时值农田大忙季节，诗人目睹一农家插秧之辛劳，作该诗。

3. 揣度含义，初悟诗意。

元人吴思道评《芣苢》说："此诗终篇言乐，不出一个乐字，读之自见意思。"请你反复诵读这首诗，将你读出的"乐"用一段话表现出来，也不着一"乐"字。

示例：

采呀采呀采车前，快来采摘趁春天。采呀采呀采车前，快看这有一大片。

采呀采呀采车前，一棵一棵摘嫩尖。采呀采呀采车前，一把一把捋叶片。

采呀采呀采车前，兜起衣襟满胸前。采呀采呀采车前，前襟系在衣带间。

（《芣苢》优美明快，充满生活气息。）

4. 《插秧歌》描绘了哪些劳动场景？

明确：抛秧接秧图、拔秧插秧图、雨中插秧图、呼唤早餐图、农夫应答图。

活动三：含英咀华，赏读诗歌

1. 两诗中哪些关键词，可以传递出诗人不同的思想情感？学生交流讨论。

预测：

（1）《芣苢》六个动词的妙处；

"采""有"——概述采芣苢的劳动，告诉人们芣苢可以采摘了。

"掇""捋"——具体描写采苤苢的动作。

"袺""襭"——描绘满载而归的快乐情景。

"采""有""掇"等一系列动词的变换，细腻地描绘出劳动的过程，富于诗情画意。

（2）《插秧歌》"抛""接""拔""插"四个动词的妙处：

诗歌前两句运用白描手法勾勒出一幅紧张繁忙的劳动场面：全家老少一齐出动，各尽所能，配合默契。这四个动词准确地刻画出这家老小低头插秧、全神贯注的神态。

（3）这里"只不答"并非一声不吭，而是没直接回答农妇"歇"或者不"歇"。事实上，他一边干活，一边回答了他不能"歇半霎"的原因：秧苗刚栽，根还不牢固，再说还没栽完，怎能"歇半霎"呢？他手里活不能停下，而且还叮嘱农妇：你先回家提防一下家鹅和雏鸡，不要让他们来破坏秧苗。这一句看似平淡无奇，顺手拈来，实则精当自然，妙不可言。它使全诗意境得以拓展，主题得到深化。由插秧到家务事，真是忙上加忙，从而把劳动者的艰辛和劳苦全表现了出来。

2. "笠是兜鍪蓑是甲，雨从头上湿到胛。"这一联运用了什么手法，又产生了怎样的效果呢？

明确：巧妙地叠用两个比喻，把草笠比作头盔，把蓑衣比作铠甲，化静为动，造成一种紧张的、似乎生命攸关的气势，突出了农人在农忙时的劳动艰辛。

3. 同样是描写劳动的场景，《苤苢》和《插秧歌》有什么不同？请从描绘的劳动场景、表现手法、歌颂的劳动热情等方面分析其差异，填写下表。

诗歌	劳动场景	表现手法	歌颂情感
《苤苢》	直接描写，展现了远古时期劳动妇女快乐采摘苤苢的全过程	重章叠句	充满了劳动的欢欣，洋溢着劳动的热情
《插秧歌》	直接描写与间接描写相结合，展现了农忙时节插秧劳作的紧张与艰辛	白描、反衬、口语	表现农家生活的辛苦与农事的繁忙，洋溢着吃苦耐劳、勤奋乐观的精神

这两首古诗展示了古代劳动者的风采，与其他劳动者的诗歌相比，还原了劳动最本真的滋味。劳动艰辛繁忙，但劳动者们却甘之乐之，在辛苦中收获财富，收获快乐，自然而然，劳动就成了人间最美的风景。

课外活动

1. 尝试参加一次不曾做过的劳动，如布置自己的卧室、上街或去敬老院打扫卫生、亲自做一次饭……同时，请用照片记录自己的劳动过程，为班级编辑"美好生活，劳动创造"纪念册做准备。

2. 生涯规划课上，同学们都在谈论自己的理想，有同学表示要上大学，做科学研究；有同学表示要投身军营，献身国防事业；还有同学表示要精学医术，做护佑生命的天使……但当有一位同学谈到要做名快递小哥时，全班同学都向他投去不屑与嘲讽。如果你是一个生涯规划老师，面对这种情况，该如何引导学生正确认识劳动呢？请写一篇简短的发言稿，不少于300字。

学习任务三：劳动意义

这一学习任务，主要围绕"美好生活，劳动创造"的主题，完成系列活动：一是主题写作，进一步增强阅读的体验和理性思考劳动的意义与价值；二是开展一次演讲、朗诵活动，要求结合自己的劳动实践及阅读体验，谈谈对劳动的意义与价值的看法；三是合作编辑一本班级主题纪念册，主要收录本单元学生创作的颁奖词、人物通讯、新闻短评、心得感悟、演讲稿、劳动实践图片和演讲朗诵图片。

时间安排：2课时

🕐 第7、8课时

活动目标

1. 结合阅读体验和劳动实践，深刻理解劳动的价值与意义，传承热爱劳动的美德，树立正确的职业劳动观念。

2. 提高学生的媒介素养，培养团结合作的精神。

活动内容

活动一：主题写作

围绕"美好生活，劳动创造"的主题，指导学生撰写文章，书写读书体会和参加劳动的感受、意义，或讲述自己的劳动故事与成长，字数在800～1000字。先在小组、班级内组织交流展示，再择优向学校推荐评选。

活动二：主题演讲、朗诵

1. 提前布置演讲、朗诵话题

话题一：劳动的崇高与美丽。

话题二：劳动的价值与意义。

话题三：无私奉献、锐意进取、勇于创造。

话题四：辛勤劳动、诚实劳动、创造性劳动。

2．演讲、朗诵准备工作

①将学生按话题分成4组，指导写好演讲稿，诵读的学生挑选好有关劳动的经典名篇。

②小组初选，每组推出最佳演讲、朗诵选手各一名。

③全班组织演讲、朗诵活动，编写串词，选拔好主持人、评委、记分员。

3．学生演讲、朗诵活动

演讲朗诵主题：美好生活，劳动创造

注意事项：

①准备好开场白，演讲时面带微笑，注意眼神与观众交流；

②主题正确鲜明，有针对性；

③吐字清晰，语言流畅，有文采；

④语速适中，把控节奏，力求有感染力和煽动性；

⑤注意演讲者的身份、听众及场合；

⑥辅助一些肢体语言和表情，以便更好地传情达意；

⑦掌控好时间，不拖沓。演讲不超过5分钟，朗诵不超过4分钟。

活动三：编辑班级主题纪念册

全班同学要分工合作，大致工作有：

1．筛选比较满意的颁奖词、人物通讯、新闻短评、演讲稿和心得感悟等作品，挑选比较满意的劳动实践图片和演讲朗诵图片，汇集成册。

2．根据收集的作品，合理设置栏目并命名。

3．撰写卷首语，绘制插图，审稿排版，印制成文集。

活动三因完成周期较长，只能在课外时间完成。

课例 10　　　　写作指导：职业选择

写作目标

1. 掌握正反型材料作文的审题方法，学会辩证思考问题。

2. 引导当代青年树立正确的择业观。

文题展示

阅读下面的材料，根据要求写作。（60 分）

材料一：在选择职业时，我们应该遵循的主要指针是人类的幸福和我们自身的完美。不应认为，这两种利益是敌对的，互相冲突的，一种利益必须消灭另一种的。人类的天性本身就是这样的：人们只有为同时代人的完美、为他们的幸福而工作，才能使自己也过得完美。

——摘自马克思《青年在选择职业时的考虑》

材料二：十年前，你问起学生最想选择的职业是什么，大多数人都会告诉你，他们想当"科学家""老师""警察"等。到了今天，新华网的职业意愿调查显示，超过一半 95 后最向往的职业是主播和网红，参与调查的大部分是大学生。很多大学生认为：靠读书来改变命运，需要寒窗苦读二十余载，而当一个网红，似乎只需要你对着屏幕唱唱歌聊聊天。

——摘自搜狐网《当下大学生最向往的职业：网红主播》

一个时代有一个时代的择业观，而当代青年的择业观不只是个人的事，还与社会、国家息息相关。

对于择业，你有怎样的思考和规划？请你写一篇发言稿，在学校的职业生涯规划课上，和同学们交流。

要求：角度自选，立意自定，题目自拟；不得脱离材料内容及含意范围作文；不少于 800 字；不得抄袭、套作。

写作指导

一、审题

这是一道情境式任务驱动型作文题，时代感很强，具有鲜明的立德树人导向。题目意在引导学生思考择业与个人、时代、社会、国家的关系，引导当代青年树立正确的择业观和价值观。从整个题目的构成来看，材料一先借用马克思的一段话，抛出一个正确的择业观；材料二讲述的是当代青年的不良择业观；

而提示语是对材料一的补充说明，也是对材料二当代青年人择业观转变的思考。不难看出，题目引导学生思考的择业是有两重境界的，一是个人价值的实现，二是社会价值的实现。因此，我们很容易把握命题人的意图，即当代青年应有正确的择业观——在奉献他人、社会和国家中实现自我人生的完美价值。

但要特别注意的是，分析两则材料时，我们应理性辩证。我们敬仰马克思伟大的择业观，提倡奉献精神和时代责任，但不宜生硬要求每个人都成为人类的思想者；我们批评材料二中的不良思想，又不宜一味批判、污名化网红，事实上，年轻人想当网红没有错，但不能只看到网红的光鲜夺目，更要看到网红背后的"精耕细作"与正能量引导。

另外，驱动写作的任务也是不能忽略的。"思考和规划"，除了"思考"要讲清道理外，还应有小作者个人对未来的设计；"发言稿"是应用文体，要注意写作格式，要有与现场听众的交流意识，要与演讲稿区分开来；"学校的职业生涯规划课"这是预设的写作情境，不要写成了其他场合。

二、核心立意

核心立意是青年人择业时心中要有他人、社会和国家。"在奉献他人、社会和国家中实现自我人生的完美价值"，这是大方向。

三、拟题参考

1．多元的择业，一样的担当　　2．择我所爱，许身家国

3．青年择业，心系时代　　　　4．担青年之责，开职业之花

5．以青春之我，融入青春之国家

四、经典素材

1．青年何能一概而论？有醒着的，有睡着的，有昏着的，有躺着的，有玩着的。但是，自然也有要前进的。（鲁迅）

2．岁月悠悠，衰微只及肌肤；热忱抛却，颓废必至灵魂。（塞缪尔·厄尔曼诗歌《青春》）

3．这个世界上唯有两样东西能让我们的心灵感到深深的震撼，一是我们头顶上灿烂的星空，一是我们内心崇高的道德法则。（康德）

4．如果一个人只为自己劳动，他也许能够成为著名的学者、伟大的哲人、卓越的诗人，然而他永远不能成为完美的、真正伟大的人物。（马克思）

5．孔博曾以全区前30名的成绩考进北京理工大学，毕业后，他没有留在城里工作，而是回密云农村创业，曾四处碰壁，吃尽了苦头，但最终还是开办

了农产品电商平台"密农人家"，这个平台，如今已经拥有一年 3500 万的销售额，带动着越来越多的乡亲致富。

6. 2008 年 7 月，石磊从清华大学精密仪器与机械学系毕业后，成为一名大学生村官。他说："未来怎样，没有必要刻意去设计，踏实走好每一步，认真办好一件件小事，对群众负责，对自己负责，对后来的大学生村官负责就好。"那一年，他 20 岁。

学生作品

在奉献中实现个人价值升华

刘怡

亲爱的同学们：

大家好！

我很高兴能在这节生涯规划课上，与大家一起探讨"当代青年择业"问题，个人观点，不够成熟，权当抛砖引玉！

俗话说，好的开始是成功的一半。择好业，走好职业生涯第一步至关重要。在十年前，青年都想成为"科学家""老师""警察"等为国家做贡献；而近年来，随着互联网的发展，越来越多的人想成为"网红主播"，当代青年择业观的变化，让我们多少有些错愕：青年为何变成了这样？

或许有人说，我们不能用老眼光看新问题，"网红主播"职业是当下最为火热的职业，青年找到一份轻松而又收入高的工作难道还不好吗？不可否认，"网红"的兴起，极大地迎合了以"95 后"为代表的青年一代崇尚个性的心态，"网红"吸粉达几万甚至几千万人，其中不乏一些具有正能量的"网红"，如"papi 酱"、李子柒、王刚等，或表演才艺，或吸引投资，或带货直播，可以说"网红经济"已经成为移动互联网时代一个重要的社会现象。但我们也要看到，不少"95 后"向往直播和"网红"，是奔着高薪和轻松而来，不愿吃苦耐劳，不愿意深耕细作，有的搞怪博取眼球，有的低俗甚至出格，这样浮躁、急功近利的择业观，又怎么能在职场生涯行稳致远呢？

"95 后"与老一辈择业观的不同，这是很自然的事，我也并非要当代青年一定要走老一辈的职业道路，毕竟"每一代人有每一代人的长征"。在择业的征程上，我们首先要满足自我，实现自我价值，这是无可厚非的。但如果我们的择业只局限于"实现个人的完美"，则是相当狭隘的了。

在择业的征程上中，服务社会燃烧自己，甘做众多火柴中的一枝，为社会建设添砖加瓦，则应是我们当代青年当仁不让的价值取向。马克思说："如果一个人只为自己劳动，他也许能够成为著名的学者、伟大的哲人、卓越的诗人，然而他永远不能成为完美的人、真正伟大的人物。"我们的择业，不仅仅是个人的事，更是社会和国家的大事。

马化腾大学毕业后从事编程工作，他专注于软件开发，可这段经历并非一帆风顺，他不断地在挫折中寻得真理，终于明白开发软件的意义，沉淀五年后，最终成立了腾讯公司；马云，电商行业的领头军，他归国发展电商，大大提高了商品成交率，让更多更好的商品飞入寻常百姓家，使人们足不出户便可买遍天下商品。他们被授予"改革开放先锋"称号，就是因为他们在择业时，想到的不仅是个人的价值，更多的是社会的需要、时代的需要。他们在实现个人幸福的同时，也让同时代的人更幸福，这才是大写的人生。

同学们，当代青年应以社会所需为心之所向，积极投身时代洪流，实现与时代的同频共振，"小我"一定会成为"大我"。这才无愧于自我，无愧于伟大的时代和国家！

我的发言完毕，谢谢大家！

第二节 探索职业世界

俗话说："三百六十行，行行出状元。"随着社会的飞速发展，社会分工越来越细，中国职业兴替的周期正在不断加速，我们的社会已经出现了三百六十一行、三百六十二行……只有经过不断探索，我们才能最终找到自己心仪的职业。囿于学科视野，语文教学更多地为我们学生的职业探索提供一些思维和方法。

课例 11

揭秘春秋魅力外交家
——必修下册《烛之武退秦师》教学设计

《烛之武退秦师》是必修下册第一单元第 2 课，单元人文主题是"中华文明之光"。这篇作品选自先秦历史散文《左传》，记述的是秦晋两国联合攻打郑国之前开展的一场外交斗争，反映了春秋时代各诸侯国之间斗争的复杂性，赞扬了一位优秀外交官——烛之武在国家危难之际，能临危受命，不避险阻，只身去说服秦君，维护国家安全的爱国主义精神。烛之武的说辞，是一篇非常漂亮的外交辞令，短短 125 字，却说得委婉曲折，面面俱到，具有很强的说服力，其语言艺术达到了很高的水平，诠释了一位外交官必须具备的职业素养。

基于学习任务群要求、单元人文主题和职业探索的理念，本教学设计把学习情境设置为探寻古代"士人"（外交家）的职业素养，感受春秋时期"士"的风范。具体学习任务有两个：一是加强诵读，因声求气，引导学生全面了解烛之武的劝谏艺术，揭秘古代外交家的言论艺术"密码"；创设语言实践平台，让学生在学中做、做中学、做中悟，锻炼学生的口头表达能力；二是在把握历史事件、欣赏人物形象的基础上，围绕"历史叙事中的观念"，探究"礼"的观念及其实质，培养学生的思辨能力；从烛之武这"士人"的职业出发，引导学生思考、认识外交官的职业素养，从而达到古为今用的目的。

在教学策略上，通过预习，让学生感知作家作品、时代背景和文章大意；通过质疑和检测，扫除文字障碍；通过听读、示范朗读，调动学生的朗读兴趣；因声求气，体会人物的情感和智慧；质疑探究，发展学生的思辨性阅读能力；拓展延伸，领会其职业素养。

本课教学分为"了解古人言论艺术密码"和"把握人物形象"两个任务，每个任务安排为1课时，共2课时。

🕐 第1课时

核心任务

因声求气，了解古人的言论艺术密码。

学习资源

《烛之武退秦师》、网络和图书馆资源（如《晋公子重耳之亡》）等。

生涯渗透目标

提高学生的语言表达艺术，发展学生的生涯能力。

学科教学目标

1. 积累重要的通假字、古今异义词、词类活用和特殊句式，进一步提高独立阅读文言文的能力。

2. 抓住关键词句的含义，加强诵读指导，体会烛之武高超的言语魅力，进而认识烛之武机智善辩、善于利用矛盾分化瓦解敌人的外交才能。

教学重难点

诵读有关对话片段，领会烛之武辞令之美。

课前准备

通读全文，积累文言基础知识。

教学过程

导入

1. 观看视频：当西方媒体傲慢无端指责我们中国政府不保护人权时，我们的外交部长王毅霸气回应："最了解中国人权状况的是中国人自己。"

2. 导语：自古以来，对外交往对于一个国家来说十分重要。当一个国家的形象遭到诋毁，国格遭到侵犯，甚至安全遭到威胁时，一个好的外交家就应该用自己的聪明才智甚至生命，去捍卫自己国家的尊严和安全。好的外交官古有苏秦、张仪，今有王毅部长。古语云："三寸不烂之舌强于百万之师。"今天让我们一起走近这些外交官的祖师爷——烛之武，看看他是如何凭三寸不烂之舌，达到"不战而屈人之兵"的目的。

活动一：初读文本，整体感知

1. 读准字音，读准句读。

2．批注重要字词，梳理特殊句式。

3．检查文言词语落实。

①词类活用：

晋军函陵、越国以鄙远、共其乏困、既东封郑、阙秦以利晋

②古今异义词：

东道主、行李、夫人

③特殊句式：

夫晋，何厌之有？

4．用简洁的语言概括故事情节，画出思维导图。

提示：抓住题眼"退"字概括。

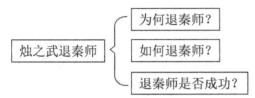

活动二：细读文段，知其"大义"（重点品读第二段）

1．学生齐读，熟悉文本内容。

2．学生自由朗读：揣摩"虚词"，体味人物情感。

参考交流：

佚之狐："矣"（人物心情沉重，读时适当延长，以突出形势危急）、"必"（人物坚定、胸有成竹，读时则应短促，以显示其对烛之武的信任）

郑伯："也"（心平气和、引咎自责、情真意切）、"然"、"焉"（语意转折，应重读，要读出郑伯的自责和真诚，达到以情感人的目的）

烛之武："犹""矣""也已"（适当延长，语调低沉，以显示人物壮志未酬的伤感、无奈、委屈、牢骚）

3．分角色朗读，因声求气。

朗读后学生相互评价和修正。

活动三：品读文章，知其"巧妙"

思考：烛之武为何退秦师？如何退秦师？退秦师是否成功？

1．为何退秦师？——以其无礼于晋，且贰于楚也。

背景链接：公元前637年，重耳（后为晋文公）出亡至郑国，郑国大夫叔瞻劝郑文公要以礼待重耳，郑文公却以"诸侯亡公子过此者众，安可尽礼"为由，

不听叔瞻劝告，对重耳不予礼遇接待。

公元前632年的晋楚城濮之战中，郑国曾出兵帮助楚国，结果是楚国大败。郑国感到形势不妙，马上派人出使晋国，与晋结好。但晋郑之间的隔阂并未消除。郑既怂恿楚国出兵攻晋，又盟于晋。

结论：秦出兵，师出无名。

2．如何退秦师？——第三段

秦为何出兵？无非是想"获利"？故烛之武巧析利害，以退秦师。

（1）理清说辞思路

整段说辞，由五个虚词统领五个层次（既—若—若—且—夫）

（2）诵读领悟，体会人物情感变化

第一层："秦、晋围郑，郑既知亡矣。"（平稳低缓）

第二层："若亡郑而有益于君……君之薄也。"（平稳顿挫）

第三层："若舍郑以为东道主……君亦无所害。"（略显高亢）

第四层："且君尝为晋君赐矣……君之所知也。"（慷慨激越）

背景知识链接

①秦立晋君：公元前651年，晋献公卒，晋国陷入内乱。晋国大夫里克杀了晋献公的庶子夷齐、卓子。并派人迎接公子重耳，重耳不就。后又派人迎接献公次子夷吾，夷吾采纳大臣吕省、郤芮的意见，厚礼贿赂秦国，答应割让晋河东之地予秦。于是秦穆公拥立夷吾为君。

②惠公背约：公元前650年，晋惠公借秦国之力即位后，对割让土地之事非常后悔，就派大臣丕郑赴秦国，以先君之地不得擅许为由食言。

第五层："夫晋，何厌之有……唯君图之。"（先略显激愤，后平缓诚恳）

（3）白话演说，领会说辞艺术之高超

第一步，欲扬先抑，以退为进。（示弱：坦言知亡，避其锐气）

第二步，阐明利害，动摇秦君。（无益：亡郑只对晋有利）

第三步，替秦着想，以利相诱。（有益：舍郑会对秦有益）

第四步，引史为例，挑拨秦晋。（历史：晋背信弃义）

第五步，推测未来，劝秦谨慎。（将来：阙秦以利晋）

说辞剖析利弊，层层深入。

3．退秦师是否成功？——"与郑人盟""使戍之""亦去之"

小结：烛之武在剑拔弩张的敌对情势下，凭借自己的三寸之舌，不仅说服秦伯撤退了秦师，反而使秦伯派兵保卫郑国，迫使晋军也不得不撤兵，从而解除了郑国的危机，也埋下了秦晋"猜疑"的种子。

活动四：深入探究，知其"机智"

讨论：烛之武成功说退秦师的原因有哪些？其中最关键的原因是什么？最根本的原因又是什么？

明确：

1. 内因——讲究巧妙的辞令（抓住"利"字）

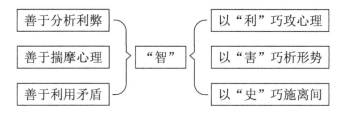

2. 地利——晋军函陵，秦军汜南

结合教材"春秋列国形势简图"分析两国驻军位置。

3. 人和——{
善于纳谏、勇于自责的郑文公
慧眼识英雄的伯乐佚之狐
}

烛之武能说动秦穆公，最关键的原因有三：一是抓住了秦伯的贪婪，二是抓住了秦晋两国的历史关系，三是抓住了两国的驻军位置。而其根本原因就在于敏锐地抓住了秦国对晋国的"隐忧"，即秦晋之间的矛盾。

齐声朗诵，要求读出语气（铿锵有力）。

课外活动

1. 背诵课文，整理文言词"鄙""以""其""焉"的用法。

2. 阅读《晋公子重耳之亡》，进一步了解与本文相关的史实。

🕐 第 2 课时

核心任务

把握人物形象特点，探究史传散文中的重要观念。

学习资源

《烛之武退秦师》

生涯渗透目标

了解外交官必须具备的职业素养。

教学目标

1. 把握烛之武形象特点，对话古人，形成自己的思考评价。

2. 理解史传散文中"礼"的文化价值，发展思辨能力，滋养理性精神。

教学重难点

了解烛之武形象特点，理解史传散文中"礼"的文化价值。

教学过程

导入

烛之武精妙的说辞和周密的言语策略语惊四座、言震天下，真可谓"一言之辩重于九鼎之宝，三寸之舌强于百万之师"。清金圣叹说："妙在其辞愈委婉，其说愈晓畅。"清林云铭评论说："烛之武为国起见，说秦之词，句句悚动，有回天之力，其中无限层折，犹短兵接战，不虑秦伯不落其彀（gòu）中也。"下面，我们来一个模拟，还原当时的历史情境。

活动一：模拟演练，还原对话现场

1. 模拟对话现场。注重现场真实感，注重语气、语调、情感等要素的融合。

2. 评价对话效果。制定相关的评价标准，读出说话的味道，如语气、轻重、节奏、情感等，读出人物的性格特征。

评价量表

序号	评价项目	评价要点	权重	得分
1	语音面貌	吐字清晰，重音得当，语调得体，语速适中	20	
2	内容准确	正确、流利地表达人物的个性特点	20	
3	语言流畅	熟练、流畅、自然，富有节奏	20	
4	思想感情	感情、表情、动作富有感染力和表现力	30	
5	仪表素养	仪表端庄、整洁，举止得体，整体效果好	10	

活动二：对话古人，生成思考评价

学生任选一人物，结合其性格特点，用"烛之武，我佩服你"开头说几句话，来表达自己对人物的评价。

学生先思考，后交流，教师点拨。

①烛之武：深明大义，顾全大局；以国为重，机智勇敢；能言善辩，足智多谋。

②秦伯：决策果断，善谋利益。

③郑伯：善于纳谏、勇于自责、善于言辩。

④佚之狐：自信，慧眼识才。

⑤晋文公：贪婪，但理智，能隐忍不拔，随机应变，审时度势，有雄才大略。

示例：

烛之武，我佩服你。年轻时，你怀才不遇，沉沦下僚，没能获得重用。暮年时，你以一己之力挽狂澜于既倒，扶大厦于将倾。深夜里，你独自一人走向秦军的兵营，面对秦伯时，你的身上焕发了光芒，照亮了春秋乱世的黑夜。你在史书上虽然只是一个看似没有生命的名字，但我们要给你一个称号，那就是英雄。

活动三：深入探究，寻其文化思想

本文叙述的故事，表现了一种什么样的思想观念？

1. 快速在文中划出体现儒家思想"礼"的关键语句，并做简略评点。

《烛之武退秦师》是一篇史传，出自史家之手，必受史家史观的约束。"礼"是春秋社会的核心观念，《左传》的史观是"礼"。体现"礼"思想观念的语句有直接点明和间接体现两种形式。

参考要点：

《烛之武退秦师》的起因是"晋侯、秦伯围郑，以其无礼于晋，且贰于楚也"。孔子在《论语·季氏》说："天下有道，则礼乐征伐自天子出；天下无道，则礼乐征伐自诸侯出。"这就是礼制。郑伯先前确实"无礼于晋"，但"晋侯、秦伯围郑"明显是使"天下无道"的违背礼制之举。

这场争斗中，郑伯是个唯利是图之徒，秦伯是个见利忘义之徒，晋侯是个得寸进尺之徒，其行为完全是违背礼制的。左丘明没有直接评述，用的是春秋笔法。

晋文公退师的三点理由："因人之力而敝之，不仁""失其所与，不知""以乱易整，不武"。三句话，有道义的、政治的和军事的三个角度，但全都是从自己的利益出发，清楚地表明了这场争斗的本来面目：礼是表面，利是实质。

2．分享与交流：如何看待春秋时期的"礼"？

①"礼"的积极意义：文中蕴含的为国以礼、忠诚不二、仁义明智、信守道义等先秦重要精神品质和价值观念对中华民族传统美德的形成具有积极的影响。

②"礼"的虚伪性：春秋战国时期，许多国家都是以利而合，因利而分，在"利""害"面前，"礼""仁""知""武"等又具有相当的虚伪性。

活动四：拓展延伸，知其职业素养

1．思考：从烛之武这位外交官身上，我们可知外交官应具备哪些职业素养？

①深明大义的爱国精神。要把祖国和人民的利益看得高于一切。

②迎难而上、义无反顾的勇气。国与国之间关系错综复杂，没有哪一件事是轻而易举能办成的。这需要外交官纵横捭阖，不畏艰辛，迎难而上。

③口若悬河、巧言善辩的辩才。作为外交官，没有一点口才是万万不行的。

2．联系现实，请学生谈谈作为一位外交官还须具备哪些条件。

（提示：热爱世界和平事业；要有敏锐的辨别力；要善于学习，具备必要的外语基础，世界风土人情都要广泛涉猎。）

【小结】

从历史长河中可以看到，诸葛亮前往江东促成孙刘联盟时，舌战群儒，谈笑风生；顾维钧在巴黎和会签字协议上拍案而起，据理力争；周恩来在重庆和南京国民政府要人周旋时有理有节，刚柔相济。外交家的风采，神奇迷人，彪炳史册。

课外活动

如果你是中国派到美国去的外交官，你会如何游说美国总统，离间美日联盟，为中国和平发展需要的稳定周边关系作出贡献？

课例12　　　　新时代，新探索，新职业
　　　　　　　　　　　　——必修下册第三单元教学设计

　　人类的文明史，其实是一部探索与发现创造的历史。必修下册第三单元聚焦于介绍性较强的科普文章和比较浅显的学术论文，其人文主题是"探索与创新"，属于"实用性阅读与交流"学习任务群。本单元的四篇知识性文章，有中医药科学家对科技研发的过程与意义的讲述，有理论物理学家对童年经历如何影响自己从事科学探索的回顾，有建筑学家总结性的梳理和介绍，有文史学者对一个具体问题的探究和解决。单元作品除了引导学生了解不同领域的科学知识，激发学生的科学探究兴趣和热情外，还向学生呈现了丰富多彩的职业世界，有助于学生们了解不同行业的职业素养。

　　基于学习任务群要求、单元人文主题和职业认知特点，本教学设计以科学探索与发现为大情境，激发学生科学探究的兴趣和热情，培养学生的科学思维和提升科学探究能力；同时通过不同渠道探索自己喜欢的职业，扩大学生对职业世界的认识。本单元教学大任务为以"我的新职业探索"为主题，开展一次宣讲活动。要求学生观察和发现新时代背景下的新职业，概述新行业从出现到发展壮大的轨迹，分析新行业出现的背景和原因，介绍行业标杆人物的主要事迹，预测新行业发展前景并阐释理由。要完成此任务，学生需要通过对课内四篇文章的研读，了解科学家和学者发现问题、解决问题的主要过程，关注其在科学发现过程中具有重要启示的节点，了解发现与创造背后的科学思维方式，学习作者严谨而生动的语言特点，从而激发学生用理性思维和科学态度探索生活中新生事物的兴趣和热情，并能自主开展对新事物的研究，撰写宣讲稿，表达自己的见解和思考。

　　教学安排

学习任务	学科教学目标	生涯渗透目标	课时
学习准备	了解本单元四位作者及其研究成就，完成作者信息表的填写	了解世界最新的科技成果，激发科学兴趣和关注	1
科研之路	抓住核心概念，梳理科学发现历程；领悟科学思维方式，了解科学研究方法	感受科学家探索的执着精神和奉献精神	3

续表

学习任务	学科教学目标	生涯渗透目标	课时
探索发现	思考和学习认识事物、把握规律、阐述事理的独特角度和表达技巧	学以致用，借鉴如何表达科学探索与发现	3
写作与宣讲	用发现的眼光确定选题，用科学探究的方法搜索素材，以合理的方式呈现认识	从不同渠道探索职业，扩大对职业世界的认知	3

学习任务一：学习准备

本学习任务主要通过介绍 2021 年诺贝尔奖获奖情况及新冠病毒的知识情况，让学生了解世界最新的科技成果，引导学生对科学产生兴趣和关注。了解本单元四位作者及其研究成就，为本单元学习做好知识、认知、心理和思考的准备。最后，在观看百度百科小视频或阅读摘录"作者简介"的基础上，完成本单元四位作者信息表的填写。

时间安排：1 课时

🕐 第 1 课时

核心任务

为单元学习做准备。

学习资源

1. 教材单元四篇课文；

2. 网络资源：

① 2021 年诺贝尔奖五大奖项获奖情况；

② 2021 年普利兹克建筑奖（号称"建筑界的诺贝尔奖"）获奖情况。

③有关屠呦呦、加来道雄、梁思成三人的小视频：百度百科之《秒懂百科》栏目"一分钟了解（作者名）"。

④有关林庚简介的摘录。

生涯渗透目标

了解世界最新的科技成果，激发学生的科学兴趣和关注。

学科教学目标

1. 了解本单元四位作者及其研究成就，完成作者信息表的填写。

2. 明确单元学习目标，浏览文章。

教学重难点

了解世界最新的科技成果，了解四位作者及其科研成就。

课前准备

搜索网络资源

1. 了解2021年诺贝尔生理学或医学奖、物理学奖、化学奖和文学奖情况。

2. 了解2021年普利兹克建筑奖（号称"建筑界的诺贝尔奖"）得主。

3. 了解四位作者的研究领域和研究成就。

教学过程

导入

1. 介绍2021年诺贝尔奖四大奖项得主。

2. 学生思考、讨论：诺贝尔奖为何备受世人关注？有何意义？

提示：诺奖往往代表了当今世界人类事业发展的最高水平，也是对人类过去一段时间科技、文化、和平等事业的总结，对我们也有较大的参考价值。

活动一：阅读"单元导语"，明确学习目标

单元学习目标：

1. 掌握阅读知识性读物的基本方法，发展科学思维，培养科学精神。

2. 把握关键概念和术语，理清文章思路。

3. 分析作者阐释说明、逻辑推理的方法，体会文章语言严谨准确的特点。

4. 能学以致用，学会用多种方法和简明准确的语言阐释复杂的事物，清晰地说明事理，并与他人交流。

活动二：走近作者，激发科学兴趣

1. 观看前三位作者的《秒懂百科》小视频和有关林庚的摘录。

屠呦呦领取诺贝尔奖视频网址：https：//v.qq.com/x/page/s0176az1pzm.html.

屠呦呦获2016感动中国人物颁奖词：青蒿一握，水二升，浸渍了千多年，直到你出现。为了一个使命，执着于千百次实验。萃取出古老文化的精华，深深植入当代世界，帮人类渡过一劫。呦呦鹿鸣，食野之蒿。今有嘉宾，德音孔昭。

林庚简介：1910—2006，字静希，原籍福建闽侯（今福州市），现代诗人，文学史家，北京大学教授。作为一名学者，林庚教授的研究主要涉及唐诗、楚辞、文学史等方面，显示出诗人学者的独有特色。他将创作新诗和研究唐诗完美地统一起来。在唐诗研究方面，他提出的最著名的论点是"盛唐气象"。主要作品有文集《唐诗综论》、诗集《夜》等。

2．填写有关作者的信息表

作者	国籍	研究领域	研究成果或作品
屠呦呦	中国	中医药学	创制抗疟药——青蒿素和双氢青蒿素
加来道雄	日裔美籍	理论物理	弦理论的参与者，代表作品有《构想未来》《超越时空》《平行宇宙》《愿景：21世纪科学将如何改变》等
梁思成	中国	建筑学	主持国徽和人民英雄纪念碑的设计，著有《清式营造则例》《中国建筑史》等
林庚	中国	文艺评论	在唐诗研究方面，他提出的最著名的"盛唐气象"论点。主要作品有文集《唐诗综论》、诗集《夜》等

活动三：浏览课文，整体感知

1．字音字形

青蒿（hāo）素　疟（nüè）疾　肆虐（nüè）　羟（qiǎng）基　砒（pī）霜　秘（bì）鲁　福祉（zhǐ）　目眩（xuàn）　墁（màn）地　额枋（fāng）　柁坨（tuó）墩　接榫（sǔn）　涔（cén）阳　窸窣（xīsū）　亭皋（gāo）　寒砧（zhēn）　言筌（quán）

2．词语

自鸣得意：自以为了不起，表示很得意。鸣：表示，以为。

畏葸（xǐ）不前：畏惧退缩，不敢前进。葸：害怕，畏惧。

灼灼：明亮鲜艳的样子。

寒砧：秋后的捣衣声。诗词中常用来象征凄凉萧瑟的景象。砧，捣衣石。

亭皋：水边的平地。亭，平；皋，水旁地。

窸窣：象声词。此处指叶落的细小的声音。

课外活动

1．梳理文章的结构思路。

2．围绕"科学研究的意义"这个话题，结合四位作者的生平事迹和抗击新冠肺炎疫情成就，写一段不少于200字的观后感。

学习任务二：科研之路

本任务重点学习屠呦呦的《青蒿素：人类征服疾病的一小步》和加来道雄的《一名物理学家的教育历程》两篇描述科学探索之路的文章，引导学生了解两位科学家的科研创新之路，关注科学发现过程中具有重要启示的节点，分析重要节点出现的原因，领悟其背后的科学思维方式，感受科学家探索真知的执着精神和奉献精神。同时学习两位科学家用浅显明白的语言、简明的小标题和通俗易懂的故事介绍科学原理与探索过程的方法，为完成单元核心任务——"我的新职业探索"报告的写作做准备。

时间安排：3 课时

🕐 第 2 课时

核心任务

抓住核心概念，概括科学发现历程。

学习资源

《青蒿素：人类征服疾病的一小步》《一名物理学家的教育历程》。

生涯渗透目标

了解中医药学家、理论物理学家的职业素养。

学科教学目标

1. 掌握阅读知识性读物的基本方法，养成圈点勾画、随文批注的习惯。

2. 抓住关键术语，梳理两位科学家研究的主要过程。

3. 关注写作目的，把握文章主旨。

教学重难点

概括文本核心内容，关注写作目的，把握文章主旨。

教学过程

导入

"长大后成为一名科学家"，大概是我们无数同学儿时的梦想。而实现这一梦想，非坚韧之志、勤勉之才、呕心之作不可。令人醉心痴迷的科学，并非遥不可及、深不可测、生不可亲。本单元我们要走近的四位科学家分别来自医学、物理学、建筑学、文艺学等领域，他们以慧眼的凝视让我们重生、让世界改观。这四篇文章既能让我们领略科学精神，感受科学研究的魅力，激发我们的科学探索意识，也能让我们找到科学研究的方法和适宜的表述方式。诺贝尔物理学奖获得者康普顿曾说："科学赐予人类的最大礼物，是相信真理的力量。"愿这种力量能为大家带来乐观的心态、坚持的毅力，还有敏锐的眼光。

活动一：认识知识性读物的特点

1. 学生回忆：《乡土中国》这部学术著作我们采用了哪些阅读方法？

2．概括介绍其特点

（1）什么是知识性读物

所谓知识性读物，顾名思义，就是向大众普及、传播科学知识的读物，如复杂的说明文、科普读物、社会科学类通俗读物等（2020年修订《普通高中语文课程标准》），它涉及的面比较广，本单元的几篇知识性读物涉及了物理、医学、化学、生物学、建筑学、文艺学等诸多领域的内容。它的价值不仅仅在于自然科学、社会科学等知识的普及，而且也是科学精神、科学思想的传播。

（2）阅读目的：读懂内容，获得理解，获取知识，解决问题，获得启迪，而非赏鉴和品味。

（3）阅读方法：要基于学术语境和学科背景，抓住核心概念（主要概念、学术名词、特征、性质等），形成概念性理解，领悟科学思维，关注结论和方法。

活动二：圈点勾画核心概念，梳理科学发现历程

1．阅读《青蒿素：人类征服疾病的一小步》，绘制"青蒿素产品研发过程图"

①梳理文章思路结构

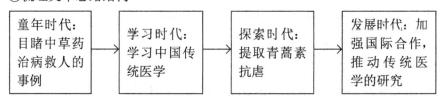

②重点阅读第二部分，圈出作者在科学研究过程中的关键概念

提示：疟疾、青蒿、青蒿素、植物化学、药理学、收集、挑选、提取、测试、查阅文献、青蒿提取物、中性提取物、临床治疗、分离提纯、青蒿素胶囊、双氢青蒿素……

③按科学研究顺序组合关键词，绘制"青蒿素产品研发过程图"

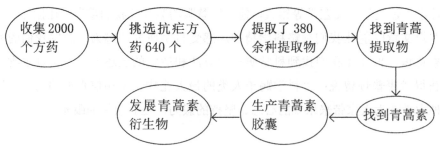

④概括科学发现历程：

通过一系列的收集、挑选、提取、分离提纯和反复测试，屠呦呦及其团队

完成了从青蒿、青蒿提取物、青蒿素和双氢青蒿素的发现、发展和超越，为人类战胜疟疾做出了杰出的贡献。

2. 阅读《一名物理学家的教育历程》，绘制"加来道雄成才历程图"

①边读边筛选信息要点，概括文章的主要内容。

本文并非讲解高深的理论物理学知识和道理，而是重在回顾成长历程中对自己的人生意义重大的两个阶段、三件事情，即童年时对于鲤鱼世界的幻想和对爱因斯坦未竟事业的向往，青年时建立实验室。历时性和共时性并存的叙述，共同构成了作者的学习历程。

②圈点勾画关键词，示例如下：

力、高维世界、想象、多维空间、平行宇宙、统一场论、好奇（兴趣）、反物质、电子感应加速器、反电子、实践……

③绘制"加来道雄成才历程图"

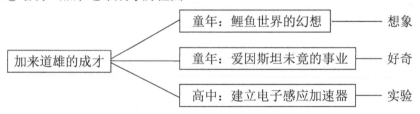

活动三：理解文章主旨，初悟职业素养

1. 《青蒿素：人类征服疾病的一小步》这篇文章的主旨是什么？

提示：这一篇特别的文章，由屠呦呦接受拉斯克奖时的演讲及其论文剪辑组合而成。文章既有现代科学和技术以及中国传统医学在发现青蒿素过程中的作用，也有近年来中医药学的新贡献；既有屠呦呦及其团队的艰辛探索和研究历程，也有她们的研究成果及影响。文章立意高远，从不同维度体现了科学家不懈的探索精神、为天下苍生解除疾患的博大情怀、严谨踏实的科学态度以及对传统中医药学的热爱，更是在呼吁全世界重视并开展中医药学的研究，为人类健康做出更大贡献。

2. 讨论：《一名物理学家的教育历程》中三件趣事有什么意义？

预测：文章清晰地呈现了加来道雄走上理论研究之路的历程，更向我们昭示了成为一位科学家应该具备的前提条件和基本素养——丰富的想象力、持续的好奇兴趣和实验精神。

科学是需要想象力的，想象力带来创造力。作者正是从对鲤鱼世界的想象中，认识到人类观察空间的局限性，间接感悟到了高维空间存在的可能。由感性的想象上升到理性的创造，体现了创新意识和探索精神。

好奇心是科学研究的原动力。许多科学家、研究人员曾不约而同地在颁奖现场谈到，是"好奇心"驱动并引领他们走上科研的道路。面对这条充满不确定因素和挫折的道路，是好奇心鼓励他们坚持、激励他们创新。

实践出真知，实践出物理学家。丁肇中说过："现代学术的基础就是实地的探索，就是我们现在所谓的实验。""科学发展的历史告诉我们，新的知识只能通过实地实验而得到，不是由自我检讨或哲理的清谈就可求助到的。"

课外活动

1. 阅读《中国建筑的特征》和《说"木叶"》两篇文章，用简洁的语言概括其内容和写作目的。

2. 广泛搜集资料，向同学们介绍中医药学、理论物理这两个大学专业的学习内容、就业方向和就业前景。

🕐 第 3 课时

核心任务

领悟科学发现背后的思维方式。

学习资源

1. 本单元 4 篇课文。

2. 张抗抗《地下森林断想》（节选）、《镜泊湖地下森林简介》（节选）。

生涯渗透目标

学习科学思维，激发对科学研究的兴趣与热情。

学科教学目标

1. 了解科学家"发现"和"创造"背后的科学思维方式，引导学生科学思考身边事物。

2. 关注科学发现中具有重要启示的节点，分析重要节点出现的原因。

教学重难点

探索科学家"发现"和"创造"背后的科学思维方式。

教学过程

导入

观看施一公"开学第一课"演讲：《独立思考、尊重科学》。视频网址：

https：//v. qq. com/x/page/c09533vafhu. html.

施一公与中学生们分享了他从事科学研究近30年的人生思考，并送给学生四个观点：独立、思考、尊重、科学。他还分享了每次有重大科学发现时他的心情："这种愉悦感难以用语言表达，它是一种刻骨铭心的愉悦。怎么来描述？我试图让同学们理解，在人类历史浩瀚的历史中，在宇宙长河中，你们想一想，我们能留下什么？当你在实验室里，当你在你的笔记本里，在你的思考过程中，有一个重大的理论突破，有一个核心的实验观察，这种愉悦感，你不觉得比中了彩票大奖更加不可思议吗？这是用你自己的力量在改变世界，在创造奇迹。"

这节课我们继续一起走进科学家眼中的世界，了解科学家在研究过程中是如何突破瓶颈，又是如何观察世界、提出问题的。

活动一：小组交流，探讨科学思维

问题：屠呦呦和加来道雄在科学发现过程中有哪些给他们重要启示的节点？体现了一种怎样的科学思维特质？

1.结合两位科学家的科学探索历程找到重要节点，迅速浏览，检索重要语段。

《青蒿素：人类征服疾病的一小步》重要语段：

奎宁的发现，很大程度上得益于秘鲁历史上对金鸡纳树的利用；青蒿素的发现，则是中医药学赠予人类的瑰宝。在研究最困难、最关键的时刻，我从传统中医文献中获得新的灵感和启示。

研究的转折点出现在青蒿上，其提取物显示有一定的抗疟效果，然而，实验结果很难重复，而且似乎与文献记录相悖……改变提取方式后，抗疟效果果然大幅度提升！

《一名物理学家的教育历程》重要语段：

我曾想：在水底的鱼群中可能有一些鲤鱼"科学家"。我想这些鲤鱼"科学家"会对那些提出在水池之外还存在有另外一个平行世界的鱼冷嘲热讽……书中超空间旅行的发现推动了一个银河帝国的兴起。

我被这个故事迷住了。对于一个孩子来说，这是很神秘的……纵然为此而必须成为一名理论物理学家也在所不辞。

2. 根据《一名物理学家的教育历程》中作者对鲤鱼世界的遐想部分内容，指导学生填写下表。

叙事要素	环境	主人公	情节	
叙事要素	池塘	鲤鱼、鲤鱼"科学家"	为睡莲自己运动而困惑不解	一个鲤鱼"科学家"被抓走又放回
隐喻	人类生活的宇宙（四维空间）	人类及其科学家	人类无法合理解释多维空间的运动而杜撰了某种神秘力	少数人认为存在另外一个宇宙，但多数人认为是胡说八道
科学思考	客观上存在另外一个平行"宇宙"	真实存在的事物就是看得见摸得着的，看不见的世界没有科学意义	以神秘的"力"来掩盖自己的无知	这个"宇宙"的规律不适合另一个"宇宙"，不能在实验里验证的世界也存在

针对两位科学家在科学发现过程中的重要节点的共同之处和不同之处，小组内展开讨论、交流，个人校正。

提示：两位科学家都经历了大量文献查阅、思考和实践阶段。屠呦呦发现青蒿素的抗疟疗效，就是从中国古代典籍中找到了灵感，在对中国传统医学的继承中寻求突破。她发现青蒿的提取物显示了一定的抗疟疗效，但实验结果很难重复，而且也与文献记录相悖；于是她认真比对文献记载与实验操作之间的差异，发现现代实验提取方式与古代的提取方式不同，正是这"不同"的发现，使得研究出现了转机，最终取得突破。这里涉及的科学思维方式，就是科学研究中的求异法。而加来道雄则以科学想象来观察事物，从鲤鱼的视角来阐说了客观存在的另一个"宇宙"。这里涉及到科学思维方式，是科学研究中的类比法。

活动二：比较阅读，感受不同的思维方式

1. 战国中期，庄子和惠子在濠水桥上观鱼也产生了想象和辩论。请谈谈哲学家和科学家对同一问题的思考有什么不同。

庄子与惠子游于濠梁之上。庄子曰："鲦鱼出游从容，是鱼之乐也。"

惠子曰："子非鱼，安知鱼之乐？"

庄子曰："子非我，安知我不知鱼之乐？"

惠子曰："我非子，固不知子矣；子固非鱼也，子之不知鱼之乐，全矣。"

庄子曰："请循其本。子曰'汝安知鱼乐'云者，既已知吾知之而问我，我知之濠上也。"

提示：惠子看待世界，更偏向于理性的逻辑思考，我就是我，鱼就是鱼，我与鱼是两个相对分离的世界，客观分析，从科学的角度来看世界，具有求真精神。

而庄子不同于惠子，他是一位浪漫主义的诗人、哲学家，他更倾向于感性的认知，是用"同一宇宙视角"看天下，我就是鱼，鱼就是我，物我合一，他从美的角度来看世界，具有尚美精神。同样对于游鱼，庄子以唯心主义的认知方式看待万物，将自己主观的情意投射到外界上，而产生了移情，进而故意曲解惠子的意思，在争论中得以维持最初的判断，体现了庄子"与天地并生，与万物为一"的哲学思想。

而加来道雄则以科学想象来观察事物，通过转换视角，从儿童的角度来想象鲤鱼世界，不仅充满了趣味，而且启发了我们观察空间的局限性，间接感悟到了高维空间存在的可能。

2. 同是写地下森林，表现手法和语言运用上有什么不同特点？由此可看出文学思维和科学思维有什么不同？

片段一：那一定是遥远的年代了。那时候这里也许是一片芬芳的草地，也许是肥美的湖沼，美丽的大自然，万物鼎盛。可是突然一次巨大的火山爆发，瞬息改变了一切。狂风呼啸，气浪灼人，沙石飞腾，岩浆横溢，霎时天昏地暗，山崩地裂，好像到了世界的末日……

人们不知道地球为什么要发那么大的脾气。或许仅仅是因为它喜欢运动。啊，听苍郁的巨木在风暴中咔咔折断，见地心的"热血"喷射上天，气势之宏伟壮观，连太阳都要肃然起敬。

然而它终于息怒了……几千年过去了，几万年过去了。

孱弱的小苗曾在寒冷霜冻中死去，但总有强者活下来了，长起来了，从没有阳光的深坑里长起来。

几千年过去了，几万年过去了，进入了人类的文明时代。终于有一天，人们在昔日的死火山口发现了一个奇迹，一个生命史上的奇迹：幽暗的峡谷里竟然柞木苍郁，松树成林，整整齐齐、密密麻麻地耸立着一片蔚为壮观的森林。只因为它集于井底一般的深谷之中，而又黑森森不见阳光，有人便为它起了一个恰如其分的名字，叫作地下森林。

如果它早已变成漂亮的小湖，奇丽的深潭，也许早就免除了这"地下"的一切艰辛。但是它不愿意。它懂得阳光虽然嫌弃它，时间却是公正的，为此它宁可付出几万年的代价。它在黑暗中苦苦挣扎向上，爱生命竟爱得那样热烈真挚。尽管阳光一千次对它背过脸去，它却终于把粗壮的双臂伸向了光明的天顶，把伟岸的成材无私奉献给人们，得到了自己期待和希望已久的荣光……

——节选自张抗抗《地下森林断想》

片段二：地下森林，又称火山口原始森林，属国家级自然保护区，位于镜泊湖西北约 50 公里的深山中。

这里是一座死火山，海拔 1 000 米左右。据科学家考察得知，这些火山口由东北向西南分布，在长 40 公里、宽 5 公里的狭长形地带上，共有 10 个。它们的直径在 400 米至 550 米之间，深在 100 米至 200 米之间。其中以 3 号火山口为最大，直径达 550 米，深达 200 米。

火山口底比较平坦，里面暗藏着火山熔洞。熔洞内气温反常，酷夏有薄冰，严冬有清泉。

地下森林中蕴藏着丰富资源，有红松、黄花落叶松、紫椴、水曲柳、黄菠萝等名贵木材；有人参、黄芪、三七、五味子等名贵药材；有木耳、榛蘑、蕨菜等名贵山珍。

地下森林中有许多动物，鸟、蛇、兔、鼠等小动物穿行于树林草丛中，马鹿、野猪、黑熊等大动物也时隐时现，连罕见的国家保护动物青羊也经常出没其间。

——节选自《镜泊湖地下森林简介》（有删改）

提示：片段一是散文，采用形象思维，文中处处充满鲜活的生动的形象，作者的猜想未必有事实依据，同时语言充满激情，富有文采，句式富于变化多姿。片段二是说明性文章，采用理性思维，多用陈述句、判断句，语言平实、准确，显得科学客观。

课外活动

1. 加来道雄童年时的两件趣事讲述了两个物理现象（高维理论和统一场论），查阅资料，补充你对这两个物理现象的理解，试着从你的生活中再找出另外两个事件重述这两个物理现象。

2. 阅读《中国建筑的特征》《说"木叶"》，概括两位科学家科学研究的思维方式特点。

提示：梁思成从建筑之外的其他领域如文学、艺术等中寻找归纳、解说的灵感，林庚从大量材料的梳理考据中发现问题、解决问题。

🕐 **第 4 课时**

核心任务

领悟科学家探索真理的执着精神和奉献精神。

学习资源

《青蒿素：人类征服疾病的一小步》《一名物理学家的教育历程》。

生涯渗透目标

体会科学工作的艰辛和乐趣，体悟学术研究的魅力。

学科教学目标

1. 了解科学研究的基本方法，领会科学家的创造精神和科学态度。

2. 学习科学家介绍自我发现和探索历程的方式、方法。

教学重难点

领会科学家的精神品质，掌握介绍科学原理与探索过程的方法。

教学过程

导入

如今，人类发展已步入加速时代，科学技术正逐渐成为发展的主要驱动力。在上一堂课中我们了解了科学研究并非高深莫测或遥不可及，领略了科学家观察世界的独特视角和突破科研瓶颈的思维方式。这节课我们就来探讨科学家们是怎样探究问题的，在这种探索和突破中体现了他们怎样的精神品质，又该如何介绍科学原理与探索过程。

活动一：领悟科研方法，归纳职业精神

1. 浏览课文内容，想想屠呦呦及其团队在科学探索过程中遇到了哪些困难，加来道雄探索了哪些问题，他们又是如何去解决的。学生列表梳理、概括，教师指导。

《青蒿素：人类征服疾病的一小步》

探索中遇到的困难	科学研究方法	科学研究精神
收集 2000 个方药，从中挑选和提取抗疟方药	实验法、统计法	一丝不苟、严谨周密
在小白鼠身上测试抗疟效果，进展甚微	实验法	锲而不舍、实证精神
青蒿提取物有一定抗疟效果，然而实验结果很难重复	文献查阅、差异法	继承传统、勇于创新
新药的临床试验很难开展，需确认对人体的安全性	实验法	勇于献身、敢为人先
将天然分子变为药物，需要青蒿素含量高的青蒿	实地调研法	团队协作、不贪名利

《一名物理学家的教育历程》

科学探索的内容	科学研究方法	科学研究精神
坐在水池边遐想、思考	想象、类比法	想象丰富，创新意识
对爱因斯坦尚未完成的论文充满兴趣	查阅文献法	天真好奇、热爱科学、兴趣浓厚、勤奋刻苦
决定自建电子感应加速器：230万电子伏特、22英里长的铜线、整整一个圣诞假日、50码长的线路	实证法	脚踏实地、不惧艰辛、勇于实践、酷爱钻研

2．分类整理所列的科学精神关键词，根据自己的理解，筛选出科学家最应具备的三种职业精神品质。

提示：分类角度示例：

思想境界：勇于献身、团队协作、不贪名利

情感态度：热爱科学、一丝不苟、锲而不舍、酷爱钻研、脚踏实地、不惧艰辛

科学品质：创新精神、想象丰富、勤奋刻苦、实证精神、天真好奇、严谨周密

3．分组讨论：以课文内容为依据，给所选的"科学家精神品质"关键词各写一条解说词（限于50字左右）。

示例：

不贪名利——搞科学研究，要以为社会和人类造福为己任，戒骄戒躁，耐得住寂寞，十年磨一剑，屠呦呦的获奖绝不是偶然。

创新精神——真正的科学家总是站在创新第一线。如果一个科学不再创新了，其科学生命实际上就停止了，这就是青蒿素诞生的秘密。

实证精神——不去实践的科学家，永远就像不酿蜜的蜜蜂。加来道雄没有空想，才到达了真理的彼岸。

4．小组从语言、思想、逻辑和与课文内容的关联等角度点评。

活动二：自主探讨，赏析写作技巧

思考讨论：两位科学家是如何深入浅出地介绍自己的科学成果和探索过程的？

提示：

1．选材上，捕捉"灵魂"，多角度剪裁。

《青蒿素：人类征服疾病的一小步》紧紧围绕"科学家精神品质"这个灵魂，

通过剪裁典型事件，展现了一支由"灵魂人物"带领的，具有高尚灵魂和科学精神的科研队伍形象。材料既有屠呦呦小时事例，也有她的教育历程和积极投身抗疟科研事业的事迹；既有屠呦呦个人的闪光点，也有集体的光辉；既有中医药学的贡献，也有现代科学技术在科研中的运用。而《一名物理学家的教育历程》中加来道雄成为理论物理学家的过程，一定也有许多可圈可点的事情写，但作者只选取了童年的两件趣事和高中时建立实验室的事例，突出展示他成长为一名"物理学家"的"教育历程"，并不旁及其他成长的经验。这样使得文章叙述不蔓不枝，重点突出。

2. 组材上，结构严谨，逻辑清晰。

《青蒿素：人类征服疾病的一小步》采用"总—分—总"结构、由一般到特殊、由个别到一般等顺序行文，第二部分总写发现、提取青蒿素的经过，第三、四、五部分具体写研究工作的过程，第六部分总括中医药学的贡献，结构严谨。第二、三、四部分与第五部分之间是一个一般到特殊的逻辑顺序，第五部分与第六部分之间是个别到一般的逻辑顺序，条理分明。《一名物理学家的教育历程》选取的三则故事总体上也有一个时间顺序：第一则故事侧重童年，第二则故事涉及八岁到高中的时光，第三则故事写的是年轻时，紧密相连，环环相扣。

3. 形式新颖。

《青蒿素：人类征服疾病的一小步》用浅显而简明的小标题领起各部分内容。除第一部分外，用五个小标题，提纲挈领，概括了青蒿素从发现到制成药物经过的不同阶段，介绍了中医药学对人类作出的贡献。读者借助小标题就能对各部分内容、全文内容一目了然。《一名物理学家的教育历程》用通俗易懂的故事有重点地介绍自己的科学探索，其中穿插了成年人的理性思考，全文真实自然而饶有趣味，把深奥枯燥的科学研究讲述得生动有趣而不失理性，便于读者理解。

如果学生从严谨、朴实、准确、生动的语言技巧等角度来谈也是可以的。但一定要提醒学生，知识性读物的写作一定要有读者意识。

课外活动

围绕中医药学、理论物理两大职业，选择你最推崇的一位科学家（不限古今中外），搜集相关故事，选择其中最打动你的一个事件，进行概括叙述并谈谈对自己的启示，200字左右。

学习任务三：探索发现

本任务重点学习梁思成的《中国建筑的特征》和林庚的《说"木叶"》两篇社科类文章，引导学生在理清文章思路、理解和把握文章主旨的基础上，思考和学习学者认识事物、把握规律、阐释事理的方法；学习作者从现象的考察中概括事物特点，从材料的梳理中发现问题、进行考证，用恰当的理论解决问题的研究方法；认识文体与语体的关系，学习用适宜的语言形式介绍自己的科学探索与发现，为下一学习任务——"我的新职业探索"提供方法借鉴，进行写作准备。

时间安排：3 课时

第 5 课时

核心任务

梳理重要概念，理清思路和结构。

学习资源

1．《中国建筑的特征》和《说"木叶"》。

2．网络上搜集到的中国传统建筑和西方建筑的相关图片。

生涯渗透目标

掌握知识性读物的阅读方法，养成良好的阅读习惯。

学科教学目标

1．抓住重要概念，概括主要内容，把握作者的情感态度和学术观点。

2．提要钩玄，梳理两文的思路和结构，感受其理性之美。

教学重难点

把握作者的观点，梳理文章的思路和结构。

课前准备

调查家乡的现存古建筑，思考其建筑特点，拍一张图片，并写成短文。

教学过程

导入

1．学生展示调查成果（图片、短文）

2．导语：调查了解家乡的现存古建筑，这是一种科学探索和发现。如何把自己的科学探索成果呈现出来，这是需要讲究的。本单元的第三个学段，我们着重学习另外两篇文章，领会两位学者在说明事理、阐释规律时是如何组织材料、表达思想的。

活动一：梳理重要概念，把握主要内容和观点

1. 通读两文，勾画重要概念，填写下表。

课文	重要概念	主要内容
《中国建筑的特征》	台基、屋顶、抱厦、厢、耳、过厅、庭院、天井、木材结构、梁架、柱间、斗拱、瓦面、四面坡、穹隆、构件、惯例法式、文法、词汇、可译性……	阐述了中国建筑的主要特征，总结了中国建筑的风格和手法，展示了中国建筑的独特魅力
《说"木叶"》	木、树、木叶、树叶、叶、落木、落叶、文字洗练、艺术特征、暗示性、颜色性、性格形象……	"木叶"之所以成为诗人们笔下钟爱的形象，是因为古典诗歌语言具有暗示性的特点

在梳理《中国建筑的特征》中的重要概念时，要同时展现网络上搜集的相关图片，以帮助学生形成直观印象。

2. 勾画体现作者观点的语句。

提示：在勾画体现作者观点的语句时，对文中大量的例证和对例证的分析可以略过。

《中国建筑的特征》观点语句：

①中国的建筑体系是在世界各民族数千年文化史中一个独特的建筑体系。

②这些地区的建筑和中国中心地区的建筑，或是同属于一个体系，或是大同小异，如弟兄之同属于一家的关系。

③这一切特点都有一定的风格和手法，为匠师们所遵守，为人民所承认，我们可以叫它作中国建筑的"文法"。

④它们是智慧的结晶，是劳动和创造成果的总结。它们不是一人一时的创作，而是整个民族和地方的物质和精神条件下的产物。

⑤这许多例子说明各民族各有自己不同的建筑手法，建造出来各种各类的建筑物，就如同不同的民族使用不同的文字所写出来的文学作品和通俗文章一样。

⑥我们若想用我们自己建筑上的优良传统来建造适合于今天我们新中国的建筑，我们就必须先熟悉自己建筑上的"文法"和"词汇"，否则我们是不可能写出一篇中国"文章"的。

这是一篇科学性的学术论文，虽然科学论文要讲求客观理性，但本文在行文中却不时流露出作者强烈的民族自豪感。

《说"木叶"》观点语句：

①在这里我们乃看见"木叶"是那么突出地成为诗人们笔下钟爱的形象。

②按照字面的解释，"木"就是"树"，"木叶"也就是"树叶"，这似乎是不需要多加说明的。

③诗人们似乎都不再考虑文字洗练的问题，而是尽量争取通过"木叶"来写出流传人口的名句。

④从"木叶"发展到"落木"，其中关键显然在"木"这一字，其与"树叶"或"落叶"的不同，也正在此。

⑤它仿佛本身就含有一个落叶的因素，这正是"木"的第一个艺术特征。

⑥"木"不但让我们容易想起树干，而且还会带来"木"所暗示的颜色性。

⑦"木"与"树"在概念上原是相去无几的，然而到了艺术形象的领域，这里的差别就几乎是一字千金。

这一篇学术随笔，似乎只从小角度讨论了一个"木"字的意义和用法，但实际上却关乎艺术创作与欣赏的大问题，即古典诗歌语言的暗示性问题。

活动二：提要钩玄，把握思路和结构

1. 浏览《中国建筑的特征》，划分层次，概括要点，完成下表。

段落	内容概括	阐述角度
第一部分（1～2）	从地域和历史，即空间和时间两方面阐述中国建筑的独特性和影响力。	引入概念，界定"特征"的范围。
第二部分（3～13）	介绍中国建筑的九大特征。	阐述概念的内涵：结构特征—装饰特征，整体—局部，主—次。
第三部分（14～17）	阐述中国建筑的风格和手法。	理论上阐述其"文法"。
第四部分（18～20）	提出各民族建筑之间的"可译性"问题，提倡要了解自己民族的建筑风格。	点明写作意图：继承发扬，古为今用。

2. 阅读《说"木叶"》，勾画出体现作者论述思路的关键性问题，并体会其在阐释事理方面的作用，填写下表。

作者不直接抛出自己的观点，而是凭借出色的问题意识，在别人视若无睹之处提出有重大意义的问题，引发读者的阅读兴趣和探究意愿，可谓卖足了"关子"。

关键性问题	结构上的作用
①"木叶"是什么呢？	引出对"木叶"的字面解释，同时也引出了对"木叶"和"树叶"的比较。
②在古代诗歌中为什么很少看见"树叶"？	诗歌中用"叶"取代"树叶"，但"木叶"却不会减省。
③然而天才的杜甫却宁愿省掉"木叶"之"叶"而不肯放弃"木叶"之"木"，这道理究竟是为什么呢？	引出对"木"字内涵的阐发，初步提示古诗的继承与创新。
④古代的诗人们都在什么场合才用"木"字呢？	引出"木"与"树"的比较，得出"木"字的第一个艺术特征：含有落叶的因素。
⑤"木"何以会有这个特征？	引出对诗歌语言的暗示性问题的探究。
⑥至于"木叶"呢，则全然不同	引出"木"字的第二个艺术特征：颜色性。

3．比较阅读，分析结构思路和思考方法

篇目	整体思路	思考方法
《中国建筑的特征》	由表及里，自中及外。	主要是阐释，围绕核心话题"中国建筑的特征"来组织必要的材料。
《说"木叶"》	摆现象—析问题—下结论。	主要是提出和探究问题，用适切和稳妥的理论去说明有着众多例证的文学现象。

阐释：两篇文章都"言之有序"。《中国建筑的特征》在整体架构上，先在同一层面分列陈说了传统建筑的外在特征，后从更高的理论层面探究深刻而带有全局性的问题，即中国建筑内在结构组织的"文法"，并由本国的建筑延展到外国建筑，提出不同民族建筑间的"可译性"问题，全文环环相扣，层层深入。在进行具体的论述时，也表现出严密的逻辑性和清晰的条理性。作为一篇科学论文，许多段落以一个清晰的主题句领起或收束语段，内部用总分或分总的形式来呈现，表现出很强的逻辑性。这样的阐释顺序，能使读者快速把握中国建筑的特征，把握全文的逻辑思路。

《说"木叶"》从整体上看，基本遵循"摆出现象—分析问题—做出结论"的思路。在发现问题、解决问题的过程中，作者运用了一波未平一波又起的设疑发问，层层推进，不断总结，又在总结的基础上进一步深入，既有环环相扣的缜密推理与分析，又显得悬念叠生，引人入胜，有波折，有摇曳，读来颇有趣味。

【小结】

学者在呈现研究观点时，并不是堆砌所有的认识和结论，而是以目的为中心，有逻辑地组织观点和材料。我们在写作此类文章时也要注意"事"和"理"的呈现方式，以便清晰地说明事理。

课外活动

1．从《说"木叶"》中找出自己喜欢的诗歌名句，并反复朗诵，体会诗句的意蕴。

2．课外查阅梁思成的生平以及与林徽因携手一生探索中国建筑等相关史料，思考其对你的生涯规划有什么启示。

🕐 第6课时

核心任务

学习围绕核心概念展开严密阐释和科学论证的写法。

学习资源

1．《中国建筑的特征》《说"木叶"》以及有关柳的诗句。

2．陈友琴《对于林庚先生〈说"木叶"〉一文的不同看法》。

生涯渗透目标

了解建筑设计、文艺评论两大职业必须具备的科学精神。

学科教学目标

1．理解重要概念，了解人文科学的研究方法。

2．学以致用，理解古典诗歌语言的暗示性特点，提升学生的迁移应用能力。

3．比较阅读，培养学生的批判性思维。

教学重难点

理解古典诗歌语言的暗示性特点，培养学生的批判性思维。

教学过程

导入

既要异想天开，又要实事求是，严谨缜密，这是科学研究应秉持的态度。屠呦呦一丝不苟，反复比较，才在中医学古籍的启发下找到了发现青蒿素抗疟疾疗效的突破口；加来道雄严谨实验、周密操作，在高中时代就成功建造了电子感应加速器。自然科学研究如此，人文科学研究也如此。接下来我们看看梁思成、林庚是如何开展科学研究的，他们的科学研究是否保持了严谨的态度。

活动一：联系职业特点，思考科研方法

1. 知识链接：

建筑设计师：是指单纯的建筑专业的设计师，一般认为是艺术家而不是工程师，工作内容主要有：建筑风格和外形总体设计、建筑主体设计、外墙设计、景观设计、参与建筑规划和设计方案的审查和建筑图纸修改等。要成为一名建筑设计师，必须具备基本理论知识、美术（手绘）能力、空间想象力、计算机制图等，创造力和审美也很重要。在中国实行国家注册建筑师制度，分一级注册建筑师和二级注册建筑师，只有经过特定的学位审核以及专业鉴定，考试合格才能获得建筑师的执业资格。

文艺评论家：在现实生活中，因专做文艺评论的薪酬比较低，所以兼职的多。客串文艺评论家的主要有编辑、记者及大学教师。他们撰写文艺评论，主要是想抒发自己的见解。

2. 问题：这两篇课文体现了怎样的科学研究方法？

提示：人文科学研究的一般方法有：分析与综合、具体与抽象、归纳与演绎、历史与逻辑、宏观与微观、定性与定量……具体方法有：考证法、索隐法、比较法、心理分析法、阶级分析法、综合分析法、整体分析法、文献调查法……

（1）《中国建筑的特征》

阐释角度	核心概念	文本阐释	科研方法
特征（内涵）	特征	独特的建筑体系，影响力大，九大基本特征	1. 整体分析法：从整体的视角概括中国传统建筑的特点；2. 横向比较研究法：中国很早创造了梁架结构法、中西建筑的可译性。
深层探究	文法	这都是我们建筑上两三千来沿用并发展下来的惯例法式。这种"文法"有一定的拘束性，但同时也有极大的运用的灵活性。	
	词汇	至如梁、柱、枋、檩、门……那就是我们建筑上的"词汇"，是构成一座或一组建筑的不可少的构件和因素。	
	大文章	如宫殿、庙宇等。	
	小品	如山亭、水榭、一轩、一楼等。	
外国建筑（外延）	可译性	各民族各有自己不同的建筑手法，建造出来各种各类的建筑物，就如同不同的民族使用不同的文字所写出来的文学作品和通俗文章一样。	
结语		继承发扬，古为今用	

（2）《说"木叶"》

核心概念	引证诗句	文本分析	结论
"树"与"木"	秋月照层岭，寒风扫高木。高树多悲风，海水扬其波。午阴嘉树清圆。	"树"有繁茂的枝叶、密密层层的浓荫的饱满之意，"木"则有落叶的微黄与干燥之感，有清秋气息。	"木"与"树"在概念上原是相去无几的，然而到了艺术形象的领域，这里的差别就几乎是一字千金。
"落叶"与"落木"	美女妖且闲，采桑歧路间，柔条纷冉冉，叶落何翩翩。静夜四无邻，荒居旧业贫，雨中黄叶树，灯下白头人。	"落叶"与"落木"相比，叶片饱含水分，缺少那飘零之意。	
"木叶"与"落木"	无边落木萧萧下，不尽长江滚滚来。落木千山天远大，澄江一道月分明。	"落木"比"木叶"更显得空阔，清秋的绵密之意也洗净了；"木叶"是疏朗与绵密的交织。	
科学研究方法（先分析后综合）：从大量材料的梳理和考证中发现问题、解决问题			

活动二：学以致用，理解诗歌语言的暗示性

《说"木叶"》一文作者从"木叶"这个小角度入手来探讨诗歌语言的暗示性问题，这实际与我们的诗歌创作与阅读鉴赏密切相关，懂得这个原理，有助于语文的学习。现在，我们就利用课内所学到的知识探究一些具体问题。

请分析"柳"意象在诗句中的含义，思考其暗示性的由来。

1. 闺中少妇不知愁，春日凝妆上翠楼。忽见陌头杨柳色，悔教夫婿觅封侯。（王昌龄《闺怨》）

"柳"的意蕴：表达了闺中少妇对时光流逝、年华易老、盛衰无常的感慨与伤痛。

2. 灞岸晴来送别频，相偎相倚不胜春。自家飞絮犹无定，争解垂丝绊路人。（罗隐《柳》）

"柳"的意蕴：借助春柳的形象表达对倡女身不由己、无法把握自身命运的同情。

3. 扬子江头杨柳春，杨花愁杀渡江人。（郑谷《淮上与友人别》）

"柳"的意蕴：借扬子江边的杨柳，暗示了诗人的离愁别绪，传达了诗人与友人依依惜别的深情。

4. 渡头杨柳青青，枝枝叶叶离情。（晏几道《清平乐·留人不住》）

"柳"的意蕴：借杨柳茂盛繁多的枝叶来暗示女子黯然伤神的离情。

5. 柳阴直，烟里丝丝弄碧。隋堤上、曾见几番，拂水飘绵送行色。登临望故国。谁识、京华倦客？（周邦彦《兰陵王》）

"柳"的意蕴：传达了厌倦了京华生活的客子对故国的思念之情，以及长期羁旅京城的怅惘与忧愁。

古典诗歌中"柳"的暗示性的由来：

①柳枝柔美绵长的形象特点。

②民间"折柳赠别"风俗的影响。

③"柳"与"留"、"丝"与"思"、"絮"与"绪"谐音。

④柳是诗人生活环境中的常见之物，生命力强，随处可插，易于入诗。

⑤《诗经》以来历代文化积淀对诗人的影响。

活动三：拓展思维，学会批判质疑

1. 阅读陈友琴的《对于林庚先生＜说"木叶"＞一文的不同看法》（文章参见必修下册教师用书第 140 页），思考：两人的观点有什么不同？他们又是如何阐释自己的观点的？

提示：陈友琴与林庚两人观点相异之处，就在于古诗中"木"意象是否都具有"黄色的暗示性"这一艺术特征。陈友琴认为，古诗中"木"也有"郁郁苍苍和荫浓茂盛的景象"的暗示，"绝对没有黄色的给人以光秃秃的树干的感觉"。

在阐发事理的方式上，两位学者都通过列举具体的诗句来阐释自己的观点。林庚通过援引诗句对比分析出"树"与"木"在艺术特征上的区别，总结出"树"有繁茂的枝叶、密密层层浓荫的联想，而"木"则有"落叶的微黄与干燥之感"，有疏朗的清秋的气息。而陈友琴同样也援引诗句，举反例说明在古诗中"木"不一定都具有"黄色的暗示性"。

2. 陈友琴认为林庚的论证过程不够严密，犯了"以偏概全"的逻辑错误。对此，请谈谈你的理解。

提示：林庚在论证过程中不够科学、严谨，所举诗句忽略了许多不能证明自己观点的反例，因而得出的结论不具有普遍性。但作为一篇学术性的随笔，以散文的形式讨论文艺上的问题，独辟蹊径，表达一家之见解，挥洒文采，抒发个人之性灵，也是值得肯定的，不能抹杀这篇文章的价值，不能抹杀它带给我们读者的丰富启示。

但陈友琴的不同观点也提醒我们，在说明事理、阐释规律的过程中，我们要尽可能充分地占有材料，在更全的范围内做细致的梳理辨析，辩证地思考问题。

所以，作为文艺评论家，除了要有基本的专业理论素养外，还要有哲学、美学、逻辑学等素养。

课外活动

课外查阅大学建筑学专业的学习内容、就业方向和就业前景分析，注意与土木工程专业的区别。

🕐 第 7 课时

核心任务

了解知识性读物的写作目的、阅读对象与表达形式的关系。

学习资源

1. 本单元四篇课文。

2. 黄传惕的《故宫博物馆》、贾祖璋的《萤火虫》。

生涯渗透目标

学会用适宜的语言形式介绍自己的科学探索成果。

学科教学目标

1. 品味揣摩，领会知识性读物不同文本类型的语言特色。

2. 揣摩推想，领悟知识性读物写作的读者意识。

教学重难点

领会科学论文、科普说明文、科学小品等不同知识性读物的不同表达特点。

教学过程

导入

前面几节课，我们了解了科学研究的基本方法，认识了围绕核心概念展开严密阐释的写法，锤炼了我们的理性思维能力。今天，我们要认识文体与语体的关系，学会如何把专业性较强的知识、原理或事物的特征通过不同的形式表达清楚明白，为完成我们本单元的大任务"我的新职业探索"打好基础。

活动一：品味揣摩，领会语言特色

品味揣摩，从语言表达的角度赏析下列句子。

1. 和植物化学的其他发现在药物开发中的应用相比，从青蒿提取物到青蒿素的研发历程相当快速，然而，这绝不是中医药智慧的唯一果实。

赏析："相当快速"是相比较而言，"绝不是""唯一"则以斩钉截铁的语气突出了中医药学给予人类的贡献之多，语言表达简明准确。

2. 年轻人的一个优点就是不会由于世俗的约束而畏葸不前，而这种约束对于大多数成年人而言通常似乎又很难超越。

赏析："大多数""通常""似乎"这些"模糊"的修饰恰是为了表达的"精确"，不愧是科学家的文字。

3. 斗拱：在一副梁架上，在立柱和横梁交接处，在柱头上加上一层层逐渐挑出的称作"拱"的弓形短木，两层拱之间用称作"斗"的斗形方木块垫着。

赏析：由远及近，镜头聚焦于斗拱这个复杂的建筑部件。看似复杂，作者却举重若轻。只有了解得深入，才能表达得如此清晰。

4. 这一切特点都有一定的风格和手法，为匠师们所遵守，为人民所承认，我们可以叫它作中国建筑的"文法"。

赏析：作者采用比喻修辞，用"文法"这样一些读者耳熟能详的语言学概念来阐释建筑之中的概念和原理，显得更为亲切，也更容易被读者接受。

5. "袅袅兮秋风，洞庭波兮木叶下。"这落下的绝不是碧绿柔软的叶子，而是窸窣飘零透些微黄的叶子，我们仿佛听见了离人的叹息，想起了游子的漂泊：这就是"木叶"的形象所以如此生动的缘故。它不同于"美女妖且闲，采桑歧路间。柔条纷冉冉，落叶何翩翩"（曹植《美女篇》）中的落叶，因为那是春夏之交饱含着水分的繁密的叶子。

赏析：在阐释事理中，作者引用大量的文质兼美的古典诗句作为考证素材，给熟知这些诗句的读者以美感，也给读者以一种打破期待的新鲜感。语言活泼，多形象化的描述，增强了知识性读物的趣味性和可读性。

小结：科学论文的语言应该简明准确而有条理，科学严谨而有说服力；在此基础上，也可以生动形象，带一点文学性的修饰，以增强文章的可读性。

活动二：拓展阅读，体会不同文体的表达特点

1. 阅读《故宫博物院》与《中国建筑的特征》，小组展开讨论，从文章内容、结构思路、语言特点等方面比较两文的异同。

《故宫博物院》原文课前发给学生。学生围绕阅读要求展开讨论，教师点拨。

提示：

主要内容：两篇文章都介绍了中国建筑的独特之美。《故宫博物院》是属于介绍事物特征的科普说明文，从具体微观的角度介绍了中国建筑的规模宏大、建筑精美、布局统一、风格独特等特点，着重突出建筑的造型和功用。而《中

国建筑的特征》则属于科学论文，从整体上阐述了中国建筑的主要特征，着眼于归纳与阐释中国建筑体系的独特性。

结构思路：两篇文章都非常严谨，条理清晰。《故宫博物院》全文的总体结构是：总—分—总。在具体说明故宫的特征时，课文按照参观路线（空间顺序）组织材料，由外入内，沿着故宫的中轴线，从南到北，以中间带两边地说明，井然有序。而《中国建筑的特征》则按照"提出观点—阐释观点—点明意图"的逻辑顺序行文，对中国建筑特征给予了"是什么—为什么—怎么办"的思路层层深入展开阐释，体现了极其严谨的论述逻辑。

语言表达：两篇文章都体现了准确、生动的语言特点。《故宫博物院》以说明为主，灵活穿插描写、记叙、议论、抒情等多种表达方式，语言风格上属于解说性的平实语言，显得亲切易懂；而《中国建筑的特征》则简明、严密，体现了科学论文的严谨性。

2. 拓展阅读《萤火虫》，体会科学小品的语言特点。

提前下发贾祖璋的《萤火虫》，学生展开讨论，教师点拨。

《萤火虫》这篇科学小品，内容丰富，主要介绍了萤火虫的相关知识，但同时还记叙了"我"与萤火虫的相关往事，抒发了对故乡的思念之情。语言准确生动，把记叙、描写与科学的说明巧妙结合在一起，使文章同时兼有了科学性与趣味性，读者在饶有兴趣的阅读中获得了科学信息。

活动三：揣摩推想，强化读者意识

知识性读物的写作，要有明确的对象意识，或者说读者意识，根据读者的情况去调整表达和写法。请依据文章揣摩推想：本单元的四位作者，在介绍自己的科学探索历程或探索成果时，他们可能有哪些思考？怎样预设文章潜在的阅读对象？

提示：《青蒿素：人类征服疾病的一小步》一文是由屠呦呦的获奖演讲与论文改编而成，主要介绍发现、研究青蒿素的科学历程及研究方法、疗效、贡献等，预设的阅读对象既有专业读者，也有普通读者，所以在行文时要兼顾专业性与通俗性。《一名物理学家的教育历程》具有自传性质，预设的阅读对象应该是对科学家的成长历程感兴趣的普通读者，他们更多关注的是科学家一步步走向天体物理学家的历程中有哪些有意思的故事，所以行文时通俗性要更强一些。《中国建筑的特征》主要向普通读者介绍中国建筑的九大特征以及带有普遍性的规则原理，具有比较深厚的学术色彩，专业性较强，需要考虑的是如何把专业性的问题阐述得深入浅出、通俗易懂、饶有趣味。《说"木叶"》是一篇关于中国古典诗歌的论文（严格地说是随笔），预设的阅读对象应是古典诗词的爱好者和研究者，其本身应有一定的文化积淀和诗词鉴赏能力，写作时需要考虑的是如何调动读者的阅读体验，并给读者的诗词鉴赏以有益的启发。

课外活动

1．自读教材第68页《如何清晰地说明事理》。

2．做好"我的新职业探索"活动准备，多与人交流，想想有哪些探索方法。

学习任务四：写作与宣讲

在前期单元阅读的基础上，引导学生关注当下的社会生活，运用科学思维方式，学以致用，开展一次以"我的新职业探索"为主题的宣讲活动。首先，指导学生根据个人兴趣或选科特点选定自己要探索的职业，激励学生组建团队，利用课外时间广泛搜集相关信息，用规范、客观、准确的语言撰写一份职业探索报告；然后指导学生修改好宣讲稿，观看宣讲视频，学习借鉴宣讲技巧与方法，制订活动的评价方法；最后，展示探索成果，完成宣讲活动，落实单元学习目标。

时间安排：3课时

第8课时

核心任务

科学探索新职业，形成宣讲文稿。

学习资源

1．理论宣讲微视频：《建功新时代，青春勇担当》《初心》等。

2．央视2018校园招聘微视频：《欧阳夏丹：在国外，歪果盆友对我们竖起大拇指》。

生涯渗透目标

帮助学生认识新职业世界，建立学业与职业之间的联系，为学生确立职业方向做好准备。

学科教学目标

1．了解探索活动的意义和主题，交流新职业探索的方法与途径。

2．评估职业兴趣，组建好探索小组，列好探索活动计划。

3．把握宣讲稿的写作要求。

教学重难点

交流新职业探索的方法和途径，列好探索活动计划。

教学过程

导入

前面我们通过学习本单元的四篇课文，不仅从中学到了许多科学知识，感受了四位科学家和学者的魅力，而且学到了科学研究的方法和阐释科学探索成果的技巧。作为"实用性阅读与交流"学习任务群，其阅读的最终目的是交流。所以本单元的最后一个学习任务，是学以致用，开展一次"我的新职业探索"宣讲活动。

活动一：明确活动意义和主题

1. 活动意义：近年来，随着经济社会发展、科技进步和产业结构调整升级，一大批新职业应运而生，并获得蓬勃发展。2019 年至今，国家人社部、国家市场监管总局、国家统计局三部委每年要联合发布一批新职业信息（2019 年 13 个，2020 年 9 个，2021 年 18 个）。新职业种类繁多，涵盖多个职业领域，使传统的三百六十行逐渐增长到如今的一千五百多行。小职业折射着大时代，我们在探索新职业、宣讲新职业的同时，也是在努力把握新时代特点，感受新时代国家产业结构的升级换代，感受中国的发展与富强。不断涌现的新职业，让更多人梦想成真，我们宣讲新行业标杆人物的事迹，阐释新时代新青年对职业精神的理解，也是在学习奋斗者的探索精神，有利于我们树立远大的职业理想，有效地规划高中乃至大学生活。

2. 活动内容：梳理新行业发展壮大的轨迹，分析新行业出现的时代背景和原因，介绍新行业标杆人物的主要事迹，介绍新职业的核心工作内容和职业发展道路，预测新行业的发展前景并阐释理由。

活动二：明确活动步骤

1. 评估职业兴趣

结合"高中生涯规划教育"课程的学习，完成下面这份职业兴趣评估表，以便寻找到职业探索的方向。

评估维度	我喜欢的职业
霍兰德职业兴趣	
能力	
性格	
价值观	

填完后，从"我喜欢的职业"中选择 1～2 种近几年出现的新职业做进一步探索。

2．分享探索方法，组建探索小组

探索小组的组建，主要依据组员有相同的新职业方向、住家较近容易交流等原则组建。

3．探索新职业的途径

①通过出版物了解新职业。出版物包括专门介绍行业、职业、职位的专业书籍、名人传记、文学读物、职业类报纸期刊、行业协会的报告、社会调查、研究论文等。

②通过相关视频了解新职业。相关视频有：反映职场生活的影视剧，如《Hi，新职业》等；职场真人秀电视节目，如《职来职往》等；可以在网络或电视上找到其他相关视频，如《财富故事》《新职业平台宣传片》等。

③通过招聘网站了解新职业。相关招聘网站有：智联招聘、前程无忧、Boss直聘、上啥班、猎聘、58 同城、赶集网等。

④通过职业（行业）论坛了解新职业。在此推荐一个综合性的职业（行业）论坛——天涯职场天地论坛。

⑤通过相关机构了解新职业。提供职业信息的机构有很多，如高校的就业指导中心、政府的就业指导中心、地方人才交流中心等。

4．制订活动计划（示例）

小组成员	
活动目的	
活动对象	
活动设备	
活动步骤（时间、内容）	
要点记载	

活动三：整理资料，撰写宣讲稿

宣讲稿的写作要做到以下要求：

1．中心要突出。或介绍新职业的工作性质、核心工作内容、职业精神和晋升渠道，或宣传新职业标杆人物的职业精神，或分析新职业的发展前景，或鼓励当代青年积极加入，等等。

2. 要言之有物。要围绕探索的主题，向同学们清晰地传达出某种职业信息，内容应体现探索的过程，说明职业推荐的理由，不能泛泛而谈。

3. 要言之有序。要根据宣讲的目的和内容，有条理地展开介绍和分析，尤其在阐释理由上要多向单元课文学习借鉴。

4. 要言之有文。文稿语言除了注意科学性、知识性外，还要有表现力，富有感染力，多用口语、短句，有互动、交际意识。

课外活动

学生广泛搜集资料、调查走访、交流沟通、整理资料，最后形成文稿，小组准备汇报。

🕐 第 9、10 课时

核心任务

完成宣讲活动，落实单元教学大任务。

生涯渗透目标

扩大学生的职业世界认知，初步形成职业发展方向。

学科教学目标

1. 通过宣讲巩固单元所学知识，提升学生阐释事理的能力。

2. 通过体验活动及课堂分享，促进学生自我反思及归纳总结。

教学重难点

对宣讲活动的各项组织工作提供帮助和支持。

课前准备

1. 学生交流、修改文稿

宣讲文稿可能存在的主要问题有：

①主题不突出。没有围绕老师公布的几个方面来写，或者说内容比较单一、不全面。还有少数同学会写成传统职业的探索，没有体现出新时代和新职业的特点。

②重点不当。重视新职业标杆人物的生涯事迹介绍，而忽视了对职业本身特性的挖掘。

③整合性不强。对搜集到的资料，部分同学采取的方式是复制粘贴，胡乱拼凑，缺乏综合整理，行文没有内在逻辑性，有"东一榔头西一棒子"的感觉。

④交际意识不强。我们的文稿是准备拿来宣讲的，类似于演讲稿、发言稿等，

具有较强的交际应用功能。所以，在写作时要注意发言的场合，要有读者意识，语言力争口语化。此外，还要注意开场白和结束语。

2. 做成 PPT，幻灯片争取简洁、美观、大气。

3. 小组推选优秀组员，先在组内试讲，组员试听，然后修改、完善；熟悉文稿内容，力争脱稿宣讲。

4. 选拔好评委，做好奖品和其他事项准备。

教学过程

活动一：观看视频，借鉴宣讲技巧

1. 理论宣讲微视频：《建功新时代，青春勇担当》《初心》等。

2. 央视 2018 校园招聘微视频：《欧阳夏丹：在国外，歪果盆友对我们竖起大拇指》。

学生讨论，交流。

问题：

①宣讲与演讲有何联系和区别？

（联系：宣讲要借助演讲的形式与技巧。区别：宣讲组织严谨，内容确定；而演讲组织相对要松散、内容有选择性。）

②如何有效地克服紧张？

③宣讲者如何利用肢体语言（站姿、表情、目光、手势、移动等）来吸引观众的注意力？

④宣讲者如何利用停顿或语速控制现场秩序？

活动二：制订活动评价量表

提示：师生根据活动主题和表达目的制定评价量表。示例如下：

项目	参考标准	得分
宣讲内容（60分）	1. 主题鲜明：新职业的内容、特征、发展轨迹等方面介绍清晰，要注意不要宣讲成传统职业的探索，内容熟练； 2. 观点正确：分析发展前景有理有据，预测合乎新职业发展趋势； 3. 内容有整合：能用自己的语言消化吸收各种信息和素材，不是照搬照抄； 4. 逻辑清晰：宣讲合乎事理，重点突出，详略得当。	

续表

项目	参考标准	得分
语言 表达 （30分）	1. 要求脱稿宣讲； 2. 吐字清晰，声音洪亮圆润，语速恰当； 3. 节奏处理得当，表达准确、流畅、自然； 4. 语言有感染力，能吸引读者。	
综合 印象 （10分）	1. 着装整洁，端庄大方，上下场致意； 2. 举止自然得体，体现高中生的朝气蓬勃精神。能较好地运用肢体语言； 3. 综合表现力、应变能力强； 4. 每位选手宣讲时长为8分钟。不足5分钟或超出8分钟，要在总分中倒扣3分。	
总分	100 分	

活动三：推选代表上台，展示探索成果

活动四：总结颁奖，教师点评

评选优秀代表队。点评时肯定亮点，提出意见和建议。

课外活动

在完成本单元"实用性阅读与交流"任务群的过程中，你有什么收获？

第三节 综合实践活动

职业体验不在课堂上，更不在教材里，需要到实地去，到现场去。社会是广阔的，可提供给我们的实践素材也是丰富的。让学生以小组为单位，利用节假日走入社会，与职场人物对话，认识多姿多彩的社会职业，进而获得丰富的职业体验，加深对社会和人生的思考。

课例13　　新闻采访与写作

随着新课标的落地，新闻类作品作为实用类文本的一部分，在高中语文教材与高考中的地位越来越重要。统编版教材共编排了七篇课文和一次社会实践活动，内容涵盖了多方面的社会文化，体裁以消息和通讯为主，还兼有少量报告文学、访谈、评论员文章，其主题主要集中在与国计民生、百姓切身利益相关的历史政治、国家民族和人文社会等几个类型。而在高考试卷中涉及的实用类文体就主要包括新闻、消息、传记、访谈、评论等。

新闻类作品的职业味很强，通过开展一系列活动，学生可从中学会新闻采访的技巧，提高自己听、说、读、写等各种语文素养和社交能力，提高语文学习的效率；同时学生可在活动中了解与未来大学专业、社会职业相关的情况，如大学新闻专业的主干课程、培养目标和就业前景等，又如潜在职业的入职标准、核心素质要求、晋升路径和工作者的内心感受等，从而正确规划生涯和管理生涯。

根据学习任务群和职业探索的特点，笔者整合教材资源，坚持"教、学、做"合一的整体性原则，将新闻教学活动设计成"以新闻的方式学习新闻"的实践性探究模式。首先教师从学生的实际出发传授一些基础而实用的新闻常识和采访知识，剖析教材中一些经典的新闻类作品；然后组织学生观看电视节目，如《东方时空》《面对面》等，使学生从感性和理性两方面加深理解；最后指导学生在校园内做现场采访，并把采访到的消息或通讯办成报纸，展示评比。整个活动课程围绕"做"这个中心展开设计，让学生在"做"中学习、在"做"中体验。

核心任务

新闻采访与写作。

生涯渗透目标

扩大学生的职业和专业认知，了解新闻记者和编辑的职业素养和职业道德要求。

活动目标

1. 掌握采访技巧，能学以致用，撰写简单的消息和编辑简单的报纸。

2. 培养关注社会、关注时代、关注人权的意识和强烈的社会责任感。

活动重点

1. 尝试新闻采访，学会写消息，体会新闻记者的职业精神。

2. 学会办报，增进学生对编辑职业的了解，发展学生的职业能力。

活动难点

新闻采访、消息写作、办报。

活动准备

搜索央视知名记者的作品和成就、与新闻专业相关的大学近两年对选考的要求。

活动时间

3 课时。

活动步骤

⏱ 第 1 课时　了解记者职业和新闻专业

导入

同学们，在我国，有四个是以职业命名的节日，你们知道吗？

（提示：5 月 12 日护士节，8 月 19 日医师节，9 月 10 日教师节，11 月 8 日记者节。）

心载千秋，志高轩冕之尊；笔传八方，每落本根之壤。谁握犀利之剑，力破污恶之囊；谁凭肝胆为器，浓缩大千之象。道贯人间巨细，曝光天下暗箱。惟我记者，敢当天下向导；惟我记者，雪亮众目昭彰。这就是记者。

活动一：走近记者职业

（一）对记者职业知多少

1. 记者的定义

记者，指的是新闻传播机构专职采访报道人员。同时泛指新闻工作者，包括总编辑、编辑、记者、播音员、通联工作人员等，是一种以及时、真实、有效、客观、公正的态度为大众传播消息的职业。

2．记者的工作内容

①记者最主要的工作，就是代替广大的民众前往事情发生的现场，或是接触新闻事件的当事人，并将事情的真相及其代表的意义，透过报道呈现于大众媒体之上，协助媒体达成守望、教育、讨论、娱乐等功能。

②在报社、电视台、广播电台、杂志社、通讯社、网络媒体或专业网站等机构工作。

3．记者的分类

①按工作性质分为：文字记者、摄影记者、广播记者、电视记者、网络记者等；

②按内容分为：政治记者、军事记者、经济记者、文教记者、科技记者、体育记者等；

③按地区分为：本地记者、驻外记者、特派记者等。

（二）知名记者知多少

白岩松——代表作品：《焦点访谈》《新闻周刊》《感动中国》《新闻1+1》。

主要成就："中国金话筒奖""长江韬奋奖""中国十大杰出青年"。

水均益——代表作品：《前沿故事》《益往直前》。

主要成就：采访过上百位名人政要，2003年中国十大杰出青年，多次荣获"金话筒"奖，多次荣获"央视十大主持人"称号，多次获得中国广播电视新闻奖。

柴静——代表作品：《面对面》《看见》《24小时》《柴静调查：穹顶之下》。

主要成就：柴静当选央视年度"十佳主持人"、央视2009年度"优秀播音员主持人"、2010年度土豆节金镜头奖。

张泉灵——代表作品：《东方时空》《新闻会客厅》《焦点访谈》。

主要成就：2010年获得第十一届长江韬奋奖、2009年获得"金话筒奖"主持人、2009年全国优秀新闻工作者、2008年获得中国职场女性榜样、2008年《中国妇女》时代人物。

劳春燕——代表作品：《中国法制报道》《东方时空》《新闻1+1》《焦点访谈》。

主要成就：全国三八红旗手、2013年度中国"金话筒"奖、中国新闻奖。

（三）职业素养知多少

1．基本素质

记者应该具备的素质包括：不断学习的习惯；追求真相的执着；客观公正的态度；准确朴实的文风；甘于吃苦的精神；丰富广博的学识；宽容善良的情怀；尚俭守德的品格；等等。

当前新闻记者亟须强化的四种素质：法律素质、获取信息能力、专业化素质、人文素养。

2．基本能力

语言表达能力，阅读与书写能力，沟通协作能力，逻辑思维能力，分析问题能力，解决问题能力。

如何提高语言表达、阅读书写的能力呢？

思维离不开语言，语言是思维的载体。在思维方面，认真研究思维导图的原理和工作机制，思维导图不仅仅可以帮助我们整理我们的思维，还可以使我们更加清晰地掌握人们整理信息和理解信息的工作机制。

阅读优秀作品，做到博览与精读相结合。博览群书可以开阔思维，积累丰富的知识。精读可以提高我们的语言感觉，积累高效的表达句式、逻辑句式，锻炼强大的逻辑思维能力。

活动二：解析大学及专业

1．与记者相关的大学专业信息

在大学12个学科门类中，毕业于文学类的中国语言文学类、外国语言文学类、新闻传播学类专业的大学生，都具备成为一名记者的从业资格。

著名记者毕业大学及专业

姓名	毕业大学	大学专业
白岩松	中国传媒大学	新闻学
水均益	兰州大学	外国语言文学
柴静	中国传媒大学	广播电视学
张泉灵	北京大学	西方语言文学
劳春燕	复旦大学	新闻学

新闻传播学专业之相关大学对选考科目要求

序号	大学	首选科目要求	再选科目要求
1	清华大学	物理或历史均可	不提科目要求
2	北京大学	物理或历史均可	不提科目要求

续表

序号	大学	首选科目要求	再选科目要求
3	复旦大学	物理或历史均可	不提科目要求
4	上海交通大学	物理或历史均可	不提科目要求
5	中国人民大学	物理或历史均可	不提科目要求
6	浙江大学	物理或历史均可	不提科目要求
7	南京大学	仅历史	不提科目要求
8	中国传媒大学	物理或历史均可	不提科目要求
9	厦门大学	物理或历史均可	不提科目要求
10	武汉大学	物理或历史均可	不提科目要求
11	华东师范大学	物理或历史均可	不提科目要求
12	湖南大学	物理或历史均可	不提科目要求
13	华中科技大学	仅历史	不提科目要求
14	四川大学	物理或历史均可	不提科目要求
15	暨南大学	物理或历史均可	不提科目要求
16	上海大学	物理或历史均可	不提科目要求
17	南京师范大学	物理或历史均可	不提科目要求
18	湖南师范大学	物理或历史均可	不提科目要求

第一梯队：复旦大学和中国人民大学新闻系。

第二梯队：中国传媒大学、华中科技大学、南京大学、暨南大学、武汉大学、厦门大学、河北大学、北京大学等大学的新闻系。

第三梯队：其他各类师范院校和民族院校的中文系。

特别提醒：因高校重复设置相对较多，部分高校连续多年招生录取率和毕业生签约情况不太理想，造成整体指标偏低，新闻学专业曾被上海市列为 2016 年度预警专业。2020 年 5 月 15 日，清华大学发布消息称：停招新闻学专业本科生、同时扩招新闻学院硕士研究生。

2．大学专业课程

新闻学专业的主要课程介绍：新闻学概论、中国新闻事业史、外国新闻事业史、新闻采访与写作、新闻编辑与评论、马列新闻论著选读、基础写作、现代汉语基础、中国历代文学作品选读、中国文化概论、大众传播学、新闻法规与新闻职业道德、新闻摄影、广播电视学、新闻事业管理、广告学、公共关系学等。

3．就业方向

政府和企业对外新闻宣传部门、电视台、高校教师、网络编辑、影视节目制作公司高级编导、线下刊物编辑、企业刊物编辑和记者、广告／传媒行业的策划和公关等职位。

4．成为记者需要考取的证书

记者证：新闻记者证只发给新闻机构的专职采编人员。我们所说的新闻机构包括新闻性报社、新闻性期刊出版单位、通讯社、广播电台、电视台、新闻电影制片厂等。

记者证的申领步骤：

①参加所在地新闻出版局培训中心编辑记者资格证考试。

②考试合格后，在新闻机构编制内从事新闻采编工作时间达一年以上，所在新闻机构上报新闻出版总署，为你申领记者证。

5．拥有了记者证，还需要具备哪些素质才能成为优秀的记者？

①石野。"打虎"记者，中央首席政法记者，中国著名卧底记者，中国最具正义感的调查记者。

②王克勤。中国揭黑记者第一人，首届中国风云记者。中国著名调查记者，当代中国"身价"最高的记者，他的身价是黑社会的悬赏身价，所以警方曾派刑警去保卫他的安全。

记者的职业核心价值观可以用这样几句话来概括：铁肩担道义，妙手著文章。关注天下新闻，四处奔波采访。言辞犀利简洁，话语慷慨激昂；手握正义之枪，浓缩人间万象。用心灵话筒，采访人生；用智慧笔端，刻画生命；用无畏精神，反馈民生；用客观视角，还原真相。

课外活动

如何看待记者是"无冕之王"？

🕐 第2课时　新闻采访实践

导入

观看中央一台《面对面》栏目采访视频，初步了解新闻采访知识，知道采访与写作的关系——"成在写作，功在采访"，即十分新闻，七分采访。

活动一：议新闻

1．回顾新闻阅读的相关常识，强调采访是新闻记者的基本功，也是获取第一手资料的重要手段，采访有一定的技巧性。

①了解新闻的含义、要素（五个"W"和一个"H"）、特点（快、真、短）。

②能结合具体的消息，分析一篇消息的结构（标题、导语、主体、背景、结语）及其形式特点（金字塔式、倒金字塔式、悬念式、并列式、菱形式等）。

③了解新闻写作有客观叙述和纯主观报道两种方式。

④能区分新闻事实和新闻背景，了解新闻背景的重要作用。

2．小组合作探究，提炼出采访要点。

采访方式有：口头采访、现场查访、蹲点调查、随队采访、间接采访、书面采访、提问式采访、电话采访、录音录像采访、问卷调查、小组座谈等。采访要全面搜集、查阅采访对象的相关资料，采访中要仔细观察，向不同人群追问，确保新闻真实、全面。

活动二：组团队

1．制订采访计划

以学习小组为单位组建记者采访团，研讨并分工，开展前期准备工作。

第一步：确定采访对象、采访主题内容、采访目的、采访时间和地点。

第二步：准备采访内容，以及采访内容的概括和整理。

在做这一步工作的时候，我们就要在心中很明确，我这次打算采访什么内容，我对什么内容感兴趣，接着就是针对这些内容准备问题和素材，也可以搜索或者浏览一下被采访者之前的讲话等内容，做好充分准备。

第三步：材料的中心必须明确。

我们在采访一个重要人物的时候，由于他们的时间比较宝贵，所以我们要事先找到中心，找到这次采访的目的。比如：一个明星新拍摄了一部电影，那么采访肯定要围绕这部电影的相关内容；要是一个作家写了一本新书，那么采访内容肯定围绕创作这本书的前后经历；等等。

第四步：联络采访对象，确认采访时间和地点。

这个就需要跟采访者进行采访前的简单沟通，约定采访的时间和地点。

第五步：采访流程的事情梳理。

如果是现场直播形式的采访，或者视频采访的话，最好在采访前针对采访的内容与采访者进行沟通，明确采访的流程和问题的准备，这样可以保证采访的连贯和流畅。

2．撰写采访提纲

①确定访谈目的；　　　②确定访谈方式；　　　③确定访谈对象；

④确定问题提纲；　　　⑤确定访谈步骤；　　　⑥设想可能碰到的问题；

⑦设想解决的方法；　　⑧采访前要携带的器材备注。

活动三：做中学

在采访中，我们要按照之前制订的采访计划和提纲进行，同时根据实际情况进行适当的调整。

1．巧妙提问

①采访要掌握时间

一般情况下，如果我们只是做简单的消息报道，采访一个人的时间可以控制在 10 ～ 15 分钟左右。

②提问要抓住重点

我们制订采访计划时，就应当明确采访的重点。对于最需要了解的信息最先发问，不要随意提问。如果在采访中被采访者的回答不能达到我们采访的目的，那么我们还需从不同侧面进行多次发问，直到信息明了，能够满足后面写作的需要为止。

③提问要具体明了

如果问得过于笼统，问题过于空泛，就会使被采访者难以回答，让采访陷入僵局。像"请谈谈你的感想""你当时是怎么想的""你感觉如何"这类问题，都过于笼统。记者想了解一个问题，提问的时候要善于化整为零，把大问题分解为一个小的"问题串"，以一个个具体的问题发动攻势。

2．准确记录

采访时做好笔录，不但材料保存完整，而且可以防止出错。所以每次采访时我们都要带好采访本和笔，做好采访笔记，有录音笔更好。

①记要点。要点是指新闻事实的关键材料或新闻事件发展过程中的关键之处，其中包括：事件的起因、发展及结果、人物及其活动的典型细节、工作的主要经验与教训、重要的背景资料等。这些重要的事实我们一定要记得清楚、详细，否则写成文章很容易出差错。

②记易忘点。易忘点主要指人名、地名、时间、数字及专业术语等，一定要口问笔写，听清楚、记准确。

③记疑问点。由于多种原因造成采访对象所述的事实与客观实际不符，或

与记者掌握的、旁人介绍的有出入，使记者产生某种疑问。对这些疑问，记者应及时记录，可以在所记的材料旁用自己的符号或简短文字注明，等对方谈话告一段落时，再请对方作补充说明或向知情者核实。如果等到写稿的时候，才发现没有弄清楚，不得不再次去做补充采访，这就费时费力了。

④记有个性的语言。采访对象的谈话中总会有他思想的"闪光点"和能反映其心声、体现其个性特征的话语，我们应当逐字、逐句地记录。在写作中，我们若能恰到好处地引用一两句人物有个性的原话，一则能展现人物的思想特征与风貌，二则能增强新闻的亲切感和可信度。

⑤记观察所得。在采访现场，我们也要仔细观察、捕捉记录对方的神情、手势、相貌、动作、服饰、环境及天气等。这些材料能使我们的新闻报道更加形象生动，更有感染力。

3．模拟采访现场。采访前，有必要告知现场采访的具体要求，如：守时赴约、注重仪表等。

4．总结经验。

活动四：小组赛

公布采访选题、采访目的、采访提纲，说明采访分工，模拟采访过程。

实地采访、汇报采访心得、评选"最优记者团""最佳小记者""最佳新闻稿"。

🕐 第3课时　小报编辑修润

课前准备

发放报纸，学生自由阅读，仔细观察报纸版面内容，体悟编排与设计特点。

活动一：小报编辑指导

1．报纸稿件及采编

报纸稿件可归纳为文字、图片、广告三大类。其中文字、图片稿件的来源主要有以下几个途径：记者采访、通讯员等投稿、新华社电稿、网络下载、报社相互间交流等。

2．报纸版面的编排与设计

报纸版面的设计很重要。每天的版面既不能重复，又要能体现一份报纸特有的风格。

（1）版面设计的基本常识

①版面。版面是各种稿件、标题、照片、图画、线条、色彩整体结构的组合。

要求学生办报的规格为8开两个版。

②版心。报纸的版心是指报纸幅面除去周围的白边部分，即由文字、图片等构成的部分。版心中基本的要素有版的行数、版的字宽、版心字体、版心字号、版心行距等。

③版式。版式是指版面的结构组成。它的组成主体是新闻信息。新闻信息由标题、正文和图片等组成。常见的版式有流水规则式、综合交错式、对称式、花苑式、冠首式、图片式等。

④报头。指报纸刊登报名的地方，一般都在第一版的上端，横排报纸大多在上端偏左，竖排报纸大多在上端偏右，也有把报头放在上端正中的。有的还标明报纸的性质和隶属。

⑤报眼。又称报耳，指横排报纸报头旁边的版面。报眼所占版面不大，但因位置显著，一般刊登比较重要而又短小的新闻，也刊登当天本报的内容提要。

⑥报眉。指眉线上方所印的文字，包括报名、版次、出版日期、版面内容标识等。

⑦栏式。栏式是组成报纸版面的最基本形式。版式是由各种栏式的合理、巧妙组合而成的。一般将常用的栏式称为基本栏，有时为了使版面有多种结构形式，也常用破栏式、合栏式和插栏式等。

⑧报纸常用字体、字号：字体常用宋体、仿宋、黑体、楷体，字号正文常用五号，标题可用四号或三号；适当用一点花边线条。

（2）总的要求

布局匀称合理，图文并茂。

活动二：学生办报

1．确定采访主题和分工；

2．讨论版面内容和形式特点。

课外活动

新闻小报展示活动。

参展作品要求：

1．作品要求：参赛作品必须是未获过同级别奖项的原创作品。

2．作品类别：新闻小报。

3．作品规格：新闻小报必须包含报头、插图和文字三个部分，报头下面须注明班级、编者和辅导老师等，统一用8开纸。

记录家乡的人物

必修上册第四单元"家乡文化生活"，是一个"大视角，小切入"的学习模块，旨在引导学生关注和参与当代文化生活，学习剖析、评价文化现象，积极参与中国特色社会主义先进文化的传播和交流，增强对家乡文化的认同，增强文化自信。"记录家乡的人物"是这一单元的学习活动之一，要求采访有关人物，了解家乡的历史文化名人，感受名人的人格魅力，并收集相关的文献资料，写一篇《家乡人物志》。

新化作为千年古县，历史悠久，名人众多，文化积淀深厚。无论哪个乡镇都能找到有影响力的历史文化名人。为先贤立志，激自己成才。他们是我们学生成才的生涯榜样，可以激励学生刻苦学习、将来为建设美好家园奠定深厚的思想基础。同时这次综合实践活动还可以提高访谈技巧，为暑期"生涯人物大访谈"做好充分铺垫。

根据学习任务群和职业探索的特点，笔者把活动设计为四个阶段，前后历时六周。前期预热阶段，先由学生搜集、阅读资料，上报"家乡历史名人"访谈对象，组建访谈团队；活动准备阶段，结合教材内容，让学生初步了解访谈法及技巧，制订访谈计划，教师指导"志"的撰写；活动实施阶段，采访家乡人物，完成《家乡人物志》的撰写；活动总结阶段，展示活动成果，师生共同反思活动得失。活动设计从学生兴趣出发，以学生的自主活动过程贯穿始终。在活动中教师要充分发挥主导作用，补充知识支架，完善方法指导，让学生活动由易到难，最终顺利完成；同时教师也要注意正向的评价和激励，活动的结果可能有差异，但活动过程始终远重于活动结果。

生涯渗透目标

思考家乡文化生活与自我成长之间的关系，自觉传承弘扬家乡的优秀文化，以家乡文化名人为生涯榜样，从中获得成长的力量。

活动目标

1. 了解访谈相关的知识、方法、技巧、流程等，在具体情境中培养与他人交谈的能力。

2. 开展实地考察和人物访谈活动，形成关注和参与当代文化生活的意识，增进对生活家园的归属感。

3．了解有关"志"的写法与要求，深入理解家乡先贤的文化内涵，撰写《家乡人物志》。

活动重点

1．了解访谈相关知识，学习做访谈并撰写人物志。

2．收集家乡历史掌故，了解家乡先贤，理解家乡先贤的文化内涵及其社会影响。

活动难点

学习做访谈并撰写人物志。

课前准备

1．在开学两周内利用网络查询资料，了解家乡的历史故事和历史人物，根据个人兴趣上报"家乡历史文化名人"访谈对象。

2．求同存异，学生合并分组，确定组长。

3．教师推荐常用检索网站和检索途径：

①中国知网（https：//www. cnki. net/）、中国国家图书馆（http：//www. nlc. cn/）、中国教育科学研究网（http：//jykxyj. com/）等网络搜索引擎。

②校、县图书馆查询。

③向老师和专家求助。

活动时间

课上与课下相结合。

活动过程

活动准备阶段

活动时间

1课时。

活动内容

教师指导了解访谈技巧、访谈准备和人物志的撰写。

活动流程

导入

在我们的家乡，在我们所居住的社区和村庄，承载了许多鲜活难忘的历史文化记忆，人们常在茶余饭后、笑谈之间，为他们立传，我们称之为家乡的名人。他们或许是历史文化名人，也可能是有一技之长的普通人。学习这个单元，就让我们走进家园，深入家乡生活，在真实的家乡生活情境中激活有关家乡的珍贵记忆，认识家乡的深厚的文化底蕴，感受名人高尚的人格魅力，增进对家乡的情感，从而获得一种前行的动力，激励自己成才。

活动一：储备知识

1. 观看视频"鲁豫有约"节目《铿锵玫瑰是一种力量》。

思考：什么是访谈？如何开展访谈？

自学链接：学生自主阅读教材第72页的相关内容以及学习资源中的《访谈法》。

教师参考《教师教学用书》第125页，与学生交流。

提示：访谈，是"访"与"谈"的结合。"访"有调查、询问之意；"谈"就是交谈、交流。访谈，就是围绕特定的目的和主题提出问题，以谈话纪实的方式，通过被询问者的答复来收集客观的事实材料。访谈既可以采用问答实录的形式，也可以采用被访者自述的形式，比较灵活。

做访谈要有充分的准备，要了解访谈的对象，确定访谈主题，拟定访谈提纲，同时也要注意提问的技巧。

活动二：访谈准备

1. 访谈内容：家乡历史文化名人的姓名、生平、身份、地位、主要事迹或个人成就等要突出其对家乡的贡献或影响。

2. 访谈对象：一般为家乡的长辈和相关部门负责人或专家，要提前联系好访谈对象，约定访谈时间；要注意采访对象的性别年龄、职业背景、个性经历等，以便能根据人物情况提出针对性较强的有效问题，增加采访成功率。充分做好相关资料的收集准备工作，同样是考察和访谈顺利开展的重要因素。

3. 访谈准备：自制访谈表格或选用老师提供的任务清单，准备必要的用具，如照相机、录音笔、书写笔、笔记本等，准备好提问提纲。

4. 制定访谈记录表。（见课本第72页"访谈记录表"，也可修改）

访谈对象		性别		年龄	
访谈成员			访谈时间		
访谈提纲	1.		访谈记录		
	2.				
	3.				
	4.				
	5.				
	6.				

5. 拟订访谈提纲

所谓采访提纲就是记者在采访之前所拟定的有关采访计划和调查纲目（即采访问题）的书面内容。采访提纲在记者的调查采访活动中发挥着至关重要的作用。如果采访前没有拟定一个相关的采访提纲，采访时就很可能会陷入盲目，成为一只"无头苍蝇"。

采访提纲包括两个方面：

①采访计划，所谓采访计划，是指大体的活动步骤、方式，确定要采访的部门、人员名单及其先后顺序，设想一下写什么体裁、多少字、采写周期等。

②调查纲目。所谓调查纲目，是指所要提问的大纲细目。

采访提纲示例如下：

A. 您知道他的哪些生平资料？

B. 他流传下来的故事有哪些？

C. 您觉得他跟一般人有什么不同之处？

D. 您觉得他对家乡的贡献表现在哪些方面？

E. 您认为他有哪些方面值得我们学习？

6. 访谈指导

（1）访谈要注重开场白。要仔细琢磨好访谈的第一句话，力争有一个漂亮的开场白。可根据不同采访对象及其学识、性格、心理和当时所处环境灵活掌握。对家乡长辈，因文化水平原因采访前可先问问好，培养感情，再表明身份和来意；而对相关部门负责人或专家学者，可言语攻心，坦诚相问；或引用诗词，彰显学问；或出奇制胜，机敏侧问等。

（2）访谈要讲究技巧。根据不同的访谈对象，结合不同的访谈进程，要灵活运用趣问、直问、推问、旁问、追问、延伸问等提问方式，同时尽可能提些开放性的问题。访谈不是个人的独角戏，访问者在认真倾听的同时，也要适时做出应和，通过总结和重复听到的话，以表达你对访谈对象的认可与鼓励，使话题得到自然延续。互动时语言应得体，面对身份、年龄、学历不同的访谈对象，要使用恰当得体的语言，以拉近距离，使受访者更好地参与进来。态度要诚恳，笔录要及时。访谈过程中，要怀着尊重、理解、学习的态度与访谈对象交流，听时要多做笔录，不必急于表达自己的看法。

（3）访谈结束：要注重礼节和及时整理。要对访谈对象表示谢意，感谢他的支持；并记下联系方式，约定后续工作的支持。之后要及时整理访谈记录，整合访谈内容，为"志"的写作准备好基础材料。

活动三：人物志撰写指导

1. 学生自主阅读课本第 72 页相关内容，了解有关"志"的知识和撰写要求。

提示："志"是记述、记载的意思。如地方志，就是如实记载某一地方历史的书或文章。"人物志"主要记述人物的生平、主要事迹，突出他对家乡的重要贡献或社会影响，既可是历史文化名人，也可是有一技之长或有独特经历的普通人。古今皆收，正反兼收，为了突出时代特征以及更好地发挥人物志的教育作用，应以近现代人物为主，以正面人物为主。在表达方式上要以叙述说明为主，语言力求准确、平实、简明，并适当融入自己的思考与情感。

2. 知识方法支撑

《家乡人物志》的写作，要求做到"真、信、活"，以达到对人物特征和深层精神的表达和反应。其特征有两个：一是真实，二是生动，即真实性和文学性。

真实性主要体现在：首先必须全面搜集，占有丰富翔实的资料，一般包括：①人物的姓名、性别、籍贯、民族；②人物的生卒年月；③人物在某个领域的突出事迹，突出他对家乡的贡献和影响。

文学性主要体现在：①叙述生动，注重人物的细节刻画。要把人物写活，赋予人物栩栩如生的血肉之躯。②有详有略，选材典型。在撰写人物志时，与历史名人有关的历史事件可能会非常多，但我们不能面面俱到，而应该从各种素材中加工、提炼，选择最能表现"名人"之所以成为名人的最感人的事迹，即要通过具体的事例来彰显出人物的精神、品质等，切忌泛泛而谈。③评价客观。大量的历史人物功过参合，瑕瑜互现。有的功大于过，有的过大于功。因此，我们对历史人物要全面研究，具体分析，一分为二地看待人物的好与坏，功与过。

活动实施阶段

活动时间

9 月 30 日—10 月 7 日。

活动内容

开展实地考察和人物访谈活动。

学生任务

1. 根据各组研究方向，利用"十一"长假，进行参观、考察、采访、调查等，了解家乡历史文化名人。

2．组员分工明确，注意提前准备好相关物品，如：问卷、记录表、摄像机、录音笔、手机等。

3．及时整理参观采访记录，去粗取精，为撰写人物志做准备。

活动总结阶段

活动时间

1 课时。

活动内容

分享交流，反思评价。

活动流程

1．小组内分享展示《家乡人物志》。

2．组员根据评价表进行评价。

3．班级交流分享，票选、推荐优秀作品 3 篇。

4．教师总结评价，颁奖。

附：

"家乡人物访谈"活动准备评价表

维度 星级	活动目的 是否明确	任务分工 是否清楚	方案制订 是否合理	资料查询 是否翔实	其他
★★★					
★★					
★					

"家乡人物访谈"活动过程评价表

维度 星级	成员是否积 极参与	成员配合是 否默契	访谈提问是 否合理	活动目的是 否实现	其他
★★★					
★★					
★					

《家乡人物志》写作评价表

评价者	思想内容是 否积极向上	结构层次是 否清晰严谨	语言表达是 否准确平实 简明	创新点（落实访谈提纲、 挖掘人物文化内涵、能 还原情境）	整体评价
小组成员					
其他小组					
教师					

课例15　戏剧编演与剧本评论

高中语文教材无论是人教版还是统编版，都选编了《窦娥冤》《雷雨》《哈姆莱特》等中外优秀戏剧作品，这些作品具有极高的文学价值，同时也是优秀传统文化的承载。这个单元旨在让学生初步了解剧本这种文学体裁，培养学生阅读古今中外戏剧作品的兴趣，领悟戏剧所蕴含的丰富思想，体会其艺术表现力，深化学生对中外传统文化的理解，进一步提高学生的语文素养，使他们初步具有文学鉴赏能力。

本单元是"语文职业味"很强的学习模块，对学生的职业生涯影响较大。编演课本剧让学生参与体验，学生能从活动中了解编剧、导演、演员、剧评人四类相关职业的职责；学生能激发参与兴趣，提升自己的听、说、读、写、唱、弹、画等综合素养，各扬其长、相互配合，增强自己的集体观念和集体荣誉感。另外课本剧的二度创作，有利于培养学生的创新意识和职业精神。

笔者尝试从以下六个维度整体设计本单元的教学："识"，初步认识戏剧，了解戏剧基本常识；"赏"，欣赏剧本，把握戏剧阅读方法；"析"，学会剧本评论写作，深度解读剧本；"编"，尝试改编剧本或创作剧本，把课堂变成"梦想剧场"；"导"，尝试话剧编排，了解导演素养；"演"，参与舞台演出，体会表演乐趣。总之，整个单元教学以活动为主，让学生在轻松愉悦的教学环境中更直接地了解职业特点和职业素养，帮助学生树立正确的职业观，突出对学生的职业选择的指导意义。下面的内容仅是本单元的一些实践活动设计。

生涯渗透目标

了解影评人、编剧、导演、演员四大类职业职责，激发学生的职业兴趣，强化职业目标，实现职业能力的提升。

活动目标

1．尝试改编或创作戏剧、表演戏剧，在实践中领略戏剧独特的艺术魅力。

2．学写戏剧评论，力求表达出自己的独特感受和新颖见解，培养学生对文学作品的鉴赏能力。

3．激发学生的戏剧学习兴趣，培养学生高雅的审美情趣和生活情趣，提升人生品位。

活动重点

在创作或表演中把握戏剧冲突，表现人物个性。

活动难点

剧本评论写作。

活动准备

通读整个单元，学会戏剧的阅读与鉴赏。

总课时

4 课时。

课本剧改编课

活动目标

1. 掌握课本剧改编的基本要求和一般流程，进一步丰富戏剧知识，帮助学生把课堂变成"梦想剧场"。

2. 通过搜索网络、查阅图书等学习活动，增强搜索、处理信息的能力。

3. 增强对课本人物性格的深度解读，培养阅读兴趣，进一步提高学生文学鉴赏水平。

4. 在对角色的揣摩和理解中进行情感教育，陶冶高尚情操。

活动重点

课本剧改编的指导。

活动难点

选材指导和人物台词的提炼。

活动时间

2 课时。

课前准备

发放《荆轲刺秦王》课本剧。

活动过程

导入

同学们，前面我们观看了《雷雨》《哈姆莱特》等戏剧视频，被戏剧中沉闷的舞台气氛、人物悲惨的命运、演员精彩的表演所打动，不能不佩服剧作家的才华横溢。这时，青春的你，心中一定会升起一个文学梦，我想要做中国的莎士比亚，或者我想做第二个曹禺！同时，也许心里又在悄悄地问：我有剧作家的潜质吗？别急，我们今天就来到"梦想剧场"尝试一下，说不定梦想成真呢！

活动一：方法指导

1. 课本剧的类型

课本剧有小话剧、童话剧、小品、寓言剧、小歌剧、小歌舞剧等。也可以是其他形式，内容要健康向上。

2. 课本剧的基本格式和改编的基本要求

（1）基本格式

①剧本开头列出剧本名称、时间、地点、人物；

②整个剧本以对话形式展开；

③剧本的中间用中括号的形式提示当时的情景，用括号的形式提示当时人物的动作、神态等。

（2）改编的基本要求

剧本写作的三要素是：矛盾冲突、人物语言、舞台说明；创作过程中各个方面都要一一考虑周全。

首先要找准矛盾冲突，矛盾越尖锐，才越有戏。戏剧不是平板地叙述，而是随时可能发生矛盾，碰出火花来，在最后才解决矛盾。"没有冲突就没有戏剧。"因此，改编课本剧的关键就是抓住作品中人物间最集中、最尖锐的矛盾，围绕矛盾展开剧情。在众多矛盾焦点中，要使主要矛盾凸现出来，走向前台。受教室舞台和学生为主体观众的制约，入戏的冲突很重要，一般要求从危机开场，要一下子跳到最紧张的斗争中去。对于过去有关情节只作回顾成分融入当前发展中。在舞台上，以现在为主，过去为次，过去只起推动现在剧情的作用。

其次，要反复揣摩人物性格，提炼台词。要根据剧中人物个性，设计提炼好恰当的台词。

最后，要设计好人物表演的动作、表情、神态等。

例文印证：《荆轲刺秦王》课本剧改编。（略）

3. 改编流程

（1）选好题材

不是任何一篇课文都适合开展课本剧活动，所以首先要选择好课文。课文分记叙性、议论性和说明性三种，在三者之中，记叙性的课文比较适合开展课本剧活动，而其中情节紧张曲折、人物形象鲜明、矛盾冲突尖锐的更适合在舞台上来展现，因为它们展现出来更有舞台效果。

例如：《烛之武退秦师》和《荆轲刺秦王》两文，均有情节跌宕起伏、人物形象鲜明的特点，但从内容上看，前者重言辞，后者则综合了语言、动作、音乐等因素；从效果和可操作性上看，前者以对话为主，舞台表现力较弱；后者是综合性的，表现力较丰富。所以，《荆轲刺秦王》更适合开展课本剧活动。

（2）重读课本

了解课文的背景，即知人论世；整体上把握课文，即掌握主旨；细致揣摩人物言行心理，圈画出重点词句，在讨论中把握角色。再深入研读，真切把握故事情节的发展、鲜活的对话、形象的动作及传神的表情等内容。

以《鸿门宴》为例：首要的是了解课文内容，提要钩玄，梳理文脉，熟悉人物，品味语言；其次要把握故事发生的背景，有必要结合《史记·项羽本纪》《史记·高祖本纪》补充与课文相关的史实材料。

（3）编写剧本

对于情节复杂、场景变化较多的课文，可截取其中的某一片断来改编。改编后的剧本以对话为主，剧中情节的发展、人物性格的展示，都是通过人物的台词来展示。

4．注意事项

（1）以课本为主，既忠实于课本，又不局限于课本，基于课文的内容展开合理想象，适当地充实和丰富故事情节。鼓励对课文进行再创作，将课文改编成小剧本，展示师生的想象力和创造力。剧本力求语言准确鲜明、生动简练，耐人咀嚼。

（2）情节设计合理，人物形象鲜明（包括人物语言、动作、情感、服饰等），道具和音乐选择要为剧情服务，让学生加深对课文的理解和感悟，并从中获得真切的体验。融知识性、思想性和趣味性于一体，让观众获得审美享受。

（3）每个课本剧表演时间不超过 10 分钟。

活动二：学生分组讨论

1．选材，重读。

2．探讨主题、故事情节、人物个性。

3．编写分工。

课外活动

学生积累创作经验后，可从名著或现实生活中选取素材编写戏剧、小品。

课本剧表演指导

活动目标

1. 了解课本剧排演所需的几项准备工作，了解导演必备的素养。

2. 进一步提高语文课本的演读能力，体悟人物内心的丰富情感，感受文本的艺术魅力。

3. 通过课本剧表演实践活动，培养学生对戏剧的兴趣和热爱，发展学生的活动能力和组织能力，提高语文综合应用能力。

4. 做中学，学中做，学做合一，了解职业倾向，完善自己人格，实现职业生涯发展。

活动重难点

导演的综合协调，演员对人物个性的把握。

活动形式

1. 小组活动：全班分 8 个小组，以小组为单位，共同策划排演活动，依据计划分工合作。排演时间安排在课余时间。

2. 全班活动：以班级为单位进行课本剧演出，评选出最佳剧本、最佳导演、最佳演员、最佳道具师、最佳音乐等。

活动时间

课内指导一节课，课外排演两周，表演两节课。

活动过程

导入

课前"导演"招募会情况介绍：

课前统计各小组导演自荐的人数和姓名，然后组织一场导演招聘会，介绍自己剧本的创作意图、对剧本的整体把握、所需要角色的才能和人数。

活动一：排演课本剧

1. 分配人员，各司其职。每个剧组，可分导演组（1 人）、剧本组（2 人）、演员组（2～4 人）、剧务组（3 人）等几个小组。

导演主要负责挑选合适的演员，各项工作的协调组织工作及班级课本剧的排演。

剧本组主要是寻找和编写剧本，并在排演过程中完善剧本。

演员组主要担任演出排练任务，演员组可以邀请老师参加。

剧务组主要负责服装道具的制作、演员的化妆、音乐布景的安排。服装道具尽可能用自己制作的服装道具。

2．观看视频。教师充分利用多媒体资源组织学生观看与课本剧相关的影视剧，为学生排练剧情提供帮助。

3．排练揣摩。安排一定的时间让学生准备，老师要从语言、动作、神态等角度给予指导，让学生更好地揣摩角色，把握到位。当学生排练一段时间后，让学生静下心来重新揣摩课本，翻阅资料，进一步了解课本课外内容，完善角色，认真演出或者组织中期交流活动，分析进程与得失，策划改进措施。

4．课堂表演。这个过程就是导演调度、演员表演、观众观赏的过程，是各司其职、分工协作的过程，是对课文深入认识的表现过程。在即将表演的时节，要制定出切实可行的表演活动方案。

5．评价反馈。评价反馈环节十分重要。这环节有利于反思过程、明确得失、总结经验、吸取教训；有利于发现人才、为促进学生可持续发展创造条件。评价反馈的主体是学生，提倡学生自评与互评。兼以请指导教师、学校领导、学生家长、专业人士、其他观众评价。

活动二：颁奖

1．奖项设计：

①最佳课本剧奖；　　②最佳男女主角；　　③最佳配角；

④最佳道具设计；　　⑤最佳音响设计；　　⑥最佳编剧奖；

⑦最佳导演奖。

2．每项设提名奖三名。

剧本评论指导

活动目标

1．了解剧本评论的内涵，并学会剧本评论写作。

2．进一步深度解读剧本，培养学生的文学鉴赏能力。

3．增进对剧评人、影评人等职业的了解。

活动重难点

剧本评论的写作。

活动时间

1课时。

活动过程

导入

读过了剧本，看过了戏剧视频，是不是对剧本台词，甚至对演员的表演、舞台布景有了更多的想法要表达出来呢？你的想法、评论其实就是戏剧评论。今天，我们就当一回剧评人，评一评读过的剧本。

活动一：什么是剧本评论

戏剧评论也是一种议论文，与平常的议论文相比，其特殊之处就在于，是对于戏剧的批判性分析，其旨在对演出进行客观分析，并对演出的质量提出综合意见。写作的角度比较广泛，可从戏剧剧本、演员表演、化妆布景、服装道具、灯光音响等角度来写作。剧本评论只是其中的一种，因受观看戏剧等舞台演出的客观条件限制，我们高中生只要求写剧本评论。

剧本评论写作，要以戏剧理论为指导，以戏剧剧本的文学特征为依据，紧扣剧本，有的放矢，评析剧本在戏剧情节结构的完整、矛盾冲突的尖锐、人物形象的塑造、人物台词的个性化和动作性、细节描写、主题的社会意义等方面的特色。

活动二：写法探讨

1. 读懂剧本

剧本评论写作之前，一定要细读剧本，先进入而置身于剧本之中读懂剧本；然后又要跳出剧本，远而观之，客观、超然地评价剧本。

一般可按"总—分—总"的步骤去读。先从头至尾通读剧本，得出初步而概括的印象；然后对重要部分仔细地阅读，找出画龙点睛的句子，通过分析研究，加深印象，从而把握文章的主要内容，抓住主要的特色，初步形成观点；再次浏览全文，获得对剧本全面完整的认识，最后对剧本的思想内容和艺术特色作出自己的准确判断。

2. 剧本评论的角度

（1）剧本的主题思想及其表现

这个角度主要是评论剧本的思想内容和作者的观点态度，分析剧本运用了哪些主要的表现手法，表现了一个怎样的主题思想，反映了怎样的社会现实，指出剧本有何积极意义或局限性。

评论主题常用的术语有：中心突出、主题深刻、言近旨远、言简意丰、意在言外、含蓄蕴藉、深化主旨等。表现手法主要有：象征、渲染、烘托、对比等。

（2）评论剧本的形象

分析剧本的人物形象应从两方面分析：一是揭示人物的典型意义，二是简要分析人物的主要性格特征。

（3）评论剧本的情节结构

一个完整、吸引人的剧本，它的情节结构必须具备开端、发展、高潮、结局四个部分。独幕剧的剧情较短，不分场次，不换布景，结构紧凑，但同样要具备基本的元素。多幕剧的剧情则比较复杂，要分多个场次。

戏剧剧本结构还必须适合舞台演出。演出要受到时间和空间的限制，把发生在不同地点和较长时间里的事情集中在有限的舞台和两三个小时内的演出中表现出来。这就是戏剧"三一律"。可采用时空交错法。

（4）评论剧本的矛盾冲突

戏剧剧本要重视表现矛盾冲突，矛盾冲突越尖锐，戏剧越有看点。可以说，不讲矛盾冲突，就不能算是真正的剧本。剧情的发展要曲折动人，要跌宕起伏，要环环相扣，这样的矛盾冲突才吸引人，如《雷雨》。

（5）评论剧本的语言

剧本的语言有人物台词和舞台说明。台词语言要求个性化和动作性，要通俗自然、简练明确，要口语化，要适合舞台表演。舞台说明要求写得简练、扼要、明确。

3．剧本评论写作的技巧

（1）切入角度要小，开掘才能深入，标题可用主副标题的形式。

（2）观点要鲜明，视角要新颖。

（3）要注意安排结构，多层面地进行分析。

（4）分析时要结合所学的戏剧知识，有理有据，否则只能是空中楼阁。

（5）要处理好"点"和"面"的关系，做到以小见大。

（6）要注意"叙"和"议"的有机结合。

（7）要注意"评"（评论）和"感"（读后感）的区别。前者重"评"，属于评论体，侧重于分析评价剧本的思想内容和艺术特色的优劣高下，带有客观评价的色彩；后者重"感"，属于引申体，需要在写作时结合本人实际，联系社会现实，写出自己的感想、体会、收获，主观感发色彩更为鲜明。

4．病文分析

真情？假意？

《雷雨》中周朴园对侍萍是真情还是假意呢？关于这个问题一直众说纷纭、

莫衷一是。全剧虽没有直接描述周朴园和侍萍三十年前曾有过的恋情，但却通过写周萍和四凤的真情间接反映了出来：一个二十几岁的毛头小伙子，对年轻貌美温柔善良的侍女产生恋情，大概也是一件非常自然的事；再者，从周朴园保留侍萍喜欢的家具，记着侍萍的生日这些琐事看来，他对侍萍是有真情的。对一一个确认为已"死"了三十年的人依然念念不忘，这不是一个虚情假意的人能做到的。但当他看到侍萍奇迹般地站在他面前时，他考虑的就是自己的切身利益了。于是，他有些虚伪地把过去的真情抬出来，以试图"感化"侍萍。

由此看来，保留家具也好，记住生日也罢，在没有影响周朴园现实利益时，是真情的流露；一旦触及他的利益，便成了掩盖虚情假意的借口。真情在利益的驱动下也变成了假意，假意又在真情的幌子下得以表演。

（提示：存在的主要问题是观点不鲜明，没从多层面展开分析。）

活动三：写作实践

1. 从学过的几篇戏剧中任意选取一篇展开写作，要求选准角度，自拟标题，观点鲜明，不少于 800 字。

2. 电影评论和剧本评论一样，可选的角度很多，请在课外时间选取自己感兴趣的电影写一篇评论。

第四节　我的生涯我做主

吾生有涯，而吾知无涯，在有限的人生里探索自己的天赋，追寻内心深处的幸福，我们会选择用自己的方式找到属于自己的人生航标，吟咏自己的歌，描绘自己的画，装饰自己的梦。即使有一天横帆断裂，我也会依旧珍藏昨日的火种，绝不放弃每一次闪耀的可能。

课例 16　　写作指导：人生是否需要设计

写作目标

1. 学会准确审题立意，用并列式或递进式结构行文。

2. 引导学生正确认识生涯规划的作用，树立正确的价值观。

文题展示

阅读下面的文字，按要求作文。（60 分）

有人认为，精彩的人生需要设计，我们应该先想好自己要过怎样的人生，并以此确定自己前进的道路，即对自己未来的发展作出一种预见性的设计；也有人认为，对于人生，与其执着于设计自己的未来，不如努力让自己拥有更多种可能，因为人生的精彩之处就在于不确定性。

对此，你怎么看？请就"人生是否需要设计"这一话题，谈谈你的认识与思考。

要求：自选角度，确定立意，自拟标题；不要套作，不得抄袭，不得泄露个人信息，不少于 800 字。

写作指导

一、审题

这是一道贴近学生现实生活的话题作文，探讨的是一个当下的"我"和未来的"我"，重在引导学生思考自己的未来人生，涉及的是中学生的生涯规划问题，从深层的角度来讲，此题着重考查学生的择业观和价值观。作文分为两部分，第一部分为材料，列举了两种截然不同、针锋相对的观点：一种是"精彩的人生需要设计"，因为可以由此确定自己前进的道路；另一种是"精彩的人生不需要设计"，因为人生的精彩之处就在于不确定性。第二部分是写作要求，要求考生结合材料，就"人生是否需要设计"这一话题，谈谈自己的认识与思考。

话题的关键词是"设计"。什么是设计？设计就是做规划和计划，要做到合理和周密。从广义上来说，人生设计就是对未来人生发展方向作预见性的设定，就是理想追求。从狭义上来说，人生设计就是对自己一生做合理而周密的规划安排。"我要去哪里？我如何去做？"这就是设计。从这一本质上讲，人人都有设计，人人都需要设计。人无远虑，必有近忧。过一天和尚，撞一天钟，得过且过，是不行的。人对自己的思考，不只是当下的，更重要的是明天未来。

二、立意

根据材料，本题有三个方面的立意参考，即：①精彩的人生需要设计；②人生不需要设计；③人生既需要设计，更应该享受即兴发挥；等等。

①②是正反对比立意，泾渭分明；③是中庸立意。但是从写作的难易度来讲，①是最容易写的，我们掌握的素材多，理由也可以说得更充分一些。②论据较少。③有思辨色彩，话题不集中，控制不好就会剑走偏锋。

三、构思

1. 从广度上思考，可采用连环追问法，按"是什么—为什么—怎么办"层层深入思考，即"设计中有什么""为什么需要设计""如何去设计"。（本次作文的重点要放到为什么要设计或不需要设计上来）。也可以从宽度上思考，采用并列式结构，如总结自己过去设计未来，面对个人现实设计未来，面对时代背景设计未来；如人的道德塑像设计、人的专业技能设计、人的生活情趣设计等。结构上打开思路，想得更宽、更广，文章下笔自然就从容自信些。

2. 从深度上思考，好的议论文以思想深刻取胜。比如说人生为什么需要设计，要把这一话题说深刻，可以正面举例，也可以反例来说明；可以从个人到企业和国家，可以联系古人、名人，再回到自己中学生的身份实际。对"设计为什么重要"，论述时应有理有据，语言严谨，做到以理服人。

3. 在论述设计重要性的同时，也可以辩证思考：设计很重要，但在面对人生的许多不确定性的同时，我们还得要面对现实，设计的合理性和周密性是离不开现实基础的，必须对现实作客观条件上的研判。设计不是死板的，不是一成不变的，设计有短期和长远，短期是战术，长远是战略；设计和人生的不确定性并不矛盾，不是水火不容的对立，而是灵活性、多变性的协调。

4. 设计的最终目的是什么？是演绎精彩人生。精彩的人生总是与时代、社会和国家联系在一起，这就不得不谈到我们青年学生的人生设计与时代、社会和国家同心同圆的问题，回到现实，升华立意。

四、素材

1. 鲁迅在人生道路上有三次重大转折：一是考入南京水师学堂到矿路学堂学开矿，二是到东京留学决意学医，三是弃医从文，学文学。

2. 张艺谋的个人职业发展轨迹是：插队当农民—工人—学生—摄影师—演员—导演，一次次巨大的职业跳跃和转型才最终造就了一个成功的导演。

3. 前央视节目主持人杨澜说："在各种角色不断转换过程中，我就是想看看自己到底能飞多高。做好主持人，就想做好制片人；做好制片人，就想做传媒公司。"

课例 17　　　　　　　　　　**制定成长方案**

——《我的生涯规划书》撰写指导

活动目标

1. 了解自己的成长历程与社会职业的关系。

2. 探索自己特质与职业取向的关系。

3. 提高职业信息搜集能力和合作交流能力。

4. 学会撰写规范的生涯规划书。

活动重点

学会撰写规范的生涯规划书。

活动时间

2 课时。

活动步骤

导入

在自我探索、社会探索和职业探索的基础上，完成一份有关自己学业、职业乃至整个生活追求的生涯规划报告，是生涯课程的重要内容。高中生撰写生涯规划报告意义重大，一是及早进行学术训练，提高获取信息、处理信息、分析、写作等学术能力；二是帮助我们提升对自身和社会的认知，准确定位生涯目标；三是通过论证自己初选目标的合理性，坚定对人生目标的信念；四是引领行动，促进自己养成良好的习惯，学会正确管理生涯。希望同学们制定自己的成长方案，成为自己生涯的舵手。

活动一：交流分享

1. 写作基本逻辑

我是谁？我在哪里？我想去哪里？我能去哪里？我选择去哪里？我怎样才能到达那里？这些经典的生涯规划问题需要学生在生涯规划报告中厘清并表述出来。

生涯规划报告中，一方面需要将生涯目标（职业、生活目标）初选作为论点，分析评估个人因素中的能力特长、兴趣爱好、个性特点、价值观等是否支持自己的这一选择，外部因素中的社会或职业需求是否支持自己的这一选择，从而完成论证过程，确认自己选择的合理性，形成信念（我选择去哪里）。只有真正找到自己选择的依据，且有极具说服力的论证为支撑，学生才会将目标转化为行动力，使其学业管理和个人发展获得最大保障。另一方面，解决"我怎样才能到达那里"的问题，需要选择路径、制订方案和计划、形成实现生涯目标的指导性文件。

2．小组交流

①分享讨论自己成长历程中的重要事件。

②分享讨论自己的个性特点与职业取向。

③分享讨论自己家庭父母的职业类别、父母的期待。

活动二：写作要件指导

1．自我分析（参考字数：200～500字）

真实而深刻的自我分析包括：

①学业生涯分析：如现状、不足、优势、潜能、心态等。

②兴趣分析（表现、他人评价和自我评价、成因等）。

③能力特长分析，重点分析自己的优势能力及能力局限（表现、他人评价和自我评价、成因）。

④个人特质分析（表现、他人评价和自我评价、成因），重点分析自己个性的优势与局限（可以使用表格）；经验及习惯分析（有价值的经验或特别的经历、优劣习惯）。

⑤价值观分析（表现、他人评价和自我评价、成因）。

⑥自我分析小结（概括上面的分析，并由此明确自己的优、劣势或努力方向等）。

在表达形式上，可选用表格，也可以用纯文字叙述。自我分析可以借助一些有效的手段，如心理测量、职业兴趣测评等，将相应结果、数据引用到报告中。

2．职业生涯分析（参考字数：400～600字）

分析包括：

①自己感兴趣的专业和大学，想要从事的职业类型；可分析该专业、该大学在目前高考的分数等。

②当下社会的发展状况、特点，未来社会可能的发展趋势以及对人才的要求。

③自己初选职业、专业在未来社会中的发展展望。

④初选职业、专业的具体内容及选择依据的澄清。

路径参考：

中国就业网、中国国家人才网、湖南人才网。

3．生涯愿景确定（参考字数：200～300字）

包括：

①学业生涯目标：如期中、期末、学考、高考期望达到的目标；某个良好学习习惯的养成等。

②职业生涯目标：如要考哪类专业、大学、从事的职业等。

4．具体行动计划（参考字数：500 ～ 800 字）

计划时间段	目标	困难分析	策略、措施	备注
高一上学期				
高一下学期				
高二上学期				
……				

无论是长期计划还是阶段性计划，都需要有以下内容：

（1）时间跨度，说明准备用多长时间实现。

（2）目标表述，目标必须明确具体，包括生活目标、学业及职业发展目标，要表述得准确清晰、简洁明了。

（3）内、外困难分析，要实现相应目标，自己在能力特长、个性特征、知识储备、经验习惯、身体条件等方面存在哪些困难或不足，外部因素中有哪些可能的阻碍或影响，如环境、教育条件、经济状况、人际关系、社会变化、老师和家长的支持等自身之外的消极或不利因素。

（4）达成策略与行为管理措施，如何针对性地解决好内、外困难与问题，用什么策略方法改善或提升自己，如何管理好自己的行为和拥有的资源，如何开发自己的潜能等。

计划可以用表格完成，不用表格者可参考相应内容，用纯文字加以表述。

【小结】

生涯是未来之学，因为生涯总是关乎未来；生涯也是应变之学，因为未来总是变幻莫测。所以我们的生涯规划也要根据不同的情况适时做出相应的调整，不断修正前进的方向，突破并塑造清新充实的自我。评估内容一般要包括职业目标评估、职业路径评估等，评估时间一般一学期一次。

活动三：学生写作

学生撰写适合自己的生涯规划书。

课外活动

通过今天的学习，我有哪些收获？

第三章 管理生涯，拥抱未来

当学生历尽千辛万苦、走进高中时，他们可能会问自己：我是谁？初中三年我过得如何？高中三年该怎么度过？高中毕业后我又该到哪里去……对这些问题的理性思考、有效规划和管理，则意味着高中学生精神的成长！

高中学业规划是高中生生涯规划的核心，是专业规划和职业规划的基石。高中学业规划是指高中生为了促进自身生涯发展、实现生涯目标，对高中阶段的学习和生活所进行的筹划和安排。高中生生涯规划成不成功，关键不是计划得如何完美，而是不折不扣地去执行，并始终坚持。良好的生涯管理可以帮助学生从更高的角度看待学习、生活中遇到的各种问题和选择并将各分离事件结合联系，服务于生涯目标，使高中生活更加充实和富有成效，并一步步接近并最终实现自己的生涯目标。

高中学业规划应是学生在对自我认识比较明确、对当前环境认识比较充分的基础上，设定高中期间的学习目标，科学规划学习方案，制订行动计划与措施；能积极探索适合自己的高效学习方法，养成良好的学习习惯，促进学习效率的提升；能明确时间管理的重要性，掌握时间管理的原则和简单方法，懂得高效利用时间；能合理调适压力和调控情绪，正确面对挫折，保持一种阳光、快乐的心态；能认识沟通对学习、生活的重要性，掌握有效沟通的技巧和原则，学会正确处理人际关系。

语文对学生生涯规划和管理的指导，不是单纯的说教，而是形象化的濡染。教师帮助学生在与先哲、与社会、与自然的对话交流中获得知识和启悟。荀子把对学习的思考融入了朗朗上口的《劝学》，韩愈更是身体力行，以赠言论述从师而学的道理；史铁生以自己亲身经历告诉世人该怎样对待生命中的苦难，苏轼以豁达情怀告诉世人，身处人生低谷时我们依然可以坚守儒雅，向往崇高的风骨；卫地女子以遭"氓"始乱终弃的教训而给情窦初开的高中女生上了一堂爱情审美课……

我们相信，学生可以做自己生涯的摆渡人！

第一节　学会科学学习

埃德加·富尔曾说："未来的文盲不再是不识字的人，而是没有学会怎样学习的人。"未来的职业发展都要求人们系统地重新学习新的领域，掌握学习的能力和策略。帮助学生规划学习、充实自我、丰富自我、发展自我，从而在学业竞争乃至社会竞争中具备更强的生存竞争力，是语文生涯指导的重要内容。

课例18　探索学习之道，点亮生命之光
——必修上册第六单元教学设计

必修上册第六单元属于学习任务群"思辨性阅读与表达"，其人文主题是"学习之道"。本单元选择古今中外六篇文章，从不同角度探讨学习问题，阐发深刻的道理：把握学习的价值、意义、原则和方法，通过读书和学习提升自身修养，培养终身学习理念；借助理性思维，认清事物的本质，辨别是非、善恶和美丑。本单元旨在通过探索古今先贤和名人的"学习之道"，让学生形成正确的学习观，改进学习方法，提高学习能力。这对于刚刚进入高中正探索适合自己"学习之道"的学生来说，是很有意义的。

基于学习任务群要求、单元人文主题和生涯规划理念，本单元教学设计以发掘高中具体学习问题根源为大情境，通过朗读、赏析、写作、演讲等语文活动，帮助学生体悟学习正确的态度立场，掌握学习的方法路径，探索学习的意义价值。在学习能力不断形成的过程中，提升自身修养，树立终身学习的基本意识。单元教学大任务为组织一次以"改造我们的学习"为主题的班级演讲活动。为此，除了要领会演讲的特点与技巧、规划好演讲活动外，还要深入阅读本单元的六篇文章，把握学习的价值、意义、原则、方法和途径，掌握论述的针对性、概括性以及说理的艺术形式。根据教材"课"的编排特点，整个教学活动由四个学习任务组成，按板块分层推进，由古及今，由先贤及伟人，再到当今学者，最后落实到单元主题活动，整体上形成一个梯度学习。在"思辨性阅读"中引领学生把握观点、梳理思路、理解论证方法和逻辑，在"思辨性表达"中引领学生学会表达和阐发自己的观点。中间穿插着对学生分析质疑、多元解读的引导。

教学安排

任务板块	教学资源	学科教学目标	生涯渗透目标	课时
古人的"学习之道"	第 10 课	语言梳理与探究，把握古人关于"学习"的主张，探究论证方式。	把握学习的价值、意义、原则和方法，形成正确的学习理念。	2
今人的学习主张	第 11、12 课	把握今人关于"学习"的主张，学习论证逻辑。	改进学习方法，提高学习效率。	2
学者的学习经历	第 13 课	了解学者的学习经历和读书感悟，借鉴名家"学习之道"。	借鉴交流，拓展学习之道，激发读书兴趣。	2
统整实践，探索"学习之道"	单元阅读成果	把学习成果转化为现实思考，完成演讲。	运用单元学习成果，解决学习中存在的问题。	3

———— 学习任务一：古人的"学习之道" ————

这一学习任务主要精读《劝学》《师说》两文，在梳理语言知识和了解创作背景的基础上，以"学习"为核心把握两文内容之间的联系与变化，辨析作者观点主张在特定时代的现实意义以及跨越时代的经典意义，形成正确的学习观，改进学习方法，提高学习能力；探讨古人说理的艺术形式，学会以恰当的方式表达和阐发自己的主张。学习的重点是帮助学生厘清"要不要学"的道理。

时间安排：2 课时

🕐 第 1 课时

核心任务

探讨古人的"学习之道"。

学习资源

1．《劝学》《师说》。

2．泛读创作背景材料。

3．拓展《论语》《荀子》相关章节。

生涯渗透目标

把握学习的价值、意义、原则和方法，通过读书和学习提升自身修养，培养终身学习的理念。

学科教学目标

1．结合文章的写作背景，了解作者论述的针对性。

2．梳理文章内容，把握作者的主要观点。

3．聚焦《论语》《荀子》相关章节，概括孔子、荀子的"学习之道"。

教学重难点

准确把握作者的主要观点，内化"学习之道"。

课前准备

通读《劝学》《师说》，梳理和积累文言实词和虚词。

教学过程

导入

一个强盛的国家，必然重视教育；一个有希望的民族，一定尊重知识；一个有理想有抱负的人，一定崇尚学习。俗语说，"玉不琢，不成器；人不学，不知道"，这就指出了学习的重要作用。今天我们对比学习《劝学》和《师说》，看看两者在有关学习的话题上各自立足于解决怎样的问题，提出了怎样的观点，又是怎样支撑各自的观点。

分组朗读《劝学》《师说》。

活动一：了解背景，整体感知

1．《劝学》写作背景

在人性问题上，荀子不同意孟子的性善论，提出了"性恶论"，他认为人性本恶，但可以通过后天的学习和环境来抵制恶的天性，使人回归善的境界，所以他主张"明礼义而化之"。他重视教育的作用，强调教育功能的重要性。

2．《师说》写作背景

在魏晋以后门阀制度仍有沿袭的唐代，贵族子弟都能进入弘文馆、崇文馆和国子监学习，无论学业水平如何，他们都有官可做。在这样一种背景下，在他们眼里知识学问毫无价值，自然他们十分轻视老师。据说如有人从师学习，就会"哗笑之"，社会从师风气日下。韩愈作为一代文豪，却大张旗鼓宣扬自己的观点，批判了"耻学于师"的社会陋习，体现了韩愈非凡的勇气和魄力。

活动二：梳理内容，把握观点

1．这两篇文章从不同角度探讨了学习问题，阐发了一些深刻的道理。请大家填写下面表格，梳理文章基本内容，把握作者主要观点。

学生自我梳理，然后小组内交流，并展示。

提示：首先找出全文中心观点，然后找出每个自然段的中心句，没有中心句的概括中心意思，并思考与中心观点的关系。

课文	主要内容	主要观点	其他观点
《劝学》	从学习的意义、作用、方法、态度等方面劝诫人们要不断学习	学不可以已	君子博学而日参省乎己／君子生非异也，善假于物也／积土成山／用心一也
《师说》	批评时俗，希望恢复"古道"	求学必从师	古之学者必有师／师道之不传也……也难矣／圣人无常师

2. 梳理学习观的沿革

讨论：《劝学》《师说》两文都是谈"学习之道"，从荀子到韩愈对学习的看法主张有哪些继承与发展？

讨论明确：①两文在强调学习的重要性上是一致的。《劝学》中荀子认为只有"学不可以已"的品格与行动，才能有"知明而行无过"，进而"圣心备焉"成为圣人。《师说》中韩愈继承了荀子通过学习可以提升内在道德品格的观点，并强调即使成为圣人，也要"从师而问"，也再次印证了"学不可以已"的观点。②两文在强调学习的必要性上也是一致的。荀子的"君子生非异也"和韩愈的"人非生而知之"，都从个体知识能力有限的角度来论述学习原因，以突出学习的必要性。③韩愈和荀子都强调通过学习可以获得"道"，但韩愈强调学习的内容不仅有"道"，而且还有"古文"和"六艺经传"，内容更为丰富具体；在学习的主体上，韩愈更强调了主体的主观能动性（圣人"犹且从师而问""圣人无常师"，李蟠"学于余"），这是韩愈对荀子关于学习之道的继承与发展。

活动三：拓展延伸，丰富认识

比较阅读两组文字，谈谈获得的"学习之道"。

1. 第一组

（1）子曰："君子食无求饱，居无求安，敏于事而慎于言，就有道而正焉，可谓好学也已。"

（2）子曰："知之者不如好之者，好之者不如乐之者。"

参考分析：

第一则，孔子说："君子饮食不求饱足，居住不要求舒适，对工作勤劳敏捷，说话却小心谨慎，到有道的人那里去匡正自己，这样可以说是好学了。"

这一则讲的是好学的态度、表现与要求：不求物质享受，应重道德修养。

第二则，孔子说："知道它不如喜欢它，喜欢它不如以之为乐。"

这里，孔子强调了学习兴趣的重要性：有了浓厚的兴趣，我们才会坚持不懈，持之以恒地去努力。

2. 第二组

（3）君子之学也，入乎耳，著乎心，布乎四体，形乎动静；端而言，蠕而动，一可以为法则。小人之学也，入乎耳，出乎口，口耳之间则四寸耳，曷足以美七尺之躯哉！古之学者为己，今之学者为人。君子之学也，以美其身；小人之学也，以为禽犊。

（4）蓬生麻中，不扶而直；白沙在涅，与之俱黑。兰槐之根是为芷，其渐之滫，君子不近，庶人不服。其质非不美也，所渐者然也。故君子居必择乡，游必就士，所以防邪辟而近中正也。

参考分析：

第三选段，君子的学习，听在耳朵里，记在心中，表露在身体的仪态上，显现在行动举止上。轻声地说话，小心地行动，一言一行都可以作为准则。小人的学习，从耳朵里听进去，又立刻从嘴说出来。嘴与耳朵之间的距离只有四寸远，怎么能使自己的身躯都得到完美呢？古代的人求学是为了自己，现在的人求学是为了他人。君子学习，是为了使自己的言谈举止完美。小人学习，是为了拿学来的东西去讨好别人。

这一选段，将君子之学和小人之学两方面进行对比，揭示了君子之学的根本目的在于美化自身，提高自身修养。

第四选段，蓬草生长在麻丛当中，不需要扶植就长得挺直；洁白的沙子如果和入黑泥里，也会变得跟黑泥一样黑。香草兰槐的根叫作芷，芷虽香，如果将它浸泡在臭水当中，君子就不愿接近它，百姓也不愿意佩戴它。这并不是芷的本质不好，而是由于被浸泡在臭水里的缘故，因此，君子定居时一定要选择好地方，外出交游一定要和有道德有学问的人结伴，这样就能够防止自己受邪恶乖僻之人的影响，而逐渐接近"礼""仁"之道。

这一选段，从正反两方面阐明了环境对人的影响，说明了学习要有好的环境。"近朱者赤，近墨者黑。"

课外活动

1. 背诵《劝学》全文、《师说》第一段。

2. 学生从两篇文章中摘录一些名言警句，谈谈自己的心得体会或对自己生涯的启发，并把这些体会或启示分享至班级群。

预测学生获得的体会或启示：

①学习不仅要学知识和技能，更要加强道德修养。道德修养是比知识修养更高层次的学习内容，是学习知识最终需要达到的目的，是教育的终极目标。我们要成为一个德智体美全面发展的高素质人才。

②学习是人生大事之首，要树立"终身学习"的理念，要永不知倦永不停止。"学不可以已"既是一种学习方法，也是一种学习态度，要严肃认真对待，要"活到老，学到老"，只有这样才能在生涯立于不败之地。

③要边学边反思，在反思总结中不断进步。要利用学习到的知识来作为参考，不断反省自己和纠正以往的自我，形成自我的不断升华和进步。

④人生漫长，职场坎坷，孰能无"惑"？唯有放下身段，虚心从师，以能者为师，才能把职场走得风生水起。如有幸成为师者，则要尽师者"传道、授业、解惑"之职，毫无保留贡献自己的"一技之长"，共同提高团队的工作水准。

还可从坚持不懈、专心致志、善假于物等角度来谈。

🕐 第 2 课时

核心任务

探究古人如何阐释"学习之道"。

学习资源

《劝学》《师说》。

生涯渗透目标

借助理性思维，认清事物的本质，辨别是非、善恶和美丑。

学科教学目标

1. 梳理逻辑思路，感受思辨中蕴含的逻辑力量，提高理性思维水平。

2. 理解比喻论证和对比论证的妙处，学会以恰当方式阐发自己的主张。

教学重难点

梳理文章思路，体会文章的说理方法和论证逻辑。

教学过程

导入

通过前面的学习，我们已经领悟了往圣先贤的"学习之道"，积累了许多金玉良言，收获了许多有益的启迪。他们的文章不仅内涵深邃，而且论证上很富有逻辑之美，结构环环相扣，缜密有序，或层层推进，或多角度展开。今天我们继续探讨《劝学》和《师说》两文，体会古人是如何将"学习之道"做有效阐释的。

活动一：梳理思路，领悟逻辑

（一）《劝学》的论证思路

1. 回顾前阶段的学习，思考讨论：

《劝学》一文的主要观点是什么？分哪几层展开论证？每层观点又是如何推理出来的？这几层论述的顺序可以打乱吗？

参考分析：

①要理解比喻句的含义。如"青"胜于"蓝"，"冰"寒于"水"，说明客观事物经过一定的变化过程，可以有所改变、有所提高，比喻任何人通过发愤学习，都能进步，甚至超越自我。鞣"木"为"轮"，强调后天的影响能改变事物的本性，即学习对于后天成长起着决定性的作用。

②要理解每段的比喻是如何层层推进论证的。如第2段的推理过程：

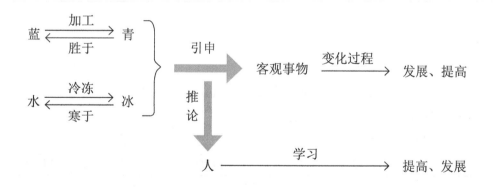

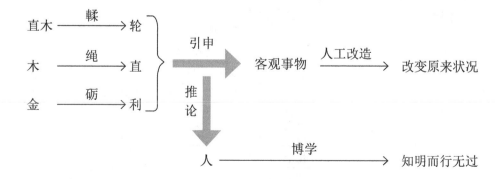

2．列结构提纲。根据讨论结果，填写、完善下面表格内容。

中心论点	分论点	论证角度	论据	论证手法	结构特点
学不可以已（学习的重要性）（第1段）	君子博学而日参省乎己，则知明而行无过矣（第2段）	学习的意义：提高自己	青出于蓝	比喻论证	围绕中心论点逐项阐述自己主张
			冰寒于水		
			直木为轮		
			木受绳则直		
			金就砺则利		
	君子生非异也，善假于物也（第3段）	学习的作用：弥补不足	跂而望	比喻论证	
			登高招		
			顺风呼		
			假舆马		
			假舟楫		
	积善成德，而神明自得，圣心备焉（第4段）	学习的态度：注重积累、持之以恒、专心致志	积土成山和积水成渊	比喻论证	
			不积跬步和不积小流		
			骐骥一跃与驽马十驾	对比论证	
			锲而舍之与锲而不舍		
			蚯蚓专一与螃蟹浮躁		

（二）《师说》的论证思路

1．回顾上一节课的学习，思考讨论：

《师说》一文的主要观点是什么？分几层论证？每层观点又是如何推理出来的？这几层论述的顺序可以打乱吗？

2．列结构提纲。根据讨论结果，填写、完善下面表格内容。

中心论点	论证层次	具体体现	说理方法	结构特点
作者借写此文赠李蟠来批评今人"耻学于师"的社会风气（时俗），倡导"从师而问"的师道传统（古道）。	论述"古道"内涵（1）	古之学者必有师	直接阐述	逐层深入论述自己观点
		有惑者必从师		
		道之所存，师之所存		
	批判"时俗"（2）	古之圣人／今之众人（纵比）	举例论证对比论证	
		于其子／于其身（自身）		
		巫医乐师百工之人／士大夫之族（横比）		
	如何择师（圣人无常师）（3）	孔子无常师	举例论证引用论证	
		孔子的观点		
		择师的标准		

参考分析：

（1）关于本文主要观点的把握：

本文并不是严格意义上的论说文，其论证思路并非议论文"提出问题—分析问题—解决问题"的常规思路，对于观点的把握有点难度。从最后一段来看，韩愈写作此文的直接缘由是"贻之""李氏子蟠"，因为作者十分看重这个学生的两个优点：一是"不拘于时，学于余"，二是"能行古道"。在这里"不拘于时"的"时"应指的是"耻学于师""惑而不从师"的社会风气，"古道"指的是"从师而问"的师道传统。至此，本文的主要观点就可概括出来了。

（2）关于第3段与前两段逻辑关系的理解：

把握了全文的主要观点，就不难理解第1、2段论述的侧重点了。最难的还是理解第3段与前两段的逻辑推理思路。第3段主要以孔子无常师为典型事例和引述孔子经典言论来阐述"圣人无常师"的道理，与首段"古之学者必有师"的观点形成呼应，且由"学者"推进到"圣人"，由"必有师"推进到"无常师"，语意上明显递进了一层；同时也回答了第2段"古道不复，时俗堪忧，我们该怎么办"的问题。因此，全文是采用逐层深入的逻辑思路论述自己的观点，有很强的逻辑力量。

活动二：涵泳思考，赏析手法

1. 涵泳《劝学》的比喻论证手法。

学生梳理：细读全文，找出其中运用了比喻论证的句子，想想其说明的道理及与中心论点间的关系，思考其比喻论证方式。学生交流，体会其说理妙处。

教师点拨：

证明的观点：第2段比喻证明学习可以提高自己、改变自己，第3段比喻证明学习可以弥补不足，第4段比喻证明学习要积累、坚持、专心。

比喻论证的方式：正面设喻；反面设喻；同类并列设喻；正反对照设喻；只设喻而把道理隐含在其中；先设喻再引出要说的道理。

比喻论证的效果：能使抽象道理明白具体，深入浅出，使人易于了解和接受，提高表达效果。

2. 涵泳《师说》第 2 段的对比论证手法，填写下面表格。

级别	对象	从师的态度	结果	对比角度	论述中心
1	今之众人	耻学于师	愚益愚，圣益圣	纵比	通过正反对比，论证了从师学习的重要性
	古之圣人	从师而问			
2	于其子	择师而教之	小学而大遗	自比	
	于其身	耻师			
3	巫医乐师百之人	不耻相师	士大夫之智不及巫医乐师百工之人	横比	
	士大夫之族	群聚而笑之			

小结：《师说》第 2 段借助三组对比，将正确做法和错误做法展现得非常充分，有力地证明了遵循"从师而问"传统的重要性。

学生梳理《劝学》一文的对比论证手法，并体会其表达效果。

课外活动

1. 根据《劝学》的论述，另选几个事例，分别阐述积累、持之以恒、专心致志的重要作用。

2. 以"学习很重要"为论点，运用比喻论证的方法写一段不少于 200 字的话。

────────── 学习任务二：今人的学习主张 ──────────

这一学段的主要任务是精读《反对党八股（节选）》《拿来主义》。梳理概括阐释作者关于"学习"的主张，结合背景，分析理解文章深刻的现实针对性，获得正确的学习态度；同时对相关文本内容及形式提出质疑反驳，找出相关证据材料支持自己的观点并加以阐释，形成自身关于"学习"的认识，改进学习方法，提高学习能力；厘清论述思路，体会说理艺术，能学以致用，从合适的角度以恰当的方式表达和阐发自己的主张。本学段的重点是帮助学生改造学风，善于"拿来"，解决"怎样学习"的问题。

时间安排：2 课时

🕐 **第 3 课时**

核心任务

理解论述的现实针对性和理论概括性，把握作者的主要观点。

学习资源

《反对党八股（节选）》《拿来主义》。

生涯渗透目标

了解今人的"学习之道"，获得关于学习的正确态度，合理借鉴外国文化或他人学习经验。

学科教学目标

1. 结合写作背景，准确把握作者的观点和态度，关注作者思考问题的角度，学习他们有针对性地表达观点的方法。

2. 了解论述的概括性，把握列举事实与概括事理之间的关系。

教学重难点

准确把握作者的主要观点，理解论述所揭示的本质和概括的特征。

教学过程

导入

学习是一个常说常新的话题。在学习的道路上，人类不断遇到新问题，如何在前进的途中解决这些问题，如何提出解决问题的主张，是现代人应具备的素质。学习《反对党八股（节选）》和《拿来主义》，了解两篇文章写作的针对性，获得关于学习的正确态度与方法，用以指导我们的学习。

活动一：联系背景，整体把握

1. 《反对党八股（节选）》写作背景

《反对党八股》是毛泽东同志于1942年2月8日在延安干部会议上的讲话，是继《改造我们的学习》《整顿党的作风》后又一篇重要的整风文献。当时为了总结历史经验肃清王明"左"倾教条主义的恶劣影响、提高全党的马列主义水平、争取抗日战争的最后胜利党中央开展了全党的整风运动。整风运动的主要内容是：反对主观主义以整顿学风、反对宗派主义以整顿党风、反对党八股以整顿文风。本文节选的是《反对党八股》中9～18节。本文的观点对树立正确的学习观具有指导意义。

2. 《拿来主义》写作背景

本文写于1943年6月4日。"九一八"事变之后，蒋介石反动政府从政治、经济、文化艺术方面奉行一条彻头彻尾的卖国投降路线。英美帝国主义除了践踏我国领土主权，疯狂掠夺我国经济资源外，还用腐朽没落的西方文化腐蚀我国人民，进行军事、经济、文化侵略，使清醒的青年们对于外来的东西产生"盲目排外思想"。当时上海《文学》月刊正在讨论如何对待"文学遗产"问题，在讨论中存在着"全盘肯定"和"全盘否定"两种错误倾向。为了揭露和打击敌人，为了澄清认识，鲁迅先生写了这篇文章阐明了马克思主义批判地继承文化遗产的原理和方法，提出了实行"拿来主义"的正确主张。文章中着重谈的是如何对待外国文化的问题，但鲁迅先生提出的主张也足以批驳那些对本国文化的错误观点。因此，"拿来主义"完全适用于对待一切文化遗产。

3. 初读，把握观点

思考讨论：两篇文章是针对什么问题而写的，提出了怎样的观点，对我们有什么启示。讨论后请填写下表。

课文	主要观点	论述针对的现象或问题	启示
《反对党八股（节选）》	抛弃党八股，树立生动活泼、新鲜有力的马克思主义新文风	当时党内存在主观主义、宗派主义倾向	改进文风要提高自身理论素养、要有实事求是的科学态度、要有批评和自我批评的勇气
《拿来主义》	批判地继承和借鉴外来文化及文化遗产	20世纪30年代国民党反动派奉行卖国政策，学界对外来文化有极端做法	人们要去重视学习他人/外国的先进文化、技术和经验

活动二：合作学习，把握列举与概括

1. 《反对党八股（节选）》论述的针对性及排列的内在逻辑性

罪状	表现	本质	类别
一、空话连篇，言之无物	懒婆娘的裹脚，又长又臭	内容空洞	思想内容表现
二、装腔作势，借以吓人	生怕人家驳，装样子吓人	动机不纯	
三、无的放矢，不看对象	故意写人们看不懂的	目的不明	
四、语言无味，像个瘪三	没几句生动的话，学生腔	缺少文采	文章形式表现
五、甲乙丙丁，开中药铺	不动脑筋，罗列现象	形式主义	
六、不负责任，到处害人	不研究，不准备，不修改	责任心不足	产生根源
七、流毒全党，妨害革命		影响恶劣	危害后果
八、传播出去，祸国殃民		影响恶劣	

小结：对党八股的八大罪状，文章分项列举，逐层批驳。第一条到第五条是思想内容和文章形式上的表现，第六条是产生的根源，第七条到第八条是危害后果。由表及里，由浅入深，符合人们认识事物的规律，具有严密的逻辑性。

2. 有学者指出："'典型现象'正是杂文思维与表达的一个关键——杂文

既要通过'由一至多''由小至大'的'联想'概括出具有一定普遍性的'典型形象'；又要通过不失其形象性的'典型形象'来表达自己对于生活的新开掘新发现。"试分析《拿来主义》概括了怎样的典型形象，是如何概括的。

序号	列举的表现	概括的典型形象	本质
1	自己不去，别人也不许来	闭关主义	排外锁国
2	学艺上送古董、画和活人	送去主义	媚外求荣、欺世惑众
3	运用脑髓，放出眼光，自己来拿	拿来主义	批判继承
4	怕染污，徘徊不敢走进门	孱头	逃避主义
5	勃然大怒，放把火烧光	昏蛋	历史虚无主义
6	接受一切，欣欣然大吸剩下的鸦片	废物	投降主义

　　小结：《拿来主义》这篇杂文中的概括，简洁醒目，对比鲜明，精警有力。论述的针对性与概括性之间的关系：既针对具体问题、现象进行剖析，又有简单地就事论事，更从中挖掘根源，指出实质，总结出规律性的东西来。

活动三：质疑讨论，深度解读

　　辩论："拿来主义"是不是一种"学习之道"？

　　思维引导：

　　①从本单元已学文章来看，"学习之道"有哪些？

　　②结合《拿来主义》一文思考，什么是拿来主义？怎样拿来？拿来的最终目的是为什么？（从主旨、内容、意义等角度来思考）

　　③结合学习生涯实际思考，你有过"拿来"的事实吗？

　　小结：

　　《拿来主义》是一篇探讨如何对待外来文化的杂文，有其特定的写作背景。

　　拿来主义是"运用脑髓，放出眼光，自己来拿"。这就告诉我们：学习要独立思考，独立判断；学习要有广博的视野、独到的眼光，有鉴别能力；学习更要强调主动性、主体性。拿来主义者首先要"占有，挑选"。这就告诉我们：学习要"占有"资源，获取别人的观点，借鉴、吸收对自己有用的东西，剔除那些无用甚至有害的东西。"没有拿来的，人不能自成为新人，没有拿来的，文艺不能自成为新文艺。"这就告诉我们：学习的意义首先在于"拿来"，再进行创新，方可成为"新人"，成为"新文艺"。

　　因此，"拿来主义"的实质就是"学习之道"，我们探讨"拿来主义"其实质是探讨"学习之道"。

课外活动

在高度开放的今天，经济全球化、信息社会化，我们越来越感觉到，世界是如此广阔，中国正走向世界，世界也在瞩目中国。那么，鲁迅的"拿来主义"是否还有它的生命力？作为一个青年人，在民族复兴的今天，我们该如何取舍？请结合生活实例就当代某一文化现象谈谈自己的看法。

🕐 第 4 课时

核心任务

研读阐述"学习之道"的方式。（结构思路、方法技巧、语言表达）

学习资源

《反对党八股（节选）》《拿来主义》。

生涯渗透目标

内化"学习之道"，养成良好学风。

学科教学目标

1. 梳理两文论证结构，学会针对现实问题层层展开辩驳剖析，并提出解决问题的办法。

2. 赏析两文的说理艺术，品味幽默讽刺的语言特点，学会形象生动地阐述"学习之道"。

教学重难点

梳理论证结构，赏析多种说理艺术的表达效果，品味各有特色的语言。

教学过程

导入

哈佛大学女校长理查德·莱文曾说："教育的目的不是学会一堆知识，而是学会一种思维。"这话虽然有点偏颇，但却道出了思维在学习中的重要地位。说理是一门艺术，要使人信服，就须有清晰的思路，并运用恰当的方法。《反对党八股（节选）》《拿来主义》这两篇文章针对现实发表观点，对错误现象层层剖析、辩驳，提出主张。学习它们说理的思路，可以让我们的思维更有逻辑，表达更有条理；学习说理的方式，可以让我们的说理更具说服力。

活动一：梳理思路，建立模型

两文针对现实问题发表议论，往往先批判错误，然后有针对性地提出自己的主张。阅读两文，看看文中列举了哪些错误现象，作者又是如何层层辩驳剖析并给出"药方"的。

1. 列出《反对党八股（节选）》的论证结构：

本文说理的最大特点是分项列举，边破边立。在批判每一条罪状时，一般按照提出问题（摆情况）—分析问题（讲危害，挖根源）—解决问题（提出改正办法）这样的层次结构进行论证。请任选一条罪状加以分析。

示例：分析第一条罪状——空话连篇，言之无物

提出问题：我们有些同志欢喜……真是"懒婆娘的裹脚，又长又臭"。

分析问题：

挖根源：为什么一定要写得那么长，又那么空空洞洞的呢……就是下决心不要群众看。

讲危害：①"群众见了就摇头"——不能有效地向群众宣传。

②"只好去欺负幼稚的人……造成坏习惯"——危害群众。

解决问题：把那些又长又臭的懒婆娘的裹脚布，赶快扔到垃圾桶里去。

"我们应该研究一下文章怎样写得短些，写得精粹些"。

"长而空""短而空"都不好——就篇幅而言。

"我们应当禁绝一切空话""精粹"——就内容而言。

2. 列出《拿来主义》的论证结构：

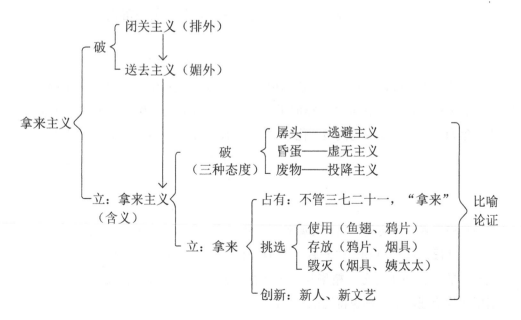

参考分析：

文章整体上先剖析"闭关主义"和"送去主义"的实质和危害，然后再阐述"拿来主义"的做法，属于先破后立。但文章又"破"中有"立"在第一部分批判"送去主义"时，作者在第2、5段提到"拿来""拿来主义"；同时又"立"中有"破"，在第二部分论证"拿来主义"时，作者先批判了三种对待文化遗产的错误态度，再阐明"拿来主义"的正确做法。本文在论证结构上采用先破后立、破立结合的手法。

活动二：涵泳思考，赏析手法

1. 研读《反对党八股（节选）》第2段，辨析多种论证手法

①举例论证：斯大林的演说稿例子证明了战争时期的文章要写得短而精粹；《资本论》例子证明了文章无论长短，最重要的是要有内容。

②对比论证：以党内某些老爷们写的"长而空"的文章，与斯大林的演说进行对比，引导读者从比较中鉴别是非，从而赞成把文章写得短些、精粹些的正确主张。

③引用论证：引用俗语"到什么山上唱什么歌""看菜吃饭，量体裁衣"来比喻写文章要从实际出发。

④比喻论证："懒婆娘的裹脚，又长又臭"形象生动地批判了文字冗长、内容空洞的文章。

作者写作本文时，灵活运用了多种论证手法，但有的段落也会集中使用某一种论证手法。

2. 分析《拿来主义》第8、9段，探究比喻论证的效果

齐读第8、9段，首先思考全文论述的主要对象，再找出多个喻体背后的本体。

对于批判继承文化遗产这样的重大问题，作者通过一组贴切的比喻来谈，化抽象为具体，化艰深为浅显，化枯燥为生动，使读者一读就懂，为之折服。

第8段，"大宅子"指的是文化遗产。用"孱头""昏蛋""废物"指三类对待文化遗产的人，即"孱头"指懦弱无能、害怕继承、拒绝借鉴的逃避主义者；"昏蛋"指割断历史、盲目排斥的虚无主义者，貌似彻底革命的"左"派幼稚病患者；"废物"指崇洋媚外、主张"全盘接受"的投降主义者。

第9段，用"鱼翅""鸦片""烟枪和烟灯""姨太太"来分别比喻文化遗产中的文化精华部分、精华与糟粕并存部分、文化旧形式和文化糟粕部分。运用比喻论证，把道理说得通俗易懂。

活动三：含英咀华，品味语言

1.《反对党八股（节选）》这篇文章说理切中要害，深入浅出，语言特点鲜明。找出文中典型语句归纳其特点，尝试从表达目的、听众感受等角度品评其表达效果。

讨论，明确：

①大量采用比喻手法。请学生从第2段以外的段落中去检索，然后品评。

示例：

"老鸦声调，却偏要向人民群众哇哇地叫"，比喻无的放矢、不看对象的文章；"开中药铺"，比喻不提出问题，不解决问题，不表示赞成什么、反对什么，只是充满各种符号的文章；每天洗脸之后还要照镜子检查有无不妥之处比喻写文章、作演说要有高度负责的精神；等等。

信手拈来的比喻，形象且尖锐地揭露了党八股的重要特征，通俗生动地表达了自己主张，极大地增强了文章的生动性和形象性，又营造出轻松、幽默的氛围。

②多处使用排比和层递的修辞手法。例如：

对于装腔作势我们必须有的态度："共产党不靠吓人吃饭，而是靠马克思列宁主义的真理吃饭，靠实事求是吃饭，靠科学吃饭。"说明党八股语言无味不受欢迎："他们的宣传，乏味得很；他们的文章，就没有多少人欢喜看；他们的演说。也没有多少人欢喜听。"特别是说"开中药铺"一段，"第一是大壹贰叁肆，第二是小一二三四，第三是甲乙丙……"一路说来，语言幽默讽刺，妙趣横生，让人忍俊不禁而又印象深刻。

③巧用成语、俗语。如：

歇后语："懒婆娘的裹脚，又长又臭。"

俗语："到什么山上唱什么歌""看菜吃饭，量体裁衣"。

成语："无的放矢""对牛弹琴"。

方言："瘪三。"

日常生活语言："洗脸，照镜子。"

以上语言通俗易懂、新鲜活泼而又富有生活气息，增添了文章的趣味性和可读性。本文就是一篇语言学习的典范。

2.鲁迅的文章杂文是"嬉笑怒骂皆成文章"，本文语言的特点是犀利和幽默。请找出相关语言品读评论。

示例：

①还有几位"大师"们捧着几张古画和新画，在欧洲各国一路的挂过去，叫作"发扬国光"。

"捧""挂"表示恭敬、庄重，张扬的字眼与"几张"微小的数目形成强烈的对比，极尽奚落、讽刺意味。"大师""发扬国光"用两个表示否定的引号，为反语。

②活人替代了古董，我敢说，也可以算得显出一点进步了。

"进步"是反语，实为"倒退"，辛辣地讽刺了国民党政府媚外的无耻行径。

③当然，能够只是送出去，也不算坏事情，一者见得丰富，二者见得大度。

"丰富""大度"用的都是反语。"丰富"本指物品多，"大度"本指气度宽宏。反动政府并不"丰富"，也无"大度"。

④我只想鼓吹我们再吝啬一点，"送去"之外，还得"拿来"，是为"拿来主义"。

"鼓吹""吝啬"，贬词褒用，风趣调侃，让人愉悦。

课外活动

1．从文中摘录有关"学习之道"的名言警句，谈谈自己的心得体会。

2．学习借鉴两文批驳的思路和方法，另选一种社会现象，写一段不少于300字的驳论性文字。

学习任务三：学者的学习经历

这一学习任务是泛读《读书：目的和前提》《上图书馆》，梳理发现随笔中作者关于求学读书深刻睿智的思想及人生感悟，并获得共鸣与启迪；体会随笔的灵动自由的特点，理解蕴含其中的深意；借鉴名家的"学习之道"，扩大认知范围；联系自身，与同学交流分享阅读动情点与自身难忘的读书经历，激发学习兴趣。本学段的学习重点是引导学生勇于吸纳前人文化成果，站在巨人的肩膀上看得更清楚、更远，继续解决"怎么学"的问题。

时间安排：2课时

第5课时（预习案）

学习目标

1．了解作者及创作背景，了解随笔文体知识。

2．扫除文字障碍，理清两文的结构思路。

3. 把握文章主要观点。

导入

在近十年来的学习旅程中，我们一定有许多有趣的故事，至今想来一定会记忆犹新，有的可能让我们觉得好笑，有的可能引发我们的深思。发生在许多名家和学者身上的读书故事，也许会让我们对"学习之道"有一种全新的认识和启迪。

活动一：知人论世，了解文体

（一）知人论世

1. 德国浪漫派最后一位骑士——赫尔曼·黑塞

赫尔曼·黑塞（1877—1962），瑞士籍德语作家、诗人，生于德国，卒于瑞士。1912 年迁居瑞士，1923 年加入瑞士籍。黑塞一生曾获多种文学荣誉，1946 年获诺贝尔文学奖，爱好音乐与绘画，是一位漂泊、孤独、隐逸的诗人。主要作品有《彼得卡门青》《荒原狼》《东方之旅》《玻璃球游戏》等。黑塞是热爱东方文化的作家，对中国古代的许多哲人尤为崇拜。他曾以中国历史为题材写过一些散文和童话，还在许多著作中赞美孔子、老子和庄子的学说。

本文的写作背景：1912 年黑塞定居瑞士后不久，第一次世界大战便爆发了，战争无疑是毁灭人性的。这使得黑塞深深地陷入了对人性的思考和探讨中，他试图从教育和修养两个方面来探索人性。通过读书提高修养，达到心灵和个性的自我完善。因此他写下了一系列探讨人性的作品。本文就是其中的一篇杰作，在文中作者认为读书是获得教养的主要途径，赞美了读书的作用，劝说人们要用心研读经典作品，在书籍中发现世界、认识社会、完善自我修养。

2. 一代学者、翻译家——王佐良

王佐良 (1916—1995)，诗人、翻译家、英国文学研究专家，浙江上虞人。主要成就：在 20 世纪五六十年代，他与许国璋、吴景荣曾被誉为中华人民共和国的"三大英语权威"，为中华人民共和国英语教育和英语翻译作出巨大的贡献，著有大量学术论著、散文、游记、序跋、书评、剧评和读书随感等，多部著作获奖。在创作和翻译过程中，王先生需要博览群书，本文就是王先生在回忆自己成长路上的上图书馆的读书经历，表达了对读书的热爱。

（二）文体知识

这两篇文章都是随笔。随笔是散文的一种，这类文章，或讲述文化知识，或发表学术观点，或评析世态人情，启人心智，引人深思。在写法上，它们往往旁征博引，而不作理论性太强的阐释，行文缜密而不失活泼，结构自由而不失严谨。因此，富有"理趣"是它们的突出特色。

随笔的形式可以不受体裁的限制，灵活多样，不拘一格，可以观景抒感情，可以睹物谈看法，可以读书谈感想，可以一事一议，也可以对同类事进行综合议论，篇幅长短皆由内容而定，不受字数的限制。

活动二：初读课文，整体感知

思考：勾画出生字难词，梳理文章结构思路，归纳文章主旨。

（一）字词积累

1. 读准下列加点字的字音。

闲暇（xiá）　丰盈（yíng）　卷帙（zhì）　逊色（xùn）　消磨（mó）

公爵（jué）　帐幕（mù）　苍穹（qióng）　慰藉（jiè）　麻痹（bì）

臻（zhēn）　胥（xū）

2. 解释下列成语的含义。

望洋兴叹：在伟大事物面前感叹自己的渺小。现多比喻做事时因力不胜任或没有条件而感到无可奈何。

一劳永逸：辛苦一次，把事情办好，以后就可以不再费力了。

心驰神往：心神奔向所向往的事物。形容一心向往。

豁然开朗：从黑暗狭窄变得宽敞明亮。比喻突然领悟了一个道理。

牵强附会：把本来没有某种意义的事物硬说成有某种意义。也指把不相关联的事物牵拉在一起，混为一谈。

（二）梳理结构思路，归纳文章主旨

1. 写作思路：

《读书：目的和前提》：目的 → 前提 → 总结

《上图书馆》：引出话题 → 记叙上图书馆经历 → 赞图书馆

两篇文章都是围绕文章标题而展开叙述或议论。

2. 讨论：

①黑塞认为读书的目的和前提各是什么？请归纳主旨。

明确：

目的：获得真正的教养，帮助我们将自己的人生变得越来越充实、高尚，越来越有意义。前提：以个人的阅读兴趣为前提，同时还必须要以个性或人格作为前提，要选择高度发达的、最高贵的人类文化精华来阅读。

主旨：文章阐述了读书的目的和前提，赞美了读书的作用，劝说人们用心研读经典作品，在书籍中发现世界、认识社会、完善自我。

②《上图书馆》文中主要记述了几个图书馆？文章是按什么顺序来记述的？请归纳文章主旨。

明确：

公书林，清华图书馆，包德林图书馆，英国博物馆的圆形图书馆；按照自己的成长过程（时间顺序）来记述的。主旨：作者通过回顾自己三段在图书馆的阅读经历，梳理自己在不同阶段的读书选择、读书感受与思考，阐述自己的成长经历和读书乐趣，表达了对读书的热爱。

活动三：再读文本，沉潜思考

1. 两位作者有哪些求学读书经历？有哪些读书感受和收获？请认真细读，圈点勾画相关语句。

2. 有哪些关于读书的语句触动你的心灵？找出来读一读，小组内相互交流。

课外活动

课外再找一些有关谈读书的文章读一读，扩大阅读视野。

推荐：《读书苦乐》（杨绛）、《今天为什么还要阅读经典》（刘梦溪）、《论读书》（培根著，王佐良译）。

⏱ 第6课时

核心任务

从作者的经历中获得求学读书深刻睿智的思想和人生感悟。

学习资源

《读书：目的和前提》《上图书馆》。

生涯渗透目标

激发学生读书兴趣，培养正确的"学习之道"，提高学习能力。

学科教学目标

1. 了解两位学者的求学读书经历及阅读感受与思考，从中获得共鸣与启迪。

2. 品味随笔灵活自由的语言，领会其中蕴含的观点，提升学生的人生体验。

3. 借鉴相关名家的"学习之道"，结合自己的经历，思考阅读的重要意义。

教学重难点

借鉴学者和名家的读书感悟与"学习之道"，思考阅读的重要意义。

教学过程

导入

1. 播放董卿谈读书感悟的短视频。

2. 读书重要，名人的读书经历往往能给我们启迪，能激起我们读书的热望。阅读《读书：目的和前提》和《上图书馆》两篇随笔，品味学者们读书经历对自己的启发。回顾自己的读书经历，看有无记忆犹新的事件，从中你悟出什么？

活动一：合作学习，了解经历

1. 阅读两篇文章，想想文章描述了两位作者哪些求学读书场景？然后认真梳理黑塞在祖父的巨大藏书室中捞取"珍珠"的场景和王佐良在清华大学的图书馆感受"新世界"的场景，圈画出作者关于读书感受和收获的词句。

场景	读书生活	读书感受	读书见解
黑塞在祖父的巨大藏书室中捞取"珍珠"场景	翻找《鲁滨逊漂流记》《一千零一夜》	使我着迷，令我神往，叫我兴奋不已；孜孜不倦	说明读书必须以个性和人格为前提，必须是有个性的、生动热情的阅读
	读巴尔扎克作品	大失所望，厌烦，很久很久之后重新发现	
	读东方文化经典著作	永远不会忘记，惊异和心驰神往，既符合我的预感和期望又美好无比，喜爱有增无减等	说明要选择高度发达的、最高贵的人类文化的精华来阅读
王佐良在清华大学的图书馆感受"新世界"场景	读哲学、历史、文学等	教益极多，更神气，"我"进入知识和情感的新世界，一片灿烂	随着学识的进步，上图书馆给我带来极多的教益和欢欣

2. 讨论：对照思考两位作者的经历和感悟，看看有哪些是共通的，又有哪些是具有个人特色的。

提示：

共性：首先两位名人在阅读的初级阶段，都是从猎奇开始的，都凭自己的爱好兴趣去开始阅读，并以此为出发点，然后再扩而大之；其次，在找到乐趣的基础上，都谈到了外国文学作品给自己打开了新世界大门的感受；第三，两位作者都谈到了阅读对自己人生的重要意义。

个性：黑塞谈读书经历，聚焦于祖父巨大图书室场景的描述，侧重从按照时间顺序和对书籍内容的领悟来写自己对阅读的选择；王佐良谈读书经历，着重描述自己在几个图书馆的读书场景，按照自己的成长过程来谈图书馆对人生的巨大影响。

活动二：揣摩语言，提升自我

两位作者运用灵活自由的笔触，记述自己求学读书的生活场景，极富画面感和感染力。找出你喜欢的文段或句子，简要说说理由。

示例一："真正的修养一如真正的体育，既是完成同时又是激励，随处都可到达终点却又从不停歇，永远都在半道上，与宇宙共振，于永恒中生存。"

赏析：作者以真正的体育比喻真正的修养，意在说明追求目标的这种行为本身是有意义、有价值的。真正的修养不是一成不变的，而是动态发展的，它是努力的过程，蕴含在一个又一个目标不断实现的过程中，是生存的境界而非生存的手段。

示例二："最重要的途径之一，就是研读世界文学，就是逐渐地熟悉掌握各国作家和思想家的作品，尤其是他们在作品中留给我们的思想、经验和理想的巨大财富。"

赏析：这是作者读书观的一部分，他认为读书就要读杰作，特别是阅读那些有久远影响、有世界声誉的杰作。

示例三："他必须走一条爱之路，而非义务之路。"

赏析：这句话强调读书的首要前提是正确认识自己，进而认识那些特别能引起共鸣的作品，而不要遵循任何的模式或教学大纲，要凭个人的爱好兴趣去开始阅读，而非因作品有名而强迫自己去阅读。

示例四："不错，读得太多可能有害，书籍可能成为生活的竞争对手。"

赏析：运用比喻手法阐明读书要关注生活，关注社会现实。如果读书成了"两耳不闻窗外事，一心只读圣贤书"，那么只会获得僵死的知识，而不会获得鲜活的意识和理解，那么也不会接近真正的生活，反而与读书的真正目的背道而驰，成了"死读书读死书"，这样的读书是非常有害的。

示例五："……必须读杰作。杰作常常不像时髦读物那么适口，那么富于刺激性。杰作需要我们认真对待，需要我们在读的时候花力气，下功夫。我们先得向杰作表明自己的价值，才会发现杰作的真正价值。"

赏析：读杰作是正确的阅读方向，在此基础上还要有正确的阅读态度，应怀着敬重之心、庄重之感来读，要花力气、下功夫，认真地读。否则，是难以体会杰作的伟大的。

示例六："在什么地方看见西蒙娜·德·波伏瓦说了一句话：她真正钟情的是法国国立图书馆。"

赏析：文首的这句话，其作用是为了引出下文对几段图书馆读书生活的描述，突出自己对几所特定图书馆的钟情。

示例七："那高耸的大圆顶总使我想起一段台词：'这个覆盖众生的苍穹，这一顶壮丽的帐幕，这个金黄色的火球点缀着的庄严的屋宇……人类是一件多么了不得的杰作！多么高贵的理性！多么伟大的力量！……'"

赏析：这段话引用莎士比亚戏剧《哈姆莱特》中的台词，赞美承载了人类知识和理性的图书馆。

活动三：借鉴名家，拓展认识

20世纪二三十年代，清华大学设立了国学研究院。冯友兰在《三松堂自序》中回忆道："先设国学门，所以又简称国学研究院。……国学研究院的教授称为导师，当时只有四个导师：王国维、梁启超、赵元任、陈寅恪。"四位导师学问既大，其读书方法可借鉴之处亦多。

1. 王国维：有批判地读书

他主张学生要广泛阅读不同专业范围的书籍，一方面可以扩大自己的知识面，而且还可以使自己在阅读中得到积极的休息。这一点与梁启超的"读课外书为必修课"有些类似。

读书时不可缺少批判性思维。王国维深谙此道，他说："如果缺少观点，缺少见识，读书再多，也不会对自己的学问有补，而只会使自己迷失在浩瀚的史料中而不能自拔。"如他对戏曲的定义（谓以歌舞演故事也）即是从大量资料中提出，并借为一种标准，重新审视中国戏曲。

2. 梁启超：读课外书为必修课

在梁启超看来，"学生做课外学问是最必要的，若只求讲堂上功课及格，便算完事，那么，你进学校，只是求文凭，并不是求学问，你的人格，先已不可问了"。做学问的人不去"自发"地阅读课外书，文不识理，理不通文，最终将制约学术的创新。

如何读书？在梁启超看来，读书有精读泛读之分，"心不细则毫无所得，等于白读；眼不快则时候不够用，不能博搜资料"。梁启超注重记笔记："大抵凡一个大学者平日用功总是有无数小册子或单纸片，读书看见一段资料觉其有用者即刻抄下（短的抄全文，长的摘要，记书名卷数页数）。"

3. 赵元任：熟读成诵

赵元任曾记述小时的读书经历：读诸子诸经时，"不懂就老念老念，念熟了过一会儿，过一阵，过几年，他就不知不觉地懂起来……我好些书都是先背熟了，后来才慢慢儿懂的"。这个方法有一定的科学性。

4. 陈寅恪：有校勘、有批语

陈寅恪有一个读书习惯——在书上圈圈点点，其中有校勘、有批语。蒋天枢有文字记陈寅恪读《高僧传》的批语："先生于此书，时用密点、圈以识其要。……就字迹墨色观之，先后校读非只一二次，具见用力之勤勉……"陈寅恪随手记下的这些圈点和随想成为他日后论文的基本观点和著述的蓝本。

不唯书，敢怀疑。陈寅恪大量读书，却不尽信书。对于书上说的、前人说的和大人物说的，陈寅恪总是一定要经过自己的学习和思考才加以确认。陈寅恪在诗中说道，"天赋迂儒'自圣狂'，读书不肯为人忙"。这个"不肯为人忙"，指的是读书求学需要有独立思考的精神，不受已成观念的约束，要有创见。

课外活动

结合自身的学习经历，说说你对学习、读书的感受体悟。

────── 学习任务四：统整实践，探索"学习之道" ──────

这一学习任务主要是比较梳理单元篇目内容、形式之间的异同，对作者观点及论述形式提出质疑反驳或补充解释，找出相关论据材料支持自己观点并加阐释；关注社会现实，发现学习生涯问题，有针对性地运用单元阅读学习成果，解决学习生涯中的某个实际问题。以"改造我们的学习"为题，写一篇不少于 800 字的演讲稿，并举办一次班级演讲活动，以感受演讲的力量。本学段的学习重点是在梳理总结单元学习成果的基础上，结合新时代特点和学习内容、路径的变化，探究并形成自己的学习方法。

时间安排：3 课时

🕐 第 7 课时

核心任务

单元学习成果梳理总结。

学习资源

单元文章、演讲视频。

生涯渗透目标

正确理解"学习之道"及说理形式。

教学目标

1. 梳理本单元关于学习之道的重要观点及文本表现形式。

2. 对单元学习内容提出质疑或补充解释，形成自身关于"学习"的认识。

3．观看演讲视频，了解演讲常识，为撰写演讲稿做准备。

教学重点

梳理、概括、比较单元各文本内容观点。

教学难点

引导学生对单元学习内容进行质疑或补充解释，形成自身独特的认识。

教学过程

导入

前面三个学段，我们既学了古人的"学习之道"，也了解了今人的"学习之道"，并且还借鉴了名家和学者的"学习之道"，初步建立起了对"学习"的独特认识，本课的学习目标就是把单元学习成果梳理巩固，为演讲活动做准备。

活动一：梳理单元阅读成果

梳理本单元关于"学习之道"的重要观点，完成下面表格，然后小组交流，共享。

课文	学习之道			
	学习态度	学习目的和意义	学习作用	学习途径和方法
《劝学》	①学不可以已 ②学习要专心致志	成为君子	学习可以改变自己，提高自己，学习可以弥补先天不足	学习要善于凭借外物，学习要善于积累，学习要持之以恒
《师说》	尊师重道	成为圣人	学习可以正风气，学习可以行古道，学习可以长智慧	从师学习，以道为师
《反对党八股（节选）》	要有科学的态度，要实事求是	抛弃党八股，采取理论联系实际的马克思主义的学风和文风	文风得以充实、发展，革命事业向前推进	①采用马克思主义的方法调查、分析、解决问题 ②向人民群众学习，向古人、外国人学习 ③理论联系实际，多实践
《读书：目的和前提》	①唤起阅读的天然乐趣 ②要有爱和敬重	获得真正的教养，找到生活的意义	①建立起与世界、人类的联系 ②让人生变得充实、高尚、有意义	①阅读杰作，不读时髦读物 ②先向杰作表明自己的价值

续表

课文	学习之道			
	学习态度	学习目的和意义	学习作用	学习途径和方法
《上图书馆》	热爱读书	享受读书的乐趣	学习可以扩大知识，学习可以丰富情感，学习可以开阔胸怀	上图书馆读书

活动二：质疑补充，畅谈收获

以小组为单位展开讨论交流：

1．对本单元的几篇文章从思想主张、说理形式到文本形式提出肯定、质疑反驳或补充解释，相互启发，进一步交流，选出自己最喜欢或最不喜欢的关于"学习之道"的观点，并阐述相应的理由和证据。

2．学习本单元后，与从前的自己相比，有哪些新的收获和成长？与同学交流分享。

课外活动

观看演讲视频：了解演讲常识，感知演讲魅力，为撰写演讲稿做准备。

https：//v. qq. com/x/page/k0920x3nm9m. html TED演讲：真正拉开你与周围人之间差距的，是自学能力。

⏱ 第8课时

核心任务

运用单元阅读成果，思考现实问题。

学习资源

本单元六篇文章。

生涯渗透目标

学以致用，能有针对性地发现问题、解决问题，更好地管理学业生涯。

教学目标

1．立足实际，写一篇针对性强的演讲稿。

2．尝试运用"破立结合"的结构思路和多种说理形式写作。

教学重点

能主动思考现实需要，学以致用，独立完成写作。

教学难点

分析现象背后的本质，概括根本特征，提出切实可行的学习建议。

教学过程

导入

通过本单元的学习，我们对"学习之道"有了更丰富、更深刻的思考，也掌握了如何阐释"学习之道"的结构思路和方法技巧，现在是我们将本单元的学习成果转化为现实需要的时候了。今天的主要任务是结合我们的学习实际写一篇演讲稿，之后我们再在全班开展一次演讲比赛，进一步感受演讲的魅力。

活动一：文题展示，指导写作

（一）展示文题

联系当下"学习型"社会或自身学习经历，发现社会生活中关于学习的新的难题，有针对性地运用本单元某文章的观点方法解决这个问题。以"改造我们的学习"为题，写一篇不少于 800 字的演讲稿。

写作要求：

1. 要立足现实，运用"破立结合"（摆现象、论危害、挖根源、提方法）的论述思路。

2. 提出的建议要富有针对性，要有实际意义。

3. 要运用多种说理方法，如举例论证、对比论证、比喻论证、引用论证等。

（二）写作指导

1. 首先要将文题化大为小，发现并选择合适的"新的难题"。"我们的学习"这是一个比较宽泛的话题，内容太宽，口子太大，不易开掘出深度。可将"我们的学习"话题化小为某一学科的学习（如语文、数学等）或某一项目的学习（如奥赛等）。这样，就比较容易把握住写作的内容，写出文章的深刻性。

2. 要学以致用，把本单元所学的论述的针对性、论证方法与技巧等迁移运用到真实的写作情境中来。

3. 要符合演讲稿的特点。演讲稿是一种应用文体，要注意建立听众意识，思考文章的反驳是否有现实意义，立论能否让听众信服，语言能否让听众明白易懂，要能激发听众的情绪，有鼓动性。此外还要注意格式，有称呼、有结语等。

4. 依据下列表格，完成写作构思。

列举身边同学们的"学习"表现和问题	
对现象及问题做出分类，确定论述主要针对的现象	
分析现象背后的本质，概括根本特征	
提出切实可行的学习建议	
列出拟采用的论证方法，并说明理由	
说明拟采用的论述结构及语调口吻	

活动二：学生写作，相互修改

🕐 第 9 课时

核心任务

举办以"改造我们的学习"为主题的演讲比赛。

学习资源

学生创作的演讲稿。

生涯渗透目标

聚焦"学习"，兼容并包，取长补短，形成自己的学习之道。

学科教学目标

1. 从小组赛到班级赛，人人能参与活动，感受演讲的力量与美。

2. 依据"演讲评价量表"，能合理地思考品评演讲，形成正确的价值判断。

教学重点

赛前制订"演讲评价量表"，并以此为标准修改演讲稿，品评演讲。

课前准备

1. 以学习小组为单位展开初赛，并推荐优秀代表参加班级演讲比赛。

2. 抽签决定班级演讲比赛的出场顺序。

3. 确定活动主持人，指导写好串词；确定评委、统计员、计时员、摄影员、纪念册编辑部成员等。

4. 师生一起讨论制订"演讲评价量表"。

5. 评分表、奖品等物质准备。

教学过程

活动一：演讲活动

1. 主持人介绍评委，宣布活动规则。

2. 小组代表上台演讲，评委为每位选手打分。

3．统计得分，宣布获胜名单。

4．语文老师和班主任给获胜学生颁奖。

活动二：演讲总结

1．语文老师总结发言。

2．演讲结束，编辑部成员收集演讲稿和图片，编辑纪念册。

附：

演讲评价量表（10分制）

	待改进	达标	优秀
论述的针对性与概括性	泛泛而谈,没有针对"学习"的具体现象和问题展开论述；或者只是就事论事，没有揭示本质和概括特征	能针对具体问题而发，阐释"学习之道"能做到由事及理，由现象到本质	针对具体情境下的"学习"现象和问题展开论述，透视现象，揭示本质，论述既有很强的针对性，也有高度的概括性
评价分值（3）	0～1分	1～2分	2～3分
思路的逻辑	结构思路混乱，推理不合常理	结构思路比较合理，推理合乎逻辑	思维缜密、清晰，结构严谨，有层次感和逻辑性
评价分值（2）	0分	1分	2分
论证的方法	简单堆砌事实材料，不能使用恰当的论证方法把观点和材料结合在一起	能结合观点使用恰当的论证方法，能由事及理，把"学习之道"阐述明白	能根据具体情境和立场观点灵活运用多种论证方法，把个别之事和一般之理深度结合在一起，说理透彻而有说服力
评价分值（3）	0～1分	1～2分	2～3分
演讲的临场表现	念稿或背稿，表达机械，缺少现场交流意识 紧张怯场,没有"台风"	有演讲的目的与对象意识，表达准确，举止得体，有演说的现场感；演讲语言流畅但缺乏感染力	有清晰的演讲目的与对象意识，能控制演讲速度；使用口语，表达准确流畅，肢体语言恰当，精神饱满，具有很强的感染力
评价分值（2）	0分	1分	2分

第二节 正确面对挫折

生活就像一条溪流，有平淌，也会有激进，更会有阻碍；生活就像大海，有风平浪静，也会有波涛汹涌，更会有飓风海啸。压力现已成为当代高中生面临的严重问题，并且已对不少高中生产生了许多不良后果。培养学生的抗挫折能力，努力消减压力，使之拥有一种积极、乐观、宽容、感恩和自信的阳光心态，应是语文生涯教育的终极价值之一。

课例 19　　**生命逆境中的突围与超越**
——《我与地坛（节选）》和《赤壁赋》群文阅读教学设计

《我与地坛（节选）》《赤壁赋》是必修上册第七单元的第 15、16 课，属于学习任务群"文学阅读与写作"，其人文主题是"自然情怀"，两文都是自读文章，均在写景叙事中注入了作家浓郁的主观情思，语言神情飞动、意趣横生。《我与地坛（节选）》是作家史铁生自传性的散文，讲述了作者在绝望中寻找希望的过程，充满了对生命的哲思。《赤壁赋》一直被当作苏轼的代表作，很多人认为这是苏轼生命态度旷达的明证，就像文章里写的，寄情"江上之清风"与"山间之明月"，就能对抗生命的短暂，消解自我处境的困顿。当我们身处逆境时，当我们心有无奈时，应记得史铁生与苏轼的活法，记得他们为我们献上的生存智慧：无论如何，要做到"纵浪大化中，不喜亦不惧"。这不是生活的躲避，而是生活的达观，是一种善待生命。

基于学习任务群要求、单元人文主题和生涯教育理念，本教学设计以读写结合的大任务来统领单元教学，分成四个学习任务完成教学。单元教学大任务是：为配合散文单元的学习，语文组要开展一次以"我行走在山水间"为话题的读书征文活动。阅读教学的总体思路是：按从诵读到研读，从整体感知到深层评价，从感性认识再到理性认识的原则逐层展开。在教学策略上，以朗读贯穿整个阅读教学活动，在朗读中体悟，在朗读中思辨，在朗读中质疑，披文入情，深入探讨文章写景艺术特色和蕴含的人文精神。最后以读促写，根据自己对人文自然、山水自然的感悟，寻找自己最心动的景色，用从散文中掌握的技巧方法完成单元写作任务，即尝试写一篇情景交融的散文。活动之后，我们可将全班学生的散文编辑成游学纪念册，为高中生活留下一份美好的纪念。

教学安排

学习任务	教学内容	学科教学目标	生涯渗透目标	课时
整体把握情理	通读第15、16课	能结合写作内容和行文思路绘制两文的思维导图；知人论世，了解作者对生命的感悟和思考	寻找精神家园，消解自我困顿	1
探究写作特色	研读第15、16课	品读语言，体会两位作者眼中的自然之美；把握情景关系，理解文章蕴含的情感或哲理。	在遭遇郁闷或痛苦时善待生命，保持豁达乐观的人生态度	1
探究文化意义	研读第15、16课	感悟史铁生对母亲的深情，探究作者的地坛情结；探讨苏轼儒道互补的文化思想，领悟其对疗愈自我、支撑人生的作用	体会伟大的母爱；敢于直面苦难和逆境，学会以儒道互补思想来管理生涯	1
尝试写作	尝试写一篇情景交融的散文	以读促写，学习表达之妙	发现自然之美，表达对自然、对生活的思考和感悟	2

① 第1课时

核心任务

绘制思维导图，整体把握情理。

学习资源

《我与地坛（节选）》《赤壁赋》。

生涯渗透目标

引导学生寻找自己的精神家园，消解自我困顿。

学科教学目标

1. 能结合写作内容和行文思路绘制两文的思维导图。

2. 知人论世，了解作者对生命的感悟和思考，进而获得一种生命启迪。

教学重难点

绘制思维导图，了解作者对生命的感悟和思考。

课前准备

梳理与积累文言字词，熟读两文。

教学过程

导入

动画电影《大护法》中有一句宣传语——"感谢给我逆境的众生"。对于逆境，大部分人都唯恐避之不及，但还有人会心存感谢。其实面对逆境，感谢逆境的人不在少数，古有历经"九死一生"而旷达超然的苏轼，今有在风华正茂的年华突然瘫痪而参透了生死的史铁生。让我们体悟他们对逆境的思考与感悟吧！

活动一：绘制思维导图

根据写作内容和行文思路绘制思维导图，先在小组交流，然后班内展示。

1. 《我与地坛（节选）》第一部分思维导图

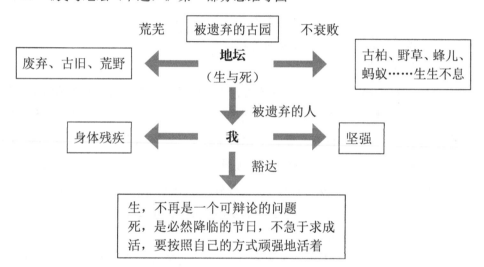

2. 《赤壁赋》思维导图

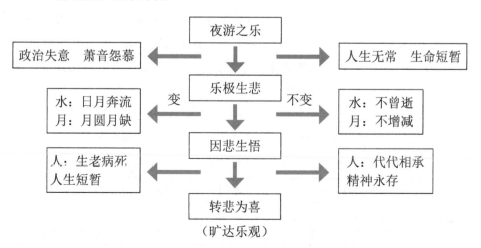

活动二：知人论世，感悟生命

1. 学生代表介绍作者及创作背景，老师补充。

（1）史铁生（1951—2010），中国作家、散文家，北京作家协会原副主席，中国残疾人联合会原副主席。史铁生是中国文学界的中坚人物，以真诚著称，也被先锋派作者奉为精神领袖。他年轻时就双腿瘫痪，后又患上尿毒症，靠透析维持生命，自称"职业是生病，业余在写作"。2010 年 12 月 31 日，他因突发脑出血逝世，享年 59 岁。

史铁生 1951 年出生在北京，从清华附中毕业到陕北农村插队，1972 年，21 岁时，他"活到最狂妄的年龄上忽地残废了双腿"，一下子，"剩下的就是怎样活的问题了"。一想到余生都离不开轮椅了，年轻的史铁生当然也经历过从不相信、愤怒、绝望到自暴自弃的阶段，但他想来想去，想出来了一个结果，写出了《我与地坛》。

（2）苏轼（1037—1101），字子瞻，号东城居士。眉州眉山（今属四川）人，与父苏洵、弟苏辙合称"三苏"。北宋著名政治家、文学家、诗人、画家、书法家、"唐宋八大家"之一。他在文学艺术方面堪称全才。其文汪洋恣肆，明白畅达，与欧阳修并称"欧苏"；诗清新豪健，善用夸张比喻，在艺术表现方面独具风格，与黄庭坚并称"苏黄"；词开豪放一派，对后代很有影响，与辛弃疾并称"苏辛"；书法擅长行书、楷书，能自创新意，用笔丰腴跌宕，有天真烂漫之趣，与黄庭坚、米芾、蔡襄并称"宋四家"。

宋神宗时，苏轼因反对王安石创立的新法被贬官，先后到杭州、密州等地任职。1079 年（42 岁）御史李定等人摘其讽喻诗中的诗句，诬陷他以诗诽谤朝廷，被捕下狱，史称"乌台诗案"，后贬为黄州团练副使。但"不得签署公事，不得擅去安置所"。这无疑是一种"半犯人"式的管制生活。

经历了"乌台诗案"死里逃生的苏轼，生活发生了很大的变化，靠微薄的俸禄养活不了一家人，在朋友的帮助下，开辟了一片荒地耕种自给，这片地他取名为"东坡"，同时也自号"东坡居士"。被贬到黄州的第四年秋、冬，苏轼先后两次游览了黄州附近的赤壁，写下了著名的前后《赤壁赋》。

2. 结合文章内容和创作背景，讨论、交流、填写下面表格：

作者	写作缘由	心情	做法	结果
史铁生	在最狂妄的年龄上忽地残废了双腿，找不到工作，找不到去处。	苦闷烦躁	一天到晚摇着轮椅到地坛。	参透生死（生命），安心多了，不再可怕。

续表

作者	写作缘由	心情	做法	结果
苏轼	因"乌台诗案"入狱的苏轼获释后被贬黄州，生活贫困。	怆然	夜游赤壁，与客对话。	有所悟，与客大醉，船上大睡。

3. 思考、交流，两位作家有什么共同点？你从他们身上获得了怎样的启示？

讨论，明确：两位作家都在人生最美好的年华时遭遇了重大挫折，陷入了满心的痛苦或烦闷中；都投入到大自然中寻找心灵的慰藉，纾解内心的郁闷或伤痛；最后都能从大自然中获得一种启示，悟透生命的意义，成为处变不惊、淡定从容的彻悟者。

启示：史铁生、苏轼为心魂的迷途者贡献了一条自我救赎之路。如果生命注定充满苦难和挫折，那么，就接受苦难，最好把惩罚之地看成锤炼之地，让不屈的挑战成就生命的意义！唯有抱着开放的心灵，才能察觉出生命的至福！

课外活动

阅读史铁生的《我与地坛》全文、《合欢树》，肖复兴的《重读史铁生》。

🕐 第 2 课时

核心任务

品味语言，理解情景交融、情理结合的特点。

学习资源

《我与地坛（节选）》《赤壁赋》。

生涯渗透目标

引导学生在遭遇郁闷或痛苦时善待生命，保持豁达乐观的人生态度。

学科教学目标

1. 品读语言，体会两位作者眼中的自然之美。

2. 把握情景关系，理解文章蕴含的情感或哲理。

教学重难点

体会古今两位文人眼中的自然美，了解文中所表达的情感或哲理。

教学过程

导入

"以我观物，故物皆着我之色彩。"四时之景晕染了人们的悲喜之情，每个人都带着自己的情绪和审美去品咂自然万物之景，因而，每个作者笔下的景物也就暗涌着作者独特的内心世界。我们本节课在前面整体把握的基础上，进一步细读文本，走近作者，体悟作者笔下的景中情，景中理。

活动一：细读写景，品味景中情理

1. 分组讨论：《我与地坛（节选）》和《赤壁赋》各选取了哪些景物来写？写出了它们的什么特点？其共同点是什么？作者从中获得了一种怎样的感悟？

学生带着问题朗读相关段落，勾画相关语句，然后小组交流展示。

图画	所选景物	景物特点	景物共性	生命感悟
地坛之景	第3段：琉璃、朱红、高墙、玉砌雕栏、老柏树、野草荒藤	古旧荒芜顽强坦荡	荒芜但并不衰败、卑微渺小又充满生机	①与"我"同病相怜，让"我"看到生命的本真 ②看到了生命的希望和韧性，获得了重生的勇气和信心 ③身残志坚，人应按自己的方式活得灿烂
	第5段：蜂儿、蚂蚁、瓢虫、蝉蜕、露水	自在无拘生生不息		
	第7段：落日的灿烂、雨燕高歌、孩子的脚印、苍黑的古柏、草木泥土的气味	镇静坦然		
赤壁之景	自然之景：清风、明月、白露、江水	恬静、澄明、空灵、似梦幻	变与不变、逝与不逝、无主	随意享受，化解了生命短暂、须臾变幻、功业无成的悲情
	历史联想之景：长江、明月	广阔、无穷、永恒		

引导分析鉴赏：

（1）品读《我与地坛》第一部分，勾画出写景句子，体会其景中情

品读语句：

①第三段：它等待我出生……又等待我……四百多年里，它一面剥蚀了……琉璃，淡褪了……朱红，坍圮了……高墙，又散落了玉砌雕栏，……老柏树愈见苍幽，……野草荒藤……茂盛得自在坦荡……那时，太阳循着亘古不变的路途正越来越大，也越红。

点拨：动词"等待"，将地坛拟人化，显示出我与地坛的相遇"有着宿命的味道"。"剥蚀""淡褪""坍圮""散落"等不及物动词，打破常规带上宾语，暗示了衰落似乎是地坛有意为之的结果；与"我"的人生状态"残废了双腿"相呼应，暗示了地坛与"我"有着相似的命运，是懂"我"怜"我"的知己，它等"我"接纳"我"，就是给"我"共情和同病相怜般的安慰。

这段景物的特点：古旧荒芜而又顽强坦荡。它除去了身上所有的人工雕琢，磨灭了身上的浮华和光芒，让生命显露出本真的模样，让"我"看到了人生真相。

看似沉寂、荒凉、萧瑟，实则超然博大、淳厚沉重。

②第五段："蜂儿……蚂蚁……瓢虫……蝉蜕……露水……草木竞相生长弄出的响动，窸窸窣窣窸窸窣窣片刻不息。"……园子荒芜但并不衰败。

点拨：这段景物描写运用拟人与比喻等修辞，语言生动，富有诗意；再加上"停""滚动""聚焦""压弯""坠地""摔开"等动词的准确运用，让人感受到了古园生生不息的生命律动。它让"我"懂得了不管怎样微小的生命都有它自身的价值，人要坦然面对现实，顽强生活下去。

③第七段：……落日，寂静的光辉平铺的一刻，地上的每一个坎坷都被映照得灿烂……；譬如在园中最为落寞的时间，一群雨燕……高歌……孩子的脚印……苍黑的古柏……镇静地站在那儿……依然镇静地站在那儿……站在那儿，从你没有出生一直站到这个世界上又没了你的时候；……草木和泥土的气味，让人想起无数个夏天的事件；……落叶或飘摇歌舞或坦然安卧，满园中播散着熨帖而微苦的味道。

点拨：这段景物描写语言凝练生动，充满诗意。运用拟人、排比等修辞，生动传神地描绘出地坛四季的不同景致，古老又充满生机，细腻又别致，展现了古园中种种生命状态。它启示着"我"虽然外在环境是恶劣的，身体残疾了，但生命不会改变，人要按照自己的方式活出灿烂。

小结：三处景物描写，凝结着史铁生深刻的生命感悟与哲思。可以毫不夸张地说，是地坛在不动声色中拯救了史铁生。

（2）品读《赤壁赋》，勾画写景语句，体悟其景中理

品读自然之景：

①清风徐来，水波不兴。（特点：恬静祥和。）

②月出于东山之上，徘徊于斗牛之间。白露横江，水光接天。（特点：空明澄澈。）

点拨：赤壁之下，上有皓月当空，下有万顷碧波，月光如流水一样倾泻而下，与水面上白茫茫的水汽交融在一起，一片朦胧，一片迷离，清风徐徐吹拂，一叶扁舟，在江面轻轻滑过，任意飘荡。运用骈句形式，有整饬之美，营造了幽美如梦幻一般的仙境，表达出了作者陶醉于自然美景中的无比畅快和喜悦。

人：

①泛舟游于赤壁之下。

②举酒属客，诵明月之诗，歌窈窕之章。

点拨："诵""歌"等动词，显示了作者与客借助一叶扁舟，进入景中，对月饮酒吟诵诗歌，惬意舒适。

景人交融：

纵一苇之所如，凌万顷之茫然。浩浩乎如冯虚御风，而不知其所止；飘飘乎如遗世独立，羽化而登仙。

点拨：整齐的骈句，读来朗朗上口，极富声韵之美；形容词"浩浩乎""飘飘乎"，名词"一苇"和"万顷"的对比，想象丰富，给人一种纯净出尘的美感。在如此幽美开阔的仙境中，苏子与客乘一叶扁舟快速在水面滑过，犹如脱离人世的、凌空驾风而行的仙人。

人在美丽的景色中受到熏陶濡染，人景一体，染上了梦幻的仙气，翱翔的自由，乐哉！

历史联想之景：

①破荆州，下江陵，顺流而东也，舳舻千里，旌旗蔽空，酾酒临江，横槊赋诗，固一世之雄也，而今安在哉？

②哀吾生之须臾，羡长江之无穷。挟飞仙以遨游，抱明月而长终。

品读点拨：

在历史江月的虚幻背景下，是苏轼想象中的当年气势雄壮的赤壁古战场和建功立业的英雄。在古今对比中，表现出苏轼内心更深的悲。

第①句，三字句、四字句两两对仗，短促有力，让人感受到了曾经的曹操一路进军，势如破竹，以及他的意气风发和斗志昂扬。又杂以散句和疑问句，引人无限感慨。这是第一组对比：自己和一代英雄曹操的对比，是无所作为和建功立业，被困处境的对比。英雄的丰功伟业尚且转瞬即逝，何况未建功立业的闲散之人，总是要"被历史"的长河淘尽，终归空无。表现有无之间瞬间转换的"空茫"之悲。

第②句运用骈句，句式整齐，有节奏之美；人生"须臾"与江水"无穷"的对比，将功业未成而又短暂即逝的人生境遇推向了极致的悲哀。表现生命有限的终极悲哀。这是第二组对比。

小结：在历史的江月的虚幻景象中，借客人的悲情展现了苏轼的悲情：从自己的政治失意之悲，到时空下一群人的得失之悲，再到宇宙自然中人类的终极悲哀。

2. 讨论：史铁生的"地坛之景"与苏轼的"赤壁之景"有什么内在共性？

　　点拨：对比"地坛"与"赤壁"中的写景文字，我们不难发现它们内在有其一致性，史铁生用古园之中看似平凡却最具生命力的那些事物来回答"生死"这个重要的问题，苏轼用"风、月、水"这些永恒的自然事物来回答生命长短的问题。史铁生笔下的高墙、古殿、雕栏玉砌没有生命，苏轼笔下那些明月、长江、一叶扁舟亦无生命，而那些草木昆虫、日光风雨、清风明月却从来都在，它们似乎在见证生命，也似乎最有资格对生命之问做出回答。所有的景都是作者眼中之景，史铁生与苏轼都是有意选择了那些最能够表达自己感受的意象，写进了文本。与此同时，这些景物都启发了作者对生命的思考，让作者得到了关于生死的答案，治愈了他们的伤痛。

　　3. 对比阅读《我与地坛（节选）》与《赤壁赋》，思考其共同的人生哲理。

　　点拨：两位文人虽然所处的时代不同，但写作的背景却相似——都处于人生逆境之中，在逆境之中，他们的感悟也有内在一致性。苏轼在被贬黄州后游玩"赤壁"写下《赤壁赋》，史铁生在失去双腿后在"荒芜冷落得如同一片野地"的地坛公园写下《我与地坛》，他们竟然都在某种意义上纾解了自己的苦闷或伤痛，参透了生与死，参透了那个对每一个人每一代人都最重要的生死命题。他们都回避了在自己的故事上大做文章，而是把眼光投向了自己置身于其中的这个世界，置身于那些穿越数千年一直都在并还将永远存在的日月下、花木旁，让自己获得了暂时的通达，或者毕生的了悟。

活动二：质疑探究，突破难点

　　1. 《我与地坛（节选）》中相关语句

　　原文语句：

　　①第四段：自从那个下午我无意中进了这园子，就再没长久地离开过它。我一下子就理解了它的意图。

　　②第六段：一个人，出生了，这就不再是一个可以辩论的问题……所以死是一件不必急于求成的事，死是一个必然会降临的节日。

　　问题1：地坛不言不语，为什么说地坛对"我"这个忽然造访的人会有意图呢？

　　点拨：与其说地坛有其"意图"，不如说是史铁生有其领悟。正如作者所写"满园弥漫的沉静光芒中，一个人更容易看到时间，并看见自己的身影"。

　　问题2：在这里，作者看见了自己怎样的身影？

　　原文句子：

　　"（在）最狂妄的年龄上（21岁）忽地残废了双腿"（第三段）

"两条腿残废后的最初几年，我找不到工作，找不到去路，忽然间几乎什么都找不到了，我就摇了轮椅总是到它那儿去，仅为着那儿是可以逃避一个世界的另一个世界。"（第五段）

"我一连几小时专心致志地想关于死的事，也以同样的耐心和方式想过我为什么要出生。这样想了好几年……"（第六段）

点拨：从这些语句中我们可看出，史铁生在非常年轻时，遭遇双腿残疾的突然打击；他没有工作没有去路，只想逃离这个残酷的世界；耗时几年终日沉浸于思考生死这样沉重难解的问题。

不难发现，这几句话之间是存在时间线的。生活中突然而至的意外重重摧毁了一个年轻人的身体，随后摧毁了他原本可以拥有的正常生活，自然就动摇了他对活着的信心，转而寻求关于生死的答案。

问题3：关于生与死的问题，他找到答案了吗？

点拨：生，是一个不再可辩论的问题；而死，是一个必然会降临的节日，不必急于求成。而活，要按照自己的方式活出生命的灿烂。

问题4：你怎么理解"死是一个必然会降临的节日"这句话。

点拨："节日"总是值得纪念、值得欢庆的固定日期。一个人视死亡为节日，可见他以为死亡就在那里，不到那一日算不得节日；到了那一日，也无关悲伤。只有在反复地思量确认后，对为何出生不纠结，对何时死亡不惧怕的人，才会有这样的认识。可是赋予史铁生对生死彻悟的，不是任何一般意义上的人，而是那些和人一起在这世上呼吸、生长，并且从生到死都无言的生命。他们不向生命问为什么，就接受了上帝给的这个事实。"我"史铁生也不例外。关于"怎样活的问题"，作者说"这却不是在某一个瞬间就能完全想透的、不是一次性能够解决的事，怕是活多久就要想它多久了"。这个作者看来要想上一生的问题，他没有直接跟我们分享自己的结论，而是为我们描绘了非常动人的地坛景物。那些景物不特殊，却又明明让我们能够感受到地坛里的一草一木、所有生灵都是那么尽兴而从容地活着，有光芒、有色彩、有气味有声响，又让人愿意像这些无言的一切一样，也好好地活上一回。

答案不强求一致，允许仁者见仁，智者见智。

2.《赤壁赋》相关语句

苏子曰："客亦知夫水与月乎？逝者如斯，而未尝往也；盈虚者如彼，而卒莫消长也。……而吾与子之所共适。"

问：在这一段话中，苏轼是如何宽解客人之悲的？

提示：在苏子的宽解之中讲了两组关系：

第一组：关于"永恒"与"短暂"的辩证法。万物变化，今天的我和昨天的我不同，有什么值得悲伤；万物和我都是无尽的，又羡慕什么？

第二组：关于"取"与"不取"。天地万物如果有主人，一毫莫取；但天地万物是没有主人的，且无穷无尽，我们可以共同享受。

通过主客问答的方式，进行变与不变的议论，苏轼从清风明月中找到思想出路，通过水月排遣心中的苦闷，找到了应乐观旷达面对生活的态度。

教师总结

其实纵观中国文人的许多作品，现实不如意时，他们总会或者总向往着回归自然，隐身山间，躬耕田园，垂纶江畔，总是以某一种和自然交流生命思索的方式，来安顿自己的人生。我们会发现，他们的苦楚因为特定的时代原因和命运安排，一肚子的痛苦而又无从说起、难对人言，于是他们都想寻个幽僻的、清静的、冷落的所在来安顿和感悟生命。史铁生有他的地坛，苏轼有他的赤壁，我希望同学们生活在这城市之间，也能在自然之中找到那安顿生命的一方"山水"。

课外活动

阅读苏轼的《后赤壁赋》、余秋雨的《苏东坡突围》。

◯ 第 3 课时

核心任务

深度探究，理解景中蕴含的文化意义。

学习资源

《我与地坛（节选）》、《赤壁赋》、苏轼《卜算子·黄州定慧院寓居作》、《定风波》、余秋雨《苏东坡突围》（节选）。

生涯渗透目标

体会深沉的母爱；敢于直面苦难和逆境，学会以儒道互补思想来管理生涯。

学科教学目标

1. 感悟史铁生对母亲的深情，探究作者的地坛情结。

2. 探讨苏轼儒道互补的文化思想，领悟其对疗愈自我、支撑人生的作用。

教学重难点

探究史铁生的地坛情结和苏轼的赤壁情结，并从中获得人生的启迪。

教学过程

导入

　　史铁生静坐地坛，苏轼夜游赤壁，他们都从大自然中感悟生命，叩问生死，并从中找取到了疗愈伤痛的方式和支撑生存的力量，地坛和赤壁成了他们生命栖息的精神家园。我们本节课将深入探讨他们这种独特的情感和审美情味。

活动一：深度探究，理解情味

　　1. 认识母亲形象，理解作者的情感世界

　　①《我与地坛（节选）》第二部分主要写对母亲的怀念。通过下面表格梳理一下母亲的形象，并想想："我"对母亲是一种怎样的感情？第一部分写地坛，第二部分写母亲，前后两者之间是怎样的关联？

场景	行为	心理	形象
门口送"我"	想问而不敢问、无言地准备	包容、隐忍	艰难的命运
家中等"我"	心神不定、坐卧难宁	痛苦、惊恐	坚忍的意志
园中找"我"	四处张望、悄悄转身、缓缓离去	惊慌、担忧	毫不张扬的爱

　　点拨：回忆母亲，实际是与史铁生对母亲的"理解"。在作者的反思和怀念中，表现了对母亲深深的悔恨、内疚和遗憾。母亲一次次走遍地坛寻找因残疾而意志消沉的儿子，地坛记录着母亲对"我"的爱和期望；在她过世后，"我"在地坛中反复追怀母亲，领会了母亲在苦难重压下艰难而伟大的前行。如果地坛启示着"我"生命应坚强、乐观与豁达的话，那么母亲则以自己沧桑苦难的经历、坚韧沉毅的意志和默默的爱让"我"明白生存的意义、生存的价值，也让"我"在逆境中变得更加坚强。地坛和母亲是"我"生命的两个精神支点。

　　②沉潜涵泳，品味下列句子的含义：

　　多年来我头一次意识到，这园中不单是处处都有过我的车辙，有过我的车辙的地方也都有过母亲的脚印。

　　（提示：抓住关键词："车辙""脚印"，思考地坛、"我"与母亲三者的关系。）

　　点拨：这句议论性的话语，将地坛、母亲和"我"的人生历程交织在一起，形象地表现了母亲伴随作者对生命的思考，突出了母亲在"我"生命中的重要性。

　　"车辙"是作者在地坛里走过的路，是作者心灵求索的轨迹，"脚印"是母亲伴随、找寻作者走过的路，是关爱理解作者的体现。车辙和脚印的交织，不仅说明作者的每一次精神跋涉，都离不开母亲的精神支持，而且还象征了地坛和母亲的重合——地坛是我重新获得生命信仰的地方，也是感受母爱最深的地方，他们都是作者疗愈伤痛、战胜颓废、走向自强的精神源泉。

2. 认识客人形象，了解作者的复杂思想

①回忆《赤壁赋》，思考：苏轼夜游赤壁，当时真有一场主客问答吗？他们表现出来的人生态度有什么不同？请讨论。

点拨："主客对话"是赋体文章的重要特色。文中客和"我"对话，实质是苏轼让从前的苏子和现在的苏子通过文章进行一场超越时空的对话，也是一场儒道思想的对话。主和客分别是苏轼人生的两个层面：客人，是苏轼作为儒者的一面，他的生活态度是悲观的，觉得人生短暂，生命渺小，客的幽怨，正是苏轼自己贬谪黄州后内心无法实现儒家济世之志的苦闷与迷惘的写照；而主则是苏轼作为道者的一面，他的生活态度是达观的，因缘自适，随遇而安，他能在山水哲思中得到自我救赎，这是道家游世之心在他身上的体现。儒家的积极入世态度与道家的超然物外、与世无争的态度本来是矛盾的，但又奇妙地统一在苏轼身上。当儒家思想遭遇挫折时，苏轼却能峰回路转，在道家思想中找到精神归宿。可以说儒道思想在苏轼身上互相依存又互相补充。

再找出一些句子品味。如：

例句：渺渺兮予怀，望美人兮天一方。

这两句歌词以美人比君王，表现了忠君之殷切，情怀悠远，思建功立业，成就人生。这是儒家入世思想的体现。

例句：飘飘忽如遗世独立，羽化而登仙。

渴望融于天地之间，顺乎自然，获得精神的逍遥与超脱。这是道家出世思想的体现。

其实，不仅仅是苏轼，李白、柳宗元、陶渊明等很多古代文人，在仕途受到挫折后寄情于山水，都是儒道互补的思想体现，苏轼在这方面表现得尤其典型充分。

活动二：拓展阅读，丰富认识

阅读苏轼的黄州诗文，想想从其前后期作品的对比中，自己获得了怎样的启迪。请相互讨论交流。

卜算子·黄州定慧院寓居作

缺月挂疏桐，漏断人初静。谁见幽人独往来？缥缈孤鸿影。

惊起却回头，有恨无人省。拣尽寒枝不肯栖，寂寞沙洲冷。

定风波

三月七日，沙湖道中遇雨。雨具先去，同行皆狼狈，余独不觉，已而遂晴，故作此词。

莫听穿林打叶声，何妨吟啸且徐行。竹杖芒鞋轻胜马，谁怕？一蓑烟雨任平生。

料峭春风吹酒醒，微冷，山头斜照却相迎。回首向来萧瑟处，归去，也无风雨也无晴。

注：两词都作于宋神宗元丰五年（1082），这是苏轼贬谪黄州后的第四年，但第一首稍作于前。

点拨：两首词的写作背景是一样的，但塑造的主人公形象却截然相反。从《卜算子·黄州定慧院寓居作》词中，我们看到的是一种冷清与寂寞的情怀；而从《定风波》《赤壁赋》中表现出来的，是一种不为风刀霜剑所击倒的豁达乐观。说明这时的苏轼正是在黄州这个地方完成了自己的处世哲学，真正走向了成熟，实现了生命逆境的突围与超越。

附名家评点：

成熟是一种明亮而不刺眼的光辉，一种圆润而不腻耳的音响，一种不再需要对别人察言观色的从容，一种终于停止向周围申诉求告的大气，一种不理会哄闹的微笑，一种洗刷了偏激的淡漠，一种无须声张的厚实，一种并不陡峭的高度。勃郁的豪情发过了酵，尖利的山风收住了劲，湍急的细流汇成了湖，结果——引导千古杰作的前奏已经鸣响，一道神秘的天光射向黄州，《念奴娇·赤壁怀古》和前后《赤壁赋》马上就要产生。

——节选自余秋雨《苏东坡突围》

【小结】

苦难降临，是让痛苦吞噬我们的心灵，还是勇敢地化解苦难？苦难往往也是人生的一笔财富，只有敢于面对，只有以坦然而超脱的心态去对待，胜不骄，败不馁，福不喜，祸不悲，才能重新出发，达到崭新的境界。风雨改变不了苏轼，也改变不了我们。儒道互补的思想，是我们正确管理生涯的一种大智慧。

课外活动

1. 地坛和赤壁是中国古代重要的文化符号，游览赋诗者众多。请搜集一些写地坛或赤壁的诗文，探讨历代文人寄托在地坛或赤壁上的不同情思，探究其背后蕴含的文化意义和民族审美传统。以小组为单位，相互交流分享。

2．请以"面对磨难"为话题，写一篇不少于 800 字的随笔。

🕐 第 4、5 课时

核心任务

尝试写一篇情景交融的散文。

学习资源

《我与地坛（节选）》《赤壁赋》。

生涯渗透目标

发现自然之美，表达对自然、对生活的思考和感悟。

学科教学目标

1．在表达与交流中培养学生健康的审美情趣，体悟人生与自然的微妙关系。

2．以读促写，学会情景交融的写作手法，提高书面表达能力。

教学重难点

选取恰当的景物，细腻描摹景物特征，并融入自己对生活、对社会的感悟。

教学过程

导入

我们刚刚学完的课文《我与地坛（节选）》《赤壁赋》，不仅展现了景之美、情之浓，而且还蕴含着丰富深刻的思想，可以引发读者对自然、人生、社会的诸多思考。同时语言也很美，不仅准确地描摹了景物特征，还能让读者产生丰富的联想，给人以美的享受。那么，我们如何吸收其中的写作养分呢？

活动一：回归课文，借鉴方法

学生思考，讨论：《我与地坛（节选）》《赤壁赋》都是写景抒情散文名篇，可以给我们哪些写作启示？

学生发言，预设：

《我与地坛（节选）》写荒芜并不衰败的地坛，写景状物抓住特征，以景物衬托心情。

《赤壁赋》骈散结合，文字有韵律美。作者触景生情，因情悟理，景情理完美融合。

教师点拨：

我们学习的《我与地坛（节选）》《赤壁赋》两篇写景散文，景美情真，语意丰厚。首先，用心观察，抓住景物特征多角度描摹。充分调动多种感官，绘形、绘色、绘声，景物描写生动形象。其次，把握顺序，条理清楚。或按空间（内外、上下、左右、前后）、或按时间（一天、季节）、或按逻辑（整体局部）描摹，景物描写层次清晰。最后，妙用修辞，融情入景。有时通过议论、抒情集中抒发，但更多的是选取色彩鲜明的词语，或带有情感的形容词，或善用修辞，把作者主观情感和哲思融入景物描写之中。我们写作情景交融的散文，也要学会借鉴运用，并以此作为衡量散文成功与否的标准。

活动二：感悟自然，表达自我

1. 文题展示

阅读下面材料，按要求完成写作任务

有时候，就是这么奇妙，人的困扰和痛苦，总能在山川草木身上找到解答和缓解。去山水自然之间寻找那一处能安放你困顿与苦楚的所在，有所感悟后请以"我行走在山水间"为话题写一篇情景交融、情理结合的散文。自选角度，自拟题目，不少于800字。

2. 审题指导

这是一道给材料的话题作文，由导语、话题和写作要求三部分组成。

导语部分着重阐释了自然山水可以消解或缓解人生的困扰和痛苦，可以安放人生的困顿和苦楚，突出了自然山水与人之间的关联。从古至今，这也是中国人的生存之道。话题为"行走在山水间"，突出了人在山水间的动作和感受，写作时须另拟标题。写作要求包含了两项：一是"散文"文体要求。这个要求意味着你可写游记，也可写抒情散文，亦可写哲理散文。但不论写哪种文体，都要求写实，不能虚构。"我"行走在山水间所见的一草一木、一石一泉，都可以走到"我"的笔端，成为"我"感动和思考的凭借和依托。当然，所选的自然景物不能是随意的，不能面面俱到，选一个有"感"的点来写即可。对景物描写也不能仅局限在感官层面，它必须是可给我们心灵带来启示的，或可成为我们精神依托的景物。二是"情景交融""情理结合"的要求。这是对文章写法的要求。写作时要做到叙述、写景、抒情、议论紧密结合，可突出情景交融，也可突出情理结合。

写好此次作文的关键有两方面：一是写景要细腻，不能空洞笼统。如忽视写景，只是空洞地抒情、说理，文章抒情就显得苍白无力，说理牵强附会，没有感染力。二是情感应真挚，道理应切合事理。写作时，在文章叙述、描写中适当融入抒情、议论以揭示主题，这是必要的，但切忌无病呻吟、矫揉造作。

为此要加强生活的积累，写作时找到景物与心灵的契合点，由景生情，以景明理，从而激发读者的情感共鸣。总之，景物描写越细致越有特质，感悟生发越自然越深入，作品就越能出彩。

3．拟题参考

迷人的＿＿＿＿＿＿＿

游＿＿＿＿＿＿＿＿＿

行走山水间，荡漾中华情

4．学生写作

课后活动

1．写作活动结束后，把班级作品结集成游学纪念册，科代表负责写前言。

2．评选5篇优秀作品推荐到学校语文组参评，并推送到学校微信公众号展示。

课例 20   **人，应该怎样生活**

                              ——必修下册第一单元第 1 课教学设计

必修下册第一单元第 1 课属于学习任务群"思辨性阅读与表达"，其单元人文主题是"中华文明之光"，包括三篇先秦诸子散文和两篇史传散文，而第 1 课的《子路、曾皙、冉有、公西华侍坐》《齐桓晋文之事》《庖丁解牛》三篇散文，前两篇主要表现儒家学者的人生理想和政治理想，而后一篇则是以寓言故事的形式表达了道家顺应自然、依势而为的人生处世思想。这三篇文章虽然体现了儒道两家不同的思想，但其本质都在探寻先哲的精神气象，探讨"人应该以怎样的姿态存在于世"和"社会应该怎样发展"这样宏大的哲学命题。"观今宜鉴古，无古不成今。"如果我们后辈子孙能从他们身上领悟到智慧，那便是对先贤文化血脉最好的传承。从祖先的文化基因里，可以寻找到令我们安身立命的心灵起点，让我们更好地把握当下、思考未来。

基于学习任务群要求、单元人文主题和生涯教育理念，本教学设计围绕"我怎样去那里"的灵魂拷问，以阅读思考与自由写作——"人应该怎样生活"为大任务来统领单元教学，通过拓展阅读、交流讨论、探究质询、自由表达等语文活动，促进学生领会古代文化经典中包含的人文精神，增强文化自信；并联系当代社会和当代人的精神状态，探究当代人应该如何经营自己的生活，如何建造自己的精神家园，如何正确管理自己的生涯。为实现这一大任务，学生需要读懂经典（查阅相关背景资料和积累语言知识）、读通经典（解读思想内涵和鉴赏技巧风格）、探究经典（对文本进行质疑思辨），在此基础上引导学生联系社会现实，形成表述明确、条理清晰的书面表达。

时间安排：6 课时

🕐 **第 1 课时**

核心任务

深入理解《子路、曾皙、冉有、公西华侍坐》的思想内涵。

学习资源

《子路、曾皙、冉有、公西华侍坐》《论语·公冶长》选段。

生涯渗透目标

引导学生树立高远的志向，正确规划生涯和管理生涯。

学科教学目标

1. 深入理解孔子政治主张、教育思想和人格魅力，引导学生树立正确人生观。

2. 了解孔子作品的写作特色和艺术魅力。

教学重难点

把握孔子的政治主张和教育思想。

课前准备

了解三篇古代文化经典的相关背景知识。

教学过程

导入

1. 播放歌曲视频《孔子说》。

2. 导语：宋代诗人米芾的诗："孔子孔子，大哉孔子！孔子以前，既无孔子；孔子之后，更无孔子。孔子孔子，大哉孔子！"1998 年全体诺贝尔奖获得者共同作了一个宣言：如果人类在 21 世纪还想继续生存下去的话，必须回到两千五百多年前，从中国的孔子那里吸取智慧。孔子作为一个伟大的思想家、教育家和政治家，为人类留下了一笔丰富的精神财富。

活动一：思读，整体把握内容

《论语》虽是语录体著作，相对而言，本文是《论语》中篇幅较长的一篇，具有一定的文学性。这篇文章围绕"言志"，记叙了孔子师生谈话的整个过程（孔子问志—弟子言志—孔子评志），不仅逼真地表现了人物的思想，而且生动地表现了人物的性格。

请结合文本内容，完成下面表格。

人物	形貌举止	志向	性格	孔子评志
子路	率尔而对	治理"千乘之国"，"可使有勇，且知方也"。	直率、信心十足，失之于莽撞	哂之
冉有		治理"方六七十，如五六十"的小国，"可使足民"。	谦虚谨慎，说话有分寸	叹之
公西华		在"宗庙之事，如会同"时，"愿为小相"。	谦恭有礼，娴于辞令	惜之
曾皙	舍瑟而作	"莫春者，春服既成——咏而归。"	洒脱从容、淡泊功名	与之

活动二：疑读，探讨孔子思想

1. 思考：

（1）从孔子态度和治国思想来看，孔子对学生的回答为什么会有不同的态度？

（2）结合文本的描写，你觉得孔子是一位怎样的老师？他具有哪些人格魅力？

（3）如果你也是孔子一位侍坐之列的弟子，你会向老师和同学言什么样的志？或者，如果你是一位老师，你会怎样去评判自己这些弟子的志向？

2. 学生自由交流，推荐代表发言。

3. 教师点拨，适当补充引导。

思考（1）：孔子政治上主张"礼治"，即以礼治理国家。他主张"入仕"，要求读书人能够"修身、齐家、治国、平天下"。四个学生，四种思想，但都和治国有关。子路以勇治国，冉有以富治国，公西华以礼治国，曾皙以美治国。

针对子路，孔子"哂之"，这并不意味着孔子对子路的政治理想的全盘否定。事实上，在当时那个战乱频仍的时代，能够治国安民的臣子是非常可贵的。但子路在老师话音刚落、便在没有深入思考的情况下抢先发言，的确也反映出其鲁莽、轻率的一面，这是孔子所不赞同的。所以，孔子"哂之"的理由是"为国以礼，其言不让"。

针对冉有，孔子没有正面加以评论，但可以看出是满意的。在回答曾皙的询问时，反问"唯求则非邦也与？安见方六七十如五六十而非邦也者？"既然是治理国家，礼乐教化之事，怎能非要等到君子去做呢？

针对公西华，孔子的惋惜之情溢于言表——"宗庙会同，非诸侯而何？"既然也是治国大事，你却只是"愿为小相"，"赤也为之小，孰能为之大？"因为孔子认为他通晓礼乐，可以大用。

针对曾点，孔子则旗帜鲜明地表示"吾与点也"。曾皙言志与他人不同，他没有直接述说自己的志向，而是以形象的语言勾勒出一幅太平盛世的和乐景象，展示的是一幅老师带领学生在春天水旱时行祈雨礼，以求得丰年的暮春郊游图。在这充满诗意的理想蓝图中，人们潇洒自得，乐趣天然。这正符合儒家礼治的精神，又符合孔子晚年的心态。孔子赞叹之时，也是表达自己对这种理想境界的向往。

思考（2）：结合课文中的言、行、神态描写，具体分析孔子的形象，允许学生有不同理解。以下两种分析，仅供参考。

①课文中的孔子是一个既热情而又严格的老师。开始便用"以吾一日长乎尔，毋吾以也"的劝导打消弟子们的思想顾虑，态度谦和、亲切，接着引用学生平

时发牢骚的话，既激发他们发言，又作了一点含蓄的批评（因为孔子主张"人不知而不愠"），可见他了解学生，注意引导；再如，他虽对子路的"不让"有所不满，但为使弟子能畅所欲言，只是微笑了一下，没有加以评论；曾皙因与其他弟子志向不同，没有立刻说出自己的志向，孔子也没有加以责备，仍耐心地诱导、热情地鼓励。述志后，对曾皙的问题，孔子不厌其烦地答问析疑。

②课文中的孔子既是一个有抱负，也是一个苦闷的活生生的形象。孔子本来是问他的弟子在政治上怎样施展自己的抱负，曾皙却答非所问，讲了一通投身自然怀抱、恬然自适的乐趣，离开了政治。孔子"喟然"而叹，对曾皙所说的深表赞许。这表现了孔子思想上的矛盾。孔子一生，其思想的主导方面是积极用世的，他周游列国，希望按其"仁"的观点对当时的政治作一些改良，但却四处碰壁，在其"道不行"的时候，他的内心有过苦闷，他的"喟然"之叹，便形象地表现出这种苦闷。

思考（3）：引导学生联系自己的生涯规划或职业角色进行思考，需要符合当时的具体情境，所言之志能自圆其说即可。

而对四位弟子的志向，不妨用现代观点来评判，鼓励学生提出新颖的见解，如现代社会恐怕更需要子路对自己的自信，以及他敢闯敢拼的勇气，但是谦虚仍然是美德。

4．归纳儒家思想

子路志在军旅，冉有与公西华志在政事，曾皙志在太平盛世之寻常日用。曾皙所言尤为雍容安详，于平淡中见深远，因而深得孔子赞许。孔子与四位弟子的对话，反映了儒家"礼乐治国""足食足兵""先富后教"的政治思想。

5．艺术特色

①语言特色：精练传神。如"子路率尔而对""夫子哂之""鼓瑟希，铿尔，舍瑟而作"，三言两语简洁传神地就表现出了人物的性格特点。

②结构特点：前后呼应。夫子哂之——夫子何哂由也。

活动三：拓展，补充阅读材料

阅读下面一段文字，思考师徒三人所言之"志"的差异。

颜渊、季路侍。子曰："盍各言尔志？"子路曰："愿车马衣轻裘与朋友共，敝之而无憾。"颜渊曰："愿无伐善，无施劳。"子路曰："愿闻子之志。"子曰："老者安之，朋友信之，少者怀之。"

——选自《论语·公冶长》

【翻译】颜渊、季路在孔子身边。孔子说："你们为什么不各自谈谈自己的志向？"子路说："我愿意拿出自己的车马、穿的衣服，和朋友们共同使用，即使用坏了也不遗憾。"颜渊说："我愿意不夸耀自己的长处，不宣扬自己的功劳。"子路说："我们希望听听老师的志向。"孔子说："我愿老年人安度晚年，朋友之间相互信任，年幼的人得到照顾。"

【解读】这则短文很有意思，也很让人感动。师徒三人的志向各有不同，概括起来，可以说子路的志向是"义者之志"，颜回的志向是"谦者之志"，而孔子的志向则是"仁者之志"。他们的志向，既有相同点，又有不同点。相同之处在于，三人的志向都是积极向善、有益于社会大众的高尚志向；不同之处在于，三人的志向有高低深浅之分。

子路性情豪爽，讲义气。从他的言谈中不难看出，他热衷于帮助别人，与朋友分享财富。但是，拿他的志向和颜回、孔子相比，我们会发现，他的修为尚处在"舍物"层面。也就是说，他能与朋友分享的财富乃是身外之物。而颜回的修养显然要比子路深，他已经摆脱了身外之物的束缚，进入到内在心志的修养上，到达"舍己"层次。孔子曾说过，"克己复礼为仁"，可见颜回的感悟修养比子路要深。

志向最高远的是孔子。仔细品味孔子的话，我们就会发现，他的修养已经超越了"外物"和"自我"两个层面，达到了泛爱无私的仁道境界。他的目光既没有关注外在的一切事物，也没有关注个人的得失，而是落在对社会大众的关怀上。这种情感，就像阳光雨露，温暖和滋润着世间万物，而不求一点回报，这就是"仁"。所以我们说，孔子之志乃是"仁者之志"，孔子志向之高远，修养之深湛，是子路、颜回远远不及的。

课外活动

背诵《子路、曾皙、冉有、公西华侍坐》

🕐 第 2 课时

核心任务

深入理解《齐桓晋文之事》的思想内涵。

学习资源

《齐桓晋文之事》《孟子·寡人之于国也》选段。

生涯渗透目标

引导学生增强时代使命感，探索如何建设自己的美好家园。

学科教学目标

1. 鉴赏本文出色的论辩艺术，领悟文章的艺术特色。

2. 让学生体会学习孟子的为政之道，树立正确、健康的人生观和价值观，领会孟子的思想主张在当今社会中的现实意义。

教学重难点

领悟孟子的论辩艺术和思考其"仁政"思想的现实意义。

教学过程

导入

孔子的治国思想是"为国以礼"，而作为儒家思想的集大成者——孟子，则继承并发展了孔子的思想，提出了"仁政"的治国主张。相比于道家的小国寡民、佛家的因果报应，他所描绘的理想社会更为诱人。孟子思想至今还对我们有着重大影响。那么，他描绘的到底是怎样一幅美好蓝图？又是如何一步步地说服齐宣王接受自己的思想主张呢？

活动一：悟读，整体把握

1. 指名朗读。

2. 思考并讨论：

①孟子和齐宣王谈话的主要内容是什么？（提示：劝说齐宣王放弃霸道，实行王道，阐述了他"保民而王"的政治主张。）

②孟子的中心观点是什么？（提示：保民而王。）

③孟子在阐述仁政思想的同时，描绘了一幅"保民而王"的社会蓝图，这幅社会蓝图是怎样的？请找出相关语句朗读，并简要概括其特点。

提示：孟子描绘了一幅美好的政治蓝图：人民衣食无忧，守礼知义，天下归心，远人来附。首先这个社会的核心人物——国君有仁爱之心，且能"推恩"于百姓；其次，国家有凝聚力、有吸引力，仕者、耕者欲至，商者、行者欲来，天下"疾其君者"欲归附于之；再次，国家人民生活富足，百姓有恒产，足温饱，知孝悌，懂礼节，不仅自己的家中安乐和睦，而且所有的人充满爱心，整个社会不再有受难之人。总之，孟子所描绘的社会是国泰民安，天下太平。

活动二：品读，领悟论辩艺术

1. 孟子是论辩的高手，能将不以为然的齐宣王游说到心悦诚服，这得益于孟子高超的论辩艺术。学生小组合作，完成下面表格并展示交流。

论证结构	主要内容	论证方法	相关例句
1～14段	树立信心（可为）——不忍之心	举例论证	以羊易牛
15～20段	解决矛盾（为与不为）——推恩天下	比喻论证 对比论证 引用论证	一羽、舆薪、挟太山以超北海、为长者折枝、刑于寡妻……以御于家邦
21～33段	反面论述（不为危害）——推行仁政	比喻、类比、假设论证	缘木求鱼、邹人与楚人战 今王发政施仁……
34～35段	正面论证（如何为）——制民之产，谨痒序之教	对比论证	"明君制民之产"，今也制民之产

归纳论辩特点：因势利导，逐层推进。

2．分角色朗读。分男女两组分别读问话和答话，归纳文章的艺术特色。

①迂回曲折，层层深入，跌宕起伏，欲擒故纵的论辩技巧。

②结构严谨、气势磅礴、刚柔相济的论辩风格。

③善用譬喻的论辩手法。

④句式多变的论辩语言。

活动三：疑读，思考时代意义

1．讨论：

①你认为齐宣王会接受孟子的主张吗？为什么？

②你认为孟子提出的"王道"思考有什么积极意义？

2．教师点拨，引导：

①孟子勾勒的政治蓝图是美好诱人的。但当时的诸侯醉心于征战杀伐、武力兼并，尽管如齐宣王、梁惠王等愿意让孟子陈述自己的主张，却没有一个统治者真正愿意践行；更何况从社会发展的角度来看，孟子的主张在当时也是难以实现的，与柏拉图的"理想国"一样，只能是乌托邦式的空想。孟子的思想主张更适用于太平盛世时期的国家建设，而不适用于天下分崩离析、战乱频仍的战国时代，他的政治思想在当时是"不合时宜"的，因此无法实现。

②孟子的追求是一种对社会出路的探索，他的"王道"思想虽然在当时的现实中不得推行，但他所表达出来的以民为贵、保民而王、减轻农民负担、发展生产、加强精神文明建设等主张，闪耀着人本主义的光辉，具有巨大的进步性，在任何一个时代都值得称颂，也成为一代代仁人志士奋力追求的目标，其代表

的儒家思想是中国传统文化中重要的精神资源。

活动四：拓展，补充阅读材料

"不违农时，谷不可胜食也；数罟不入洿池，鱼鳖不可胜食也；斧斤以时入山林，材木不可胜用也。谷与鱼鳖不可胜食，材木不可胜用，是使民养生丧死无憾也。养生丧死无憾，王道之始也。"

"五亩之宅，树之以桑，五十者可以衣帛矣；鸡豚狗彘之畜，无失其时，七十者可以食肉矣；百亩之田，勿夺其时，数口之家可以无饥矣；谨庠序之教，申之以孝悌之义，颁白者不负戴于道路矣。七十者衣帛食肉，黎民不饥不寒，然而不王者，未之有也。"

"狗彘食人食而不知检，途有饿莩而不知发，人死，则曰：'非我也，岁也。'是何异于刺人而杀之，曰：'非我也，兵也。'王无罪岁，斯天下之民至焉。"

——选自《孟子·寡人之于国也》

【解读】孟子在这里有层次地论述了推行王道实行"仁政"的基本途径、根本途径及统治者应持的正确态度。其基本途径：不违农时、发展生产、解决百姓吃穿问题；根本途径：在解决百姓的温饱问题后，逐步地提高人民的物质生活水平，进而解决精神文明问题；同时告诫统治者不要归罪年成，推卸责任，要有具体的措施实行仁政。

在论辩艺术上，孟子运用了"连锁推理"形式。就是用前边推出来的结论作前提，推出新的结论；又用这个新的结论作前提，推出更新的结论，如是往复。这样环环相扣，无懈可击，增强说服力量，显示了孟子雄辩的艺术。

课外活动

熟读《齐桓晋文之事》，并模拟孟子和齐宣王的论辩。

🕐 第3课时

核心任务

深入理解《庖丁解牛》的思想内涵。

学习资源

《庖丁解牛》《庄子·养生主》选段。

生涯渗透目标

从小故事上获得一种人生的大智慧：把握规律、谨言慎行、善藏锋芒等。

学科教学目标

　　1．准确理解《庖丁解牛》的主要内容。

　　2．结合现实生活领会文本的深刻含义，从中领悟寓言所表达的哲学思想。

　　3．尝试比较儒道两家思想的区别。

教学重难点

　　通过比较阅读，初步领悟儒道两家思想的差异。

教学过程

导入

　　中国的先秦是一个属于思想家的年代。面对春秋战国纷乱的社会，儒家热衷于重建社会秩序，企图以道德礼制重整人心，希望人人成为君子，重现一个和谐的理想社会；而道家主张"无为"，遵照自然规律而生活，放弃生活中的一切争斗。在知识分子的心目中，老庄，尤其是庄子的哲学最贴合他们内心深处隐蔽的部分。它在儒家的规矩严整与佛家的禁欲之间，给中国的知识分子提供了一块可以自由呼吸的空间，它是率性的，是顺应自然的，反对人为的束缚的，它在保全自由"生命"的过程中，竭尽了最大的心力。今天我们通过这节课，进一步走入庄子的世界。

　　解释题目：庖，厨师，表明职业。丁是他的名字。（其他以职业为姓有：如师旷，是以乐师为姓；优孟，是以艺人为姓）解牛，分割牛、宰牛的意思。

活动一：激情诵读，欣赏表演

　　1．学生朗读1、2段。

　　2．划出文中描写解牛场面的句子，并思考讨论：庄子、梁惠王怎样评价庖丁解牛？

　　教师引导：庄子从哪两个角度描写解牛的精彩表演？（动作、声音）

　　庄子评价：庖丁解牛的动作和发出的声音是那么的和谐，他的动作就像《桑林》的舞蹈一样优美，他的声音又和《经首》一样有节奏，看他表演真是一种享受啊。

　　梁惠王：善哉！技盖至此乎？——可见庖丁解牛技术高超啊！

活动二：发挥想象，编写传记

　　庖丁解牛的刀法可谓出神入化，实乃高手中的高手，封他为"一代名庖"应是当之无愧。我们知道，但凡是名人，成名之前都有一段鲜为人知、曲折离奇的成长历史。

1. 下面就请大家结合课文第三段，发挥想象，编写一个人物传记：《一代名"庖"的成长历程》。

要求：注意尽量多地使用课文的材料，可以从庖丁的奋斗目标、成长阶段、解牛经验、解牛态度等去叙述成长历程。

学生同桌讨论、交流，发言。（请 1～2 人发言。）

2. 学生发言之后，教师根据学生编写的故事简短总结。

职业奋斗目标：求"道"（解牛的规律）

(句子：臣之所好者道也，进乎技矣。)

庖丁的进阶之路

始解牛时：目见全牛——月更刀（不懂规律）

三年之后：目无全牛——岁更刀（认识规律）

方今之时：神遇不视——刀刃若新发于硎（运用规律）

解牛经验：回避矛盾，顺应自然（"依乎天理""因其固然""以无厚入有间"）

解牛态度：谨慎小心，尊重规律（怵然为戒，视为止，行为迟，动刀甚微）

正是因为庖丁十几年艰苦的奋斗，才有了他如此高超的技艺，成为一代"名庖"。

小结：庖丁解牛之"道"：①回避矛盾，顺应自然；②反复实践，积累经验，探求规律；③谨慎小心，尊重规律。

活动三：透过故事，探讨人生

让学生结合自己的生活经历和人生阅历解读文本，透过文本形成个性化的观点，言之成理即予以肯定。

1. 文惠君悟道

"善哉！吾闻庖丁之言，得养生焉。"那文惠君当年从庖丁的经历中得到的"养生"哲理又是什么呢？

预设：人世间充满了错综复杂的矛盾，只有像庖丁解牛一样回避矛盾，做到顺应自然，才能保身、养生。

思辨：有人认为庄子的养生之道是一种消极的人生哲学，你怎么看？

拓展：

吾生也有涯，而知也无涯。以有涯随无涯，殆已；已而为知者，殆而已矣。为善无近名，为恶无近刑。缘督以为经，可以保身，可以全生，可以养亲，可以尽年。

——选自《庄子·养生主》

学生充分讨论后，教师归纳：

庄子的思想是一种避世的、无为的、不讲求抗争的消极思想。但它在一定意义上陶冶、培育和丰富了人的精神世界。它可教人们忘怀得失，摆脱利害。超脱种种庸俗无聊的现实计较和生活束缚，或高举远慕，或怡然自适，与活泼流动、盎然生意的大自然融为一片，从中获得生活的力量和生命的意趣，从而抚慰人们心灵的创伤和生活的苦难，这也正是中国历代士大夫知识分子在巨大的失败和不幸之后，并没有真正毁灭，而更多的是保存生命，坚持节操却隐逸循世以山水自娱，洁身自好的道理。

2. 学生悟道

一般来说，人一旦成名之后都喜欢出书，用他的亲身经历教给世人很多为人处世的道理。如果庖丁要写一本——《庖丁论人生》，那从这本书中我们应该可以读到哪些人生道理呢？请结合自己的人生阅历和生活经历来谈谈。

学生交流、讨论，发言。

预设：教师从以下方面把握：

臣之所好者道也，进乎技矣——了解规律，掌握规律

臣以神遇而不以目视——抓住本质，用心处事

依乎天理……因其固然——顺其自然，不强求

技经肯綮之未尝——避开锋芒，从长计议

以无厚入有间——以己之利攻彼之弊

每至于族……行为迟，动刀甚微——不莽撞，谨慎行事

善刀而藏之——收敛锋芒，低调做人，休养生息，养精蓄锐

3. 教师小结

文惠君感悟到了养生之道，同学们也悟到了许多道理，如为学之道、为人之道以及生活之道。其实大家也有心得了。最后把于丹的话送给大家：如果我们人人做成这样一个庖丁，让我们的灵魂上有这样的一把可以永远锋利的刀子，让我们迷失在大千世界中的生活轨迹变成一头整牛，让我们总能看到那些缝隙，能够准确地解清它，而不必说去砍骨头，去背负担，大家不必是每天在唉声叹气中做出一副悲壮的姿态，让人生陨落很多价值，那么我们获得的会是人生的效率。

活动四：比较阅读，辨析儒道

作品	流派	处世观念	社会理想	治国理念
子路曾皙……侍坐	儒家	入世（有为）	礼乐兴盛，天下大同	为国以礼
齐桓晋文之事	儒家	入世（有为）	百姓衣食丰足，礼义教化盛行	保民而王
庖丁解牛	道家	出世（无为）	取法自然，天人合一	无为而治
儒道共同关注点	人与自然、与社会的关系：人应当以怎样的姿态生存于世			

课外活动

1. 拓展阅读：《论语·述而》选段、《庄子·秋水》选段、鲍鹏山《庄子：在我们无路可走的时候》、周国平《孔子的洒脱》。

2. 读完本文后，你一定有许多感想，请把它写下来，不少于 800 字。

板书：

矛盾：牛体—（比喻）—社会

方法：刀—（比喻）—人

⏱ 第 4 课时

核心任务

深度理解儒道思想及其对当代人生活的指导意义。

学习资源

1. 《论语·述而》选段、周国平《孔子的洒脱》。

2. 《庄子·秋水》选段、鲍鹏山《庄子：在我们无路可走的时候》。

生涯渗透目标

学会用儒道思想来指导经营自己的生活。

学科教学目标

1. 拓展阅读，学习、借鉴两篇现代散文，深入思考儒道思想对当代人生活的指导意义。

2. 提升学生对宏大命题的思考和表达能力。

教学重难点

学习对宏大命题的思考方法和表达方法。

教学过程

导入

　　人究竟应该以一种怎样的姿态生存于世？几千年来人们不断地探索着这一命题。先秦时期儒道两家的圣哲们也在以不同的角度和方法追寻着答案。那么，他们的思想对我们当代人有哪些有益的启示或者指导意义呢？今天，我们借助两位学者的文章，对此做一番探索。

活动一：阅读与鉴赏

　　1. 回顾四篇阅读材料：《论语·述而》选段、《庄子·秋水》选段、鲍鹏山《庄子：在我们无路可走的时候》、周国平《孔子的洒脱》。提出再次阅读的要求：

　　①翻译文言文，理解《论语·述而》《庄子·秋水》，对比阅读，思考其现实意义。

　　②反复品读《庄子：在我们无路可走的时候》《孔子的洒脱》，圈划重点语句，标注经典段落。

　　③寻找答案：人应当以怎样的姿态存活于世？

　　2. 学生快速阅读，思考，完成阅读仜务。

活动二：分享与交流

　　1. 交流一：儒道思想对现代人生活有什么重要指导意义？

材料一：

子曰："饭疏食，饮水，曲肱而枕之，乐亦在其中矣。不义而富且贵，于我如浮云。"

——选自《论语·述而》

材料二：

庄子钓于濮水，楚王使大夫二人往先焉，曰："愿以境内累矣！"

庄子持竿不顾，曰："吾闻楚有神龟，死已三千岁矣，王以巾笥而藏之庙堂之上。此龟者，宁其死为留骨而贵乎？宁其生而曳尾于涂中乎？"

二大夫曰："宁生而曳尾涂中。"

庄子曰："往矣！吾将曳尾于涂中。"

——选自《庄子·秋水》

教师点拨：

　　（1）儒道两家追求幸福的差异

　　①关键词：选择，追求快乐。

　　②核心要旨：孔子坚守仁义，安贫乐道。庄子保全生命，享受自由。

（2）名家言论

①儒家是粮店，道家是药店。——南怀瑾

②中国人从来都是儒道相济的，上班时你可以是儒家，在社会上担当责任，下班后就可以是道家。——于丹

（3）列举要点

用儒家思想来应对职场，用道家思想来品味生活，这才是大智慧。

儒家主张修身、齐家、治国、平天下，在现代生活中其实就是每个人都要积极进取，建功立业，增强社会责任感。每个人在社会生活中扮演的角色和所作所为都体现着各自承担着的社会责任。

儒家所讲求的"仁义礼智信"，也是现代社会人际交往所应秉持的原则。人际交流要想有好的结果，就必须遵循儒家的主张。

儒家提倡"三人行，必有我师焉；择其善者而从之，其不善者而改之"。不论是初入职场的"菜鸟"，还是混迹职场多年的老手，都要虚心学习和借鉴职场前人的经验。

儒家提倡"得道者多助，失道者寡助"。在现代职场要营造良好的同事关系，与同事合作融洽，尽量获得同事对自己的认同，进而升职加薪，获得职场幸福。

道家提倡出世，其主旨是获得精神上的超脱，对待现实事务的方式是"无为、柔顺、慈让、处下"等，道家主张过恬淡自然的生活，时刻保持内心的宁静空明。对于当今的上班族来说，繁重的工作和复杂的职场关系使精神和内心处于压抑的状态，道家的主张恰恰是缓解精神和内心压力的一剂良药。下班之后的休闲生活不妨多一点道家所为，例如交友、旅游、钓鱼、下棋、玩牌、唱歌、跳舞等。

总之，儒家偏向于教人如何在复杂的社会中立足，道家教人如何在生活中滋养自己的心灵。正确对待两种思想，将它们使用在合适的时间和场合，时儒时道，亦儒亦道，你才能活得更好。

2. 交流二：联系鲍鹏山和周国平两人的散文，围绕话题谈谈自己对文章的理解，以及作者对生命生存姿态的思考方法和表达方法。

①鲍鹏山《庄子：在我们无路可走的时候》

——关键词：孤独，坚持。

——核心要旨：在现实社会中，物欲横流，人格扭曲，道德沦丧，人文精神失落，当我们在滚滚红尘中，当我们在罪恶与良知的碰撞中，当我们无路可走的时候，应该学学庄子拒绝诱惑，坚守清洁的精神，坚守独立的人格，决不

屈从权势，把自由的价值看得至高无上。

——写作方式：以《庄子》中的典故贯穿全文，使用了生动形象的比喻论证。

②周国平《孔子的洒脱》

——关键词：洒脱，自在。

——核心要旨：作者认为，孔子的"洒脱"主要表现在他对于功利的态度颇为淡泊，对于伦理的态度又颇为灵活，并指出要想做有智慧的人就得洒脱。

——写作方法：围绕"君子不器"和"君子不仁"，采用举例论证的方法诙谐幽默地阐述孔子的洒脱。

3. 总结与反思

（1）宏大命题写作存在的常见问题：

①面面俱到。因命题覆盖面较大，唯恐思虑不全，因而渴望全方位概括。

②笼而统之。因为面面俱到，受字数限制，只能蜻蜓点水，一掠而过。

③文义散漫。因为涉及面过于宽泛，很难找到一个统一的中心贯穿全文。

④文体混乱。因为"我"的存在，学生在记叙文、议论文两种文体间随意切换。

（2）方法归纳：如何思考和表达宏大的命题？

①发散思维，深刻立意，寻找合适而独特的写作切入点，不可泛泛而谈。

②化大为小，以小见大。一滴水可以折射太阳的光芒。通过对题目的整体思考，把抽象的命题或观点以具体可感的形象表达出来，从宽泛的题目选择一个小角度，从社会生活中的一人一事、一枝一叶、片言只语落笔，联想生发，洞隐烛幽，深入发掘，因事见理，见微知著，从而完成宏大命题的阐述。

③联系实际，强化小我与大我结合的讨论。可从小我依赖于大我而存在出发，也可从小我对大我的义务出发。

④使用举例论证、类比论证、对比论证、比喻论证等多种手法。

课外活动

围绕单元写作任务，联系个人理想志趣和人生规划，思考要如何进行写作表达。

🕐 第5课时

核心任务

完成话题作文"我向往这样的生活"。

生涯渗透目标

培养学生的生涯规划意识，构建自己的精神家园。

学科教学目标

1. 训练写作能力和思维能力。

2. 加深对本课儒道两家思想的理解，培养学生锐意进取的精神。

教学重难点

培养学生对宏大命题的深度思考，提高学生洞察社会的能力。

教学过程

文题展示

阅读下面的文字，按要求作文。

我们每个人都生活在一定的现实生活中，而现实生活往往有这样那样的缺憾。于是，我们每个人又生活在一定的理想生活中，这种理想的生活因人而异，带有鲜明的个性色彩。对理想生活的向往，使我们焕发出生命的活力，使我们感到生活的美好。这种向往，也是人类发展的原动力之一。那么，你生活中有怎样的缺憾？因而你向往什么样的生活呢？

读了上面的文字，请你以"我向往这样的生活"为话题，写一篇不少于800字的文章。自拟题目，自定立意，自选文体。

活动一：写作指导

这道作文题符合高中语文关注社会现实、倡导积极进取的精神、关注学生的情感态度价值观、全面考查学生的核心素养的命题要求。在审题时，我们既要看到此题的限制性，又要看到此题的开放性，二者要兼顾起来。要抓住关键词语，用辩证思维准确把握句间逻辑关系。"于是""使"等词，揭示了"现实生活"与"理想生活"的关系：正是因为"现实生活"中有缺憾，所以才有对"理想生活"的向往；所向往的"理想生活"也正是为了弥补"现实生活"中的缺憾。因此单纯地谈向往的"理想生活"，或者单纯地谈"现实生活"的缺憾，都是片面的。

在立意上，我们既可以从你与外部世界的关系的角度来建构你的生活：你可以谈由于外部世界的动荡，因而向往和平的生活；由于外部世界到处是对环境的掠夺和破坏，因而向往与大自然和谐相处的生活……也可以侧重个人内心世界的重建：由于外在环境充满了物欲，因而向往淡泊宁静的生活；由于外在世界充满了奸诈、虚伪，因而提倡诚信的美德；等等。

活动二：学生写作

学生当堂完成写作任务。

第三节　正确处理人际关系

美国人际关系学家卡耐基说，我们生活在一个人际关系重于其他的世界里，人与人相处的好坏，是决定人生成败的重要因素。良好的人际关系是高中生安心学习、舒适生活的必要条件，不仅有助于情感沟通和身心健康，也有助于正确地认识、完善和实现自我。指导高中生学一学人际交往的技巧和原则，也是非常必要的！

课例 21　　　　学会倾听与表达
——向《林黛玉进贾府》学沟通技巧

《林黛玉进贾府》节选自《红楼梦》第三回，是统编版必修下册第七单元整本书阅读（《红楼梦》）必须要精读的回目，是《红楼梦》全书序幕的一部分。作品通过林黛玉的耳闻目睹和内心感受，对贾府做了第一次描写，主要介绍贾府环境和贾府一批重要人物（包括身份、外貌、性格和人与人之间的关系），初步展示了贾府的概况，拉开了《红楼梦》故事发展的序幕。我们在欣赏《林黛玉进贾府》精巧的结构布局艺术、精妙的人物形象塑造艺术的同时，还能感受到曹雪芹极高的语言造诣和很强的语言沟通技巧，于质朴自然中蕴含着丰富内涵，于平常的话语中流露出独特意蕴，是对高中学生进行口语交际教学的典范。无论是王熙凤的赞美语、贾母的说服语，还是主人公林黛玉的推辞语和补错语，都能给我们很多的启发，如在什么环境中说什么话、对什么人说什么话等，这对我们的和谐交际和职场智慧沟通有很大的帮助。

基于文本特性、学生已有的认知水平和发展学生生涯能力的教育理念，本教学设计依托文本筛选相关信息，设计符合学生生涯发展的教学活动，以实现语文教学人文性与工具性的紧密结合。课前票选环节，目的是用信息化教学手段激起学生探究的欲望。课堂上两个环节，目的在于提炼并迁移技巧。一是小组合作，用信息筛选法检索出林黛玉听说、推辞、赞美、说服等艺术的关键语言，并提炼出沟通技巧；二是模拟职场情境，运用技巧学会智慧沟通。在教学实践中，我们从解析人物语言的沟通艺术角度出发，遵循活动式教学理念，依据文本解读多元化、教学手段多样化、课堂评价多元化的原则，充分调动学习的积极性，指导学生在模拟职场情境中得体地运用沟通技巧，真正做到学以致用。

核心任务

学习人际沟通技巧。

学习资源

《林黛玉进贾府》。

生涯渗透目标

学会倾听与表达，提高学生职场沟通能力，促进学生生涯发展。

学科教学目标

1. 引导学生解读、鉴赏人物语言，归纳提取听说、拒绝、赞美、说服四种沟通技巧。

2. 品味人物语言的含蓄美，感受古人沟通智慧，体验学习乐趣。

3. 培养学生尊重他人、说话文明、仪态大方的人文素养。

教学重难点

掌握文本中人物运用到的听说、拒绝、赞美、劝告四种沟通技巧，并能在模拟情境运用中得到能力提升。

课前准备

1. 熟悉《林黛玉进贾府》文本内容。

2. 课前要求学生查阅互联网、视频和书籍等相关资料，然后参加网络票选：《林黛玉进贾府》中谁才是沟通高手？并请说出投票理由。教师统计整理后，待正式上课公布投票结果。

教学过程

导入

俗话说："见人说人话，见鬼说鬼话。"话粗理不粗。为了与人相处能达到人际和谐融洽，增进职场沟通能力的目的，还真需要在说话的艺术上讲究一番。《林黛玉进贾府》一文，谁才是沟通高手？（宣布票选结果）看来，个个都是说话的高手，那么本节课，我们一起来探讨小说中主要人物的语言魅力，使他们的沟通技巧古为今用。

活动一：合作筛选，提炼技巧

1. 把全班分成 4 个组，布置阅读任务，并提炼沟通技巧。

第一组：筛选表现林黛玉听说沟通艺术的关键句子，并提炼技巧。

第二组：筛选表现林黛玉推辞沟通艺术的关键句子，并提炼技巧。

第三组：筛选表现王熙凤赞美沟通艺术的关键句子，并提炼技巧。

第四组：筛选表现贾母说服沟通艺术的关键句子，并提炼技巧。

2. 学生分组合作探究，推荐组内同学发言，教师相机点拨：

（1）林黛玉的听说沟通艺术

①贾母因问黛玉念何书。黛玉道："只刚念了《四书》。"黛玉又问姊妹们读何书。贾母道："读的是什么书，不过是认得两个字，不是睁眼的瞎子罢了！"

答成就之语：语带谦逊，显示有教养。（语词推测：刚）

听弦外之音：情感倾向推测。（睁眼的瞎子——贾母的应答，表明她对女子读书的立场、态度，显然包含了对"女子无才便是德"的推崇。）

②宝玉便走近黛玉身边坐下，又细细打谅一番，因问"妹妹可曾读书？"黛玉道："不曾读，只上了一年学，些须认得几个字。"

补失误之语：须察言观色，应把握好时机。（"些须认得几个字"）

③王夫人笑指向黛玉道："这是你凤姐姐的屋子，回来你好往这里找他来，少什么东西，你只管和他说就是了。"这院门上也有四五个才总角的小厮，都垂手侍立。

听弦外之音：情感倾向推测。（"你只管和他说就是了"，王夫人这样说，委婉含蓄地暗示了王熙凤在贾府中的特殊地位、自己对王熙凤的信任以及姑侄女二人的特殊关系。）

（2）林黛玉的推辞沟通艺术

邢夫人苦留吃过晚饭去，黛玉笑回道："舅母爱惜赐饭，原不应辞，只是还要过去拜见二舅舅，恐领了赐去不恭，异日再领，未为不可。望舅母容谅。"邢夫人听说，笑道："这倒是了。"遂令两三个嬷嬷用方才的车好生送了姑娘过去。

推辞语：婉言谢绝，态度诚恳。

要遵循先肯定后否定的原则。第一，须尊重和感谢对方的盛情；第二，须有充分合理的推辞理由；第三，可建议调整时间；第四，须表达歉意，请对方谅解。

（3）王熙凤的赞美沟通艺术

天下真有这样标致的人物，我今儿才算见了！况且这通身的气派，竟不像老祖宗的外孙女儿，竟是个嫡亲的孙女，怨不得老祖宗天天口头心头一时不忘。

赞美语：善于抓住对方优点具体赞美，可适当夸张，但要以事实为基础。

同时注意情境，间接赞美在场人物。

先聚焦中心人物林黛玉具体赞美，后间接赞美贾母、三春及邢王二夫人，从而达到一箭四雕的效果。

（4）贾母的说服沟通艺术

你这妹妹原有这个来的，因你姑妈去世时，舍不得你妹妹，无法处，遂将他的玉带了去了：一则全殉葬之礼，尽你妹妹之孝心；二则你姑妈之灵，亦可权作见了女儿之意。因此他只说没有这个，不便自己夸张之意。

说服语：首先须"对症下药"，此为常识；其次，须讲究方法；第三，须符合逻辑，亦有理有据，能自圆其说，不留破绽。

活动二：模拟情境，运用技巧

1. 展示职场情境

第一组：假如在楼道上与自己的上司偶遇，上司问道："这段时间都在忙些啥呢？怎么看起来精神不太好？"你能听出上司的言外之意吗？又该怎样予以恰当的回答。

第二组：老板提出周末组织员工去放松，可他指定的地点又是那个大家去过 N 次的度假村，再去，员工肯定会有怨言，无法达到放松的效果。人力资源部的经理小林很清楚这一点，可是，他又没法跟老板直说。假如你是小林，该怎么委婉地提出更换度假地点？

第三组：在一家装修奢华的国际时装店里，一位女士和丈夫正在选购一条非常漂亮的裙子，这位女士试穿后对裙子非常满意，当然裙子也很贵。这位女士正犹豫到底买不买。假如你是该店的销售员，你能否采用赞美具体法将裙子成功地销售出去？同时采用间接赞美法接近与顾客之间的距离。

第四组：有件棘手的工作，你无法独力完成，非得找个人帮忙不可；于是你找上了那个对这方面工作最拿手的同事。怎么开口才能让人家心甘情愿地助你一臂之力呢？

2. 分组合作讨论，推荐代表发言。

活动三：评价效果，总结课堂

1. 各组相互评价上课表现。

评价标准：语句连贯、语言得体、表述简明、符合情境、技巧得当、组员积极参与等方面评价。

2. 教师相机点评并总结。

作为古典文学巅峰之作的《红楼梦》，文化内涵博大，艺术造诣极高，是古今中外文学中的传世经典之奇作，也是唯一一个单独开辟学术研究领域的小说。《红楼梦》作为一部经典之作，在各个领域都可圈可点。在语言表达方面，同样十分具有代表性，无论是王熙凤的赞美语、贾母的说服语，还是主人公林黛玉的推辞语和补错语，都能给我们很多的职场启发，希望大家能古为今用，不断修炼自己的沟通艺术，成为人际交往达人。

课外活动

假如你是玩具专柜的销售员，顾客对你说："我想要一辆款式不需要太新颖，功能简单，实用一点的遥控车。"你能把握他的弦外之音吗？又该如何应答呢？当询问产品的价格后，顾客要求你降价出售，你该如何婉言谢绝呢？拒绝还价后你又会怎样运用赞美的技巧将这辆遥控车成功地销售出去呢？

 参考文献

[1] 陈怀瑾. 国内外中学生涯教育开展现状浅析 [J]. 中小学校长，2009（05）:72.

[2] 陈杰. 亮点是课堂自然生成的 [J]. 教育文汇，2008(03):39.

[3] 程雪峰，缪仁票，潘怡江，等. 生涯规划（高中）[M]. 杭州：浙江教育出版，2017:4-5.

[4] 谷峪，姚树伟. 职业教育·生涯教育·终身教育——转型期日本职业教育发展及其启示 [M]. 北京：高等教育出版社，2010:115.

[5] 黄厚江. 放与收——语文课堂教学辩证艺术例说之三 [J]. 语文教学通讯，2015(01):7-9.

[6] 教育部考试中心. 中国高考评价体系说明 [M]. 北京：人民教育出版社，2019:18.

[7] 沈之菲. 生涯心理辅导 [M]. 上海：上海教育出版社，2000:3.

[8] 孙艳霞. 多元智能理论指导下的高中语文教学 [D]. 大连：辽宁师范大学，2018:10.

[9] 杨思帆. 国外学生人生规划教育的若干特点与启示 [J]. 教育与考试，2010（02）:87-89+92.

[10] 叶嘉莹. 迦陵论诗丛稿 [M]. 石家庄：河北教育出版社，1997

[11] 张秋玲. 新版课程标准解析与教学指导·高中语文 [M]. 北京：北京师范大学出版社，2019:25.

[12] 张相锋. 澳大利亚：系统职业指导始于初中 [J]. 上海教育，2006（02）:38-39.

[13] 张兴瑜. 对国外生涯辅导理论的评述与启示 [J]. 高等职业教育（天津职业大学学报），2009，18（04）:90-93.

[14] 邹志权，肖艳波. 高中生涯规划教育现状调查及分析——基于湘浙两省五校问卷调查的数据对比 [J]. 中学课程辅导（教学研究），2019(28):115-117.

图书在版编目（CIP）数据

点亮生命的灯盏：高中语文渗透生涯教育课例设计与指导 / 邹志权著. — 长沙：湖南师范大学出版社，2022.5

ISBN 978-7-5648-4536-0

Ⅰ. ①点… Ⅱ. ①邹… Ⅲ. ①中学语文课－教学研究－高中 Ⅳ. ① G633.302

中国版本图书馆 CIP 数据核字（2022）第 073433 号

Dianliang Shengming De Dengzhan: Gaozhong Yuwen Shentou Shengya Jiaoyu Keli Sheji Yu Zhidao

点亮生命的灯盏：高中语文渗透生涯教育课例设计与指导

邹志权　著

出　版　人｜吴真文
责任编辑｜彭　慧
责任校对｜张晓芳
书籍设计｜接力文化
出版发行｜湖南师范大学出版社
　　　　　地址：长沙市岳麓区麓山南路　　邮编：410081
　　　　　电话：0731-88853867　　传真：0731-88872636
　　　　　网址：https://press.hunnu.edu.cn/

印　　刷｜湖南省美如画彩色印刷有限公司

开　　本｜710 mm×1000 mm　　1/16
印　　张｜19.25
字　　数｜335 千字
版　　次｜2022 年 5 月第 1 版
印　　次｜2022 年 5 月第 1 次印刷
书　　号｜ISBN 978-7-5648-4536-0

定　　价｜59.00 元